자비의 길을 찾아서

자비의 길을 찾아서

자비의 정원을 가꾸는 실천 윤리

저자 : 방영준

인북스

자비의 길을 찾아서

초판 1쇄 인쇄 2025년 9월 20일
초판 1쇄 발행 2025년 9월 30일

지은이 : 방영준
펴낸이 : 김향숙
펴낸곳 : 인북스

주소 : 경기 고양시 일산서구 성저로 121, 1102-102
전화 : 031 924 7402
팩스 : 031 924 7408
이메일 editorman@hanmail.net

ISBN 979-11-994233-0-5 93190

ⓒ 방영준 2025

값 18,000원

※ 지은이와 인북스 양측의 서면 동의 없이 이 책의 무단 전재와 복제를 절대 금합니다.
※ 잘못된 책은 바꾸어 드립니다.

이 도서는 2025년 문화체육관광부의
'중소출판사 도약부문 제작지원' 사업의 지원을 받아 제작되었습니다.

들어가며

글을 시작하니 언뜻 『장자』「추수」 편에 나오는 '환단지보(邯鄲之步)'가 떠오른다. 연나라의 시골 수릉에 사는 젊은이가 당시 대국인 조나라 수도 '환단' 사람들의 멋진 걸음걸이를 배우러 갔다가, 환단 걸음걸이는커녕 자신의 걸음걸이도 잊어버려 굼벵이처럼 기어서 고향으로 돌아왔다는 내용이다. 정년 퇴임을 앞둔 60대에 들어서서 불교 이론에 매혹되어 십여 년 이런저런 불교 책을 유람하다가 결국 연나라의 젊은이 신세가 되었다. 한동안 굼벵이처럼 기어다니다가 일어나 내 걸음을 겨우 되찾았다. 나를 다시 일으켜 세운 지팡이 역할을 한 것이 바로 '자비'이다.

이 책의 첫 출발을 "자비 없는 불교는 없다"라는 선언으로 시작하고자 한다. 왜냐하면 자비 없는 불교는 존재할 수 없기 때문이다. 불교는 붓다의 깨달음에서 나온 것이 아니라 중생구제의 자비심에서 나온 것이다. 붓다의 자비심이 아니라면 지금의 불교는 존재하지 않을 것이다.

자비의 정원을 가꾸는 실천 윤리의 탐구가 이 책이 나아갈 방향이다. 윤리 자체는 실천 철학을 바탕으로 하고 있다. 그럼에도 실천이라는 수식어를 붙인 것은 근현대의 윤리학이 실천성을 상실했다는 비판에서 나온 것이다. 종래의 윤리학이 '하늘의 별'을 고찰하는 데 전념하였다면, 실천 윤리는 '발밑의 문제'에 관심을 두는 것이다. 한국불교는 그동안 '깨달음'이 상구보리 형님이고 '자비'는 하화중생 동생이었다. 그러나 근래에 자비의 비중이 매우 커지고 있으며, 불교 복지운동에 대한 실천도 활발해지고 있다. 불교의 미래를 밝게 하는 매우 바람직한 변화이다.

이 책은 불교의 자비 사상을 불교 박물관에서 꺼내 세간의 사람들이 함께하는 보편 윤리의 틀로 접근하면서, 자비 실천의 윤리적 과제를 화두로 제시하는 데 있다. 보편 윤리의 틀로 접근한다는 것은 근현대 서구에서 형성된 서구 윤리학의 틀을 원용한다는 뜻이다. 불교의 윤리를 서양의 윤리학적 틀로 분석하는 것은 여러 문제가 있을 수 있다. 불교 윤리의 기본 틀은 연기론과 중도적 틀에서 나온다. 그런데 서양 학문의 사고 틀은 분석적이고 이분법적 성격이 강하기 때문이다. 그럼에도 불구하고 서양 윤리학의 틀로 불교 윤리를 접근해 보면 불교 윤리의 단면들을 명확히 볼 수 있다.

흔히 중국어에는 문법이 없다고 말한다. 그러나 중국어를 효율적으로 배우기 위해 영어의 문법 체계를 이용하여 중국어를 배운다. 이렇듯 서양 윤리학의 틀로 불교 윤리에 접근하는 것은 많은 유용성이 있다. 이는 불교 윤리를 서양 윤리의 틀에 구속시키는 것이 아니라 서양 윤리의 틀로 자비 윤리의 진수와 그 풍부함을 드러낼 수 있는 방편이다. 또한 자비 윤리와 전법의 현대화라는 측면에서도 의미가 있다.

자비 윤리의 특징과 실천 과제를 아래와 같은 주제로 크게 나누어 살펴보고자 하였다.

* 자비의 보편윤리적 성격을 현대 서양 윤리의 틀과 비교한다. 이를 위해 자비 윤리의 원천인 붓다 연기론이 현대 윤리학에서 어떻게 변용되어 작용하는지를 밝힌다. 또한 자비의 상호윤리적 성격이 서구 윤리에서 어떻게 구현되고 있는지 그 내용을 살펴본다.

* 붓다 다르마의 실천적 특징을 살피면서 자비 실천을 위한 윤리적 디딤돌을 찾아본다. 구체적으로 진속이제, 불교의 선악론, 개인윤리와 사회윤리의 관계 그리고 비도덕적 행위에 대한 이해 등을 다룬다.

* 자비 공동체 구현의 큰길을 찾아보기 위해서 먼저 공동체의 이념과 구조의 특징을 알아보고 다섯 가지 길을 제시한다. 즉 행복, 정의, 평화, 다문화사회, 민주주의가 자비 공동체 구현의 길에 큰 이정표가 될 것이다.
 * 자비 수행과 실천을 위한 길라잡이와 방편으로서 자비와 깨달음의 관계, 자비 체험과 자비 방사, 자비 명상을 논의할 것이다. 이와 함께 자비 실천과 도덕 교육론의 관계도 다룬다.
 * 자비 실천의 대표적인 사례가 복지이다. 초기불교에서부터 오늘의 한국불교에 이르기까지 불교 복지가 어떻게 구현되었는지 살펴본다. 도도히 흘러온 불교의 복지 이념을 구현하려는 한국불교의 과제를 세 가지 영역, 즉 개인윤리적 차원, 사회윤리적 차원, 공동체 사회 운동의 차원에서 제시하고자 한다.

 자비의 실천 윤리 주제는 현대 인문사회과학의 다양한 영역이 총 연결된 종합 학문적 성격을 띠고 있다. 책의 내용에는 서구의 다양한 학문 체계에서 나온 이론들이 자비의 실천 윤리와 연계되어 소개될 것이다. 이 책은 형식상 주석(註釋)을 다는 등 학술적 글쓰기의 형식을 취하고 있지만 학문적 목적이나 연구 업적을 위해 쓴 것이 아니다. 오로지 자비 윤리의 위대성과 보편성을 알리고 자비 실천의 큰길에 대한 공감과 공명의 장을 마련하려는 것이다.

자비 실천에 대한 울림을 강조하고 지속시키기 위해 필자는 중요한 내용의 중복을 마다하지 않았다. 『금강경』 내용의 중복은 『금강경』의 뜻을 전하는 방편으로 생각한다. 글을 쓰다 보면 중요 내용을 좀 더 강조하고자 하는 욕심이 든다. 그래서 다시 되새겨보는 나선형 형태로 글쓰기를 이어 갔다. 이제 연나라 시골 청년의 굼벵이 걸음에서 나를 일으켜 세운 '자비의 지팡이'를 버리고 '자비의 근육'으로 걸어 보기를 서원한다.

이 책을 쓰도록 격려하고 지도해 준 홍사성 불교평론 주간께 감사한다. 더불어 이 책의 출판을 성심껏 도와준 인북스의 김종현 주간에게도 감사한다. 또한 나의 게으름을 지적하고 교정과 원고 정리에 도움을 준 아내 김우남에게 고마움을 전한다.

2025년 초가을
의왕시 모락산 우거에서
방영준 두 손 모음

차례

들어가며 ··· 5

I장_ 자비 없는 불교는 없다 ··· 15

   1. 자비의 정의와 상호윤리 ··· 17
   2. 붓다의 생애와 자비 ··· 25
   3. 보살 사상과 자비 ··· 36
   4. 윤회와 까르마 그리고 자비 실천 ··· 44
   5. 『자비경』의 내용과 특징 ··· 50

II장_ 자비 윤리의 보편성과 현대 윤리 ··· 59

   1. 자비의 원천 : 연기법 ··· 61
   2. 연기론적 사유와 현대 윤리 이론의 관계 ··· 69
      - 비판적 체계윤리 ··· 70
      - 체험주의 윤리 이론 ··· 76

3. 불교 윤리의 다양한 접근과 현대 윤리 ⋯ 85
  - 불교 윤리에 대한 여러 접근 ⋯ 85
  - 현대 윤리에 나타난 자비 사상 ⋯ 100
    타자 윤리 ⋯ 100
    덕 윤리 ⋯ 105
    배려 윤리 ⋯ 110
    환경·생명 윤리 ⋯ 113

Ⅲ장_ 자비 실천의 윤리적 디딤돌 ⋯ 123

1. 불교의 실천성과 팔정도 ⋯ 125
2. 진속이제와 자비 실천 ⋯ 131
3. 불교의 선악론 ⋯ 136
4. 윤리학과 실천 윤리의 관계 ⋯ 143
5. 개인윤리와 사회윤리의 조화 ⋯ 149
6. 비도덕적 행위에 대한 이해 ⋯ 156

차례

IV장_ 자비 공동체 구현의 큰길 ··· 159

1. 공동체란 무엇인가 ··· 161
   - 공동체의 이념적 기초 ··· 164
   - 공동체의 구조적 특징 ··· 167
   - 공동체와 자기조직화 ··· 171
2. 행복과 함께 가는 자비의 길 ··· 178
3. 정의와 함께 가는 자비의 길 ··· 187
4. 평화와 함께 가는 자비의 길 ··· 195
5. 다문화사회와 함께 가는 자비의 길 ··· 201
6. 민주주의와 함께 가는 자비의 길 ··· 208

V장_ 자비 수행과 실천 방향 ··· 217

1. 자비 실천의 첫 출발 ··· 219
2. 자비와 깨달음의 관계 ··· 228
3. 자비의 체험과 방사(放射) ··· 236

4. 자비 명상의 특징과 유형 ··· 251
5. 현대 도덕교육론과 자비 교육 ··· 258

VI장_ 자비 실천과 불교 복지 ··· 269

1. 불교 복지의 이념과 전통 ··· 271
2. 한국불교 복지 실현의 큰길 ··· 279
   - 개인윤리의 차원 ··· 280
   - 사회윤리의 차원 ··· 287
   - 공동체 운동의 차원 ··· 296

� 장

자비 없는
불교는 없다

이 책의 첫 출발을 "자비 없는 불교는 없다"라는 선언으로 시작한다. 자비 없는 불교는 존재할 수 없기 때문이다. 지금 지구별에 있는 불교는 붓다의 깨달음에서 나온 것이 아니라 중생구제의 자비심에서 나온 것이다. 붓다의 자비심이 아니었다면 지금의 불교는 존재하지 않을 것이다. 그리고 우리는 붓다의 위대한 깨달음이 무엇인지 모를 것이다. 첫 장의 제목은 서론이면서 동시에 결론이다.

1
자비의 정의와 상호윤리

○

필자는 자비 없는 불교는 없다고 선언하면서 이 책을 쓰기 시작했다. 그러면 구체적으로 자비는 어떻게 정의해야 하는가? 초기 경전에서부터 대승 경전에 이르기까지 다양하게 표현되고 있는 자비의 정의를 현대사회에 맞게 정의할 필요가 있다. 이를 위해 다양한 불교 경전의 자비 내용을 정리, 축약하고 이를 현대 윤리의 덕목과 연결하여 제시한다.

초기불교에서 자비의 의미 규정은 자(慈, metta)와 비(悲, karuna)를 핵심으로 한다. 자비는 타인의 고통과 기쁨에 공감하여 자신의 마음이 타인이 겪는 마음속으로 들어가 감정을 나누는 것을 의미한다. 제일 핵심적이며 간단한 정의라 할 수 있다. 자비의 사상은 초기불교의 4무량심(四無量心)과 밀접한 관계가 있다. 4무량심은 자(慈), 비(悲), 희(喜), 사(捨)의 4가지 한량없는 큰마음을 뜻한다.

자무량심은 모든 존재가 행복하기를 바라는 마음에서 이익과 즐거움을 주고자 하는 마음이며, 비무량심은 모든 존재가 고통에서 벗어나기를 바라는 마음이다. 희무량심은 모든 존재의 이익과 즐거움이 끝없기를 바라는 마음이며, 사무량심은 평등심으로 차별하지 않는 마음이다. 이러한 4무량심은 후대에 이르러 크게 '자비'와 '희사'로 나누어진다. 자비는 불교의 대표적인 덕목으로 정착되고, 희사는 기쁜 마음으로 보상을 바라지 않는 보시를 의미하는 것으로 쓰이게 되었다. 오늘날에는 4무량심 내용 전체가 자비로 표상되고 있다.

초기불교의 자비는 대승불교의 등장과 더불어 점점 확대되어 보살 정신의 핵심으로 자리 잡았다. 대승불교에서는 자비를 자신에게만 관심을 두는 삶을 타인에게 봉사하는 삶으로 확대 전환시키는 매우 중요한 요소로 간주한다. 그것은 모든 존재가 고통과 그 고통의 원인에서 벗어나기를 소망하는 대승불교의 염원과 서원에서 나타난다. 그 염원과 서원이 바로 보리심(菩提心)이다. 불교학자 게셰 타시 체링(Geshe Tashi Tsering)은 보리심을 다음과 말하고 있다.

> 보리심은 모든 불교 수련의 정수이다. 보리심이라는 말은 그 자체로 많은 뜻을 드러낸다. 보디(bodhi)는 깨우다(awake) 혹은 깨침(awakening)이라는 뜻의 산스끄리뜨어이고, 시타(chitta)는 마음(mind)을 뜻한다. 깨달음(enligtment)이 완전히 깨어 있는 마음의 상태라고 하면, 보리심은 다른 모든 존재를 이롭게 하려고 완전히 깨어나기 시작하는 마음이다. 보리심에는 두 가지 측면이 있다. 타인을 이롭게 하고자 하는 염원과 그것을 잘하기 위해 완전한 깨달음을 얻

고자 하는 소망이다.[1]

타인을 이롭게 하기 위해서는 먼저 자신이 깨달아야 한다는 인식이 매우 중요하다. 이것은 뒤에서 논의할 자비와 수행의 관계에서 중요하게 다루어질 주제이다.

오늘날 자비의 뜻을 현대사회의 여러 덕목과 함께 연결하여 체계화하고 정의하려는 노력이 많은 학자에 의해 시도되고 있다. 특히 서구 심리학자들이 두드러진다. 자비는 동감(sympathy), 공감(empathy), 친절(kindness) 등과 같은 덕목과 어떤 관련을 갖는지 많은 논란이 있기도 하다. 그만큼 다루기 쉽지 않은 까다로운 개념이다. 자비 분야의 대표적인 연구자로 알려진 크리스티나 펠드만(Christina Feldman)과 빌렘 쿠이켄(Willem Kuyken)의 정의를 보자. 두 학자는 전통적인 불교의 자비 개념과 최근의 진화론적 사고를 고려해서 다음과 같이 정의하고 있다.[2]

자비는 고통과 비애와 비통에 대한 다면적인 반응이다. 자비 속에는 친절, 공감, 관대함, 수용이 포함된다. 용기와 인내와 평정이라는 실들이 골고루 사용되어 짜인 옷감이 바로 자비이다. 무엇보다 자비는 현실의 고통에 가슴을 열고 그것을 치유하고자 하는 열망이다.

자비는 인간으로 살아가면서 느끼는 고통의 보편성을 인식하는

---
1 _ 폴 길버트 외, 조현주 외 3인 공역 『마음챙김과 자비』 학지사, 2020, p.150.
2 _ 위의 책, pp.155-156.

마음의 지향성이며, 그 고통을 친절과 공감과 평정과 인내로 만날 수 있는 역량이다. '자기 자비'는 우리 자신의 경험을 지향하지만, 자비는 그 지향성을 타인의 경험으로 확대시킨다.

위의 내용은 정의라기보다는 설명의 느낌이 강하다. 초기불교부터 현대 불교학자의 정의에 이르기까지 큰 흐름을 보면 자비에 대한 개념은 시간적, 공간적 연기의 조건에 따라 다양하게 표현되는 것을 확인하게 된다. 따라서 자비의 정의는 폐쇄적인 것이 아니라 개방적이라고 할 수 있다. 자비는 인간이 지닌 마음의 다양한 요소의 조합과 통합의 성격을 지니고 있으면서 여러 방편과 속성으로 구성되어 있다. 그럼에도 불구하고 기본 핵심은 초기불교의 자비 개념인 '모든 생명체가 고통과 고통의 원인에서 해방되기'를 바라는 것이다.

자비는 가치론적인 틀에서 보면 '포괄성'과 '지속성'이 매우 높은 가치체계이다. 자비의 가치를 독일의 저명한 철학자 막스 셸러(Max Scheler)의 '가치론'을 바탕으로 하여 그 특징을 살펴보자. 막스 셸러가 주장한 가치론의 공적은 무엇보다도 가치 서열의 척도와 근거를 제시하였다는 것이다. 가치는 상호 관계에서 하나의 서열을 가지고 있고, 이것에 의해 가치영역이 높거나 낮거나 하다는 점에서 고유한 질서를 나타낸다. 그 내용을 요약해 보자.

첫째, 가치의 지속성이다. 가장 높은 가치는 영원한 가치이고, 가장 낮은 가치는 일시적인 가치이다. 정신적 만족이 감성적 쾌락보다 더 높은 가치인 근거는 이런 이유에서다.

둘째, 가치는 분할의 가능성이 적으면 적을수록 보다 높은 가치이다. 다수의 사람이 가치에 관여할 때 가치의 분할 가능성이 높으면 그 가치는 서열이 낮을 수밖에 없다. 인격적 가치가 물질적 가치보다 높은 이유는 바로 이 때문이다.

셋째, 다른 가치에 의지를 덜 할수록 높은 가치이다. 유용 가치는 쾌락 가치 안에 자리를 잡고 있으며, 쾌락 가치는 생명 가치에 기반을 둔다. 유용 가치는 이미 쾌락 가치에 대한 수단으로 제시되는 것이므로 쾌락 없이는 어떠한 유용 가치도 있을 수 없으며, 쾌락을 감지하는 작용은 생명의 감지 작용에 근거한다.

넷째, 높은 가치는 더 강한 만족을 준다. 여기에서 만족은 단순한 '쾌락'이 아니라 하나의 '충실 체험'이라고 할 수 있다.[3]

지금까지 살펴본 막스 셸러의 가치 서열 척도에 따르면, 자비가 가치 서열이 제일 높은 최고의 덕목이다.

그러면 자비의 원천인 연기론에 바탕을 둔 윤리 이론의 특징은 무엇일까? 모든 존재와 현상을 의존적 상호 발생으로 보는 연기론적 윤리를 한 마디로 '상호윤리(Mutual Ethics)'라고 표현할 수 있다. 상호윤리의 출발은 모든 존재와 현상은 '의존적 상호 발생(dependent co-arising)'의 관계에 있다는 것이다. 나와 타인과의 관계, 집단과 집단 간의 관계, 나와 자연과의 관계, 생물체와 생물체의 관계 등 이 세상의 삼라만상은 상호의존적 관계에 있으며, 이 관계에 의하여 새로운

---

3 _ M. 셸러, 이을상·금교영 옮김『윤리학에 있어서 형식주의와 실질적 가치 윤리학』 서광사, 1998, p.134.

관계도 형성된다. 따라서 모든 존재와 현상은 하나의 그물코 안에 연결되어 있다. 물과 해가 없으면 우리는 존재할 수 없고, 인간의 사회성이라는 것도 한 그물코에 있다. 여기서 배려의 윤리, 책임의 윤리, 생명의 윤리, 평화의 윤리 등이 생겨난다.

이러한 관점에서 보면 자아는 자신이 경험하는 세계와 그 경험을 해석하는 코드 사이의 상호작용에 의해 형성된다. 따라서 상호윤리의 규범은 이성의 명령이나 어떤 절대적 존재의 승인에서 나온 것이 아니다. 그 규범은 모든 존재의 조건이 되는 관계성 바로 그 자체에 관심을 두고 있다. 따라서 상호윤리의 규범과 가치들은 개인의 행복과 사회의 건강이 불가분의 관계임을 드러내며, 개인적 변화와 사회적 변화 사이에 깊은 상호의존관계가 있음을 말한다. 이에 상호윤리는 다른 존재에 대한 깊은 배려 속에서 자기의 이익을 확장하는 것이다.

이렇게 상호윤리는 연기와 무아의 개념에서 나온 윤리론으로 자아의 보존과 의미 실현이 개체적이고 고립적인 방법으로 가능하지 않다고 본다. 나아가 자아의 진정한 의미는 타자와의 공존적인 삶에서 실현된다고 한다. 이러한 인식은 타자가 자신과 동일하게 존중되며, 자신이 타자를 통해 실현되며, 타자도 자신을 통해 실현된다는 생각의 함축이다. 따라서 상호윤리는 불교 윤리를 표상하는 대표적인 특징이며 동시에 자비 윤리의 큰 특징을 나타낸다.

자비의 상호윤리적 성격이 소박하게 드러난 경전 『잡보장경』의 내용을 소개하면 다음과 같다. 『잡보장경』은 5세기경에 인도에서 성립된 것으로 121가지 짧은 설화를 바탕으로 복을 짓는 내용이 주를 이룬다. 이 경에 실린 '무재칠시(無財七施)', 즉 재물이 없어도 할 수 있는 자비행을 보면 다 아는 듯해도 실천하기가 만만치 않은 내용이다.

첫째는 화안시(和顏施)이다. 얼굴을 밝고 부드럽게 하고, 웃는 얼굴로 정답게 사람을 대한다. 화안시가 얼마나 중요한지는 우리의 삶의 현장에서 항상 느낄 수 있다. 밝은 얼굴은 주변을 밝힌다.

둘째는 언시(言施)이다. 진실이 어리고 사랑과 칭찬이 서린 격려의 말, 공손하고 양보하는 말로써 하는 보시이다. 말로 짓는 구업(口業)은 불교 윤리에서 가장 경계하는 해업(害業)의 하나이다.

셋째는 심시(心施)이다. 어질고 연민 어린 마음으로 사람을 대하는 것이다. 이것은 무재칠시의 근원이라 할 수 있다. 심시는 사람뿐만 아니라 모든 생물, 무생물에 이르기까지 해당된다.

넷째는 안시(眼施)이다. 따뜻하고 부드러운 시선으로 사람을 대하며, 다른 사람의 좋은 점을 보고 세상을 자비의 시선으로 보는 것이 안시라 할 것이다. 크게는 구분심 없이 사물을 보는 것도 안시라 할 수 있다.

다섯째는 신시(身施)이다. 몸과 힘으로 남을 도와주는 것이다. 노약자의 거동을 도와주고, 주변에 재난 사고가 있을 때 직접 현장에 가서 봉사하는 것도 신시이다.

여섯째는 좌상시(床座施)이다. 남에게 편안한 자리를 양보하며, 힘들고 지친 사람을 편하게 해 주는 자비행이다. 또한 자기를 낮추고 남을 높이며 편안하게 해 주는 자세도 포함된다.

　일곱째는 방사시(房舍施)이다. 가난하고 거처가 불안한 사람들을 위해 거처를 마련해 주는 보시이다. 방사시를 오늘날의 관점에서 보면 다양한 영역에서 적용할 수 있는데, 예를 들면 난민의 문제도 방사시에 포함된다.

　위에서 살펴본 일곱 가지 보시행을 보면 그 광범위함과 치밀함에 감탄을 금할 수 없다. 인격 교육의 전반적인 내용과 현대의 자기계발 내용까지 포함하고 있다. 무재칠시 보시행이 서로 상호작용하는 연기적 관계에 있음은 두말할 나위가 없다.

2
붓다의 생애와 자비

○

불교에서 자비 실천의 원형은 바로 붓다의 삶에 그대로 나타난다. 붓다가 35세에 깨달음을 얻은 후 열반에 이르기까지의 삶, 그 자체가 바로 자비행이다. 붓다가 성도 후 설법을 망설였다가 마음을 바꾸고 전법 선언을 한 것도 바로 중생에 대한 자비심에서 나온 것이다. 붓다의 깨달음은 연기법이라는 '지혜'에서 출발하였지만, 붓다의 가르침인 불교는 붓다의 '자비'에서 출발하였다고 할 수 있다. 불교 교리에서 자비의 비중은 이미 『본생경』에 잘 나타나고 있다. 『본생경』을 보면 붓다의 위대한 깨달음은 전생의 끝없는 자비행의 결과임을 말하고 있다. 바로 깨달음의 원천이 자비라는 것이다.

초기 경전인 『본생경』은 붓다가 성불하기 이전, 즉 이 세상에 태어나서 수행자로서 닦아 온 여러 생의 이야기를 모아 놓은 것이다. 붓다의 제자들은 이 세상에 오신 붓다가 6년간의 고행과 수행만으로는 이토록 장엄한 진리를 깨달을 수 없다고 생각하였다. 그래서 무수한 과거 생에 보살로서 수행해 온 결과라고 믿었다. 무량겁의 오랜 시간 동안 수행하면서 사람으로만 태어난 것이 아니라 온갖 동물로도 태어나서 보살도를 닦은 공덕이라고 생각했다.

예를 들어 보자. 붓다가 이 세상에 태어나서 성불하기 전 보살이었던 동안에 어떤 때는 국왕으로, 어떤 때는 상인으로, 심지어는 도둑으로까지 태어나기도 한다. 때로는 토끼나 원숭이 등의 몸을 받고 태어나지만 언제나 한결같은 선행과 덕행을 베풀면서 자비행을 하였다는 줄거리로 엮여 있다. 이러한 『본생경』의 내용은 당시 인도 사회에 널리 유포되고 있는 전설과 우화류를 인용하여 붓다의 보살 정신과 자비행을 강조하고자 했던 것으로 볼 수 있다. 그러나 초기 불전에 기록된 붓다의 전생담 내용은 그 풍부한 양으로 보아 붓다가 직접 자신의 전생을 이야기한 것으로 보는 이론도 만만치 않다. 그리고 여기에는 선인선과(善人善果) 악인악과(惡人惡果)라는 인과응보의 윤리관과 윤회 사상이 내재하여 있다.

지구별에서 붓다 자비행의 첫 출발은 '범천의 설법 요청(범천 권청)'에 그대로 표현되고 있다. 붓다는 깨달음을 이룬 뒤 얼마 동안 자신이 깨달은, 번뇌가 사라진 열반의 경지를 음미했다. 그리고 나서는 이 열반의 경지를 누가 이해할 수 있을까, 그것을 알려 준다 하더라도 알지 못할 것이고, 오히려 사람들이 나를 험담하는 구업(口業)을 짓게 될 수도 있을 것이라고 걱정했다. 그래서 이대로 그냥 입멸(入滅)하자고 생각했다. 자신이 깨달아 얻은 법이 '세상의 흐름에 거슬리는 것'이라고 생각하고 남에게 전하는 것이 매우 어렵다고 생각하였기 때문이다. 상윳따 니까야에 표현된 장면을 재생해 보자.

어느 날 붓다는 우루벨라의 네란자라 강가 아자팔라 보리수 아래에 머물러 계셨다. 깨달음을 얻은 지 얼마 지나지 않았을 때였다. 붓다는 홀로 조용히 명상에 잠겨 있는데 이런 생각이 일어났다. '내가 깨달은 이 진리는 심원하고 알기 어렵고, 난해하며, 절묘하고, 사색의 영역을 뛰어넘었고, 미묘하며, 현자만이 능히 알 수 있는 것이다. …… 그러므로 내가 이 법을 설한다고 하더라도 다른 사람이 이해하지 못한다면 내게는 피로만이 남을 뿐이다. 내가 애써서 얻은 깨달음을 지금 설할 필요가 있을까? 탐욕과 증오에 사로잡힌 사람들이 이 진리를 깨닫기란 쉽지 않다. 이것은 세상에 거슬리는 것이며, 미묘하고, 심원하며 알기 어렵고, 미세하기 때문에 욕망에 탐닉하고 암흑에 가려진 사람들은 볼 수 없는 것이다.'

그러자 이를 안 범천(梵天)은 '아, 세계는 망하고 만다. 세계는 망하고 만다'라고 크게 걱정하면서 붓다에게 설법해 주기를 간곡히 간청한다.

"붓다시여, 이 세상에는 번뇌에 적게 물든 사람도 있습니다. 그들은 붓다의 설법을 들으면 곧바로 깨달을 것입니다. 하지만 설법을 듣지 못한다면 그들은 진리를 모르고 삶을 마칠 것입니다. 세상에는 지혜로운 사람들도 많으니 설법을 듣게 되면 바로 깨달을 것입니다."

범천의 간곡한 설법 요청에 붓다는 자비심으로 두루 세상을 살펴보고 자신이 깨달은 진리를 전하기로 결심한다.

이것은 불교라는 세계적 종교가 탄생할 즈음에 닥친 최대의 위기가 극복되는 순간이었다. 그리고 붓다는 천명한다. "불사(不死)의 문은 열렸다. 귀 있는 자들은 어서 들으라. 그대의 신앙을 버려라." 이러한 대중을 향한 공개적인 전법 선언은 당시의 인도에서는 매우 특이한 것이었다. 인도에서 전해 오는 우빠니샤드는 스승과 제자가 은밀하게 그들만의 진리를 전해 주었다. 그러나 붓다의 전법 선언은 태양이 만물을 비추듯 만인을 향해 있다. 이러한 범천 권청의 이야기는 붓다가 깨달은 진리의 위대함을 강조하기 위해 후대에 문학적으로 구성되었을 것이다. 나는 붓다가 전법에 대해 고뇌한 것에 대해 충분히 이해한다. 소년 시절부터 불교에 인연을 맺었고 이런저런 불교책도 읽었다. 붓다 가르침의 위대성에 두 손 모아 합장하지만, 지금도 '무아'와 '자비'의 실천에 아득함을 느끼고 미로를 헤매고 있다.

붓다는 전법의 첫 대상으로 같이 수행했던 다섯 친구를 택했다. 그 친구들은 붓다가 고행을 그만두고 보리수 아래로 가는 것을 보고 실망해서 떠난 수행자들이었다. 붓다는 친구가 있는 바라나시로 향했다. 보드가야에서 바라나시까지는 200km나 되는, 당시의 교통 상황을 고려해 보면 매우 먼 곳이었다. 그 다섯 도반은 나름대로 긴 수행의 과정을 겪은 수행자들이다. 첫 전법 대상자로 그 먼 곳에 있는 다섯 친구를 택한 것은 붓다의 전법에 대한 깊은 고뇌를 반영한 것이리라.

붓다를 떠난 수행자들은 붓다를 다시 만나자마자 본능적으로 붓다에게서 자연스럽게 풍기는 위대함에 머리를 숙이고 경배했다. 그러나 붓다의 설법을 듣는 것은 망설였다. 녹야원(바라나시)에 도착한 날 초저녁 붓다는 홀로 침묵 속에서 지냈다. 그리고 밤이 깊어지자, 다섯 수행자를 상대로 최초의 설법을 시작했다. 깊은 밤은 신성한 시간, 설법하기에 가장 적당한 시간이리라. 그날의 설법은 매우 치열하고 논쟁적인 것으로 짐작된다. 그 내용은 광범위하고, 『전법륜경』을 통해 많은 언어로 전해진다. 그 진실성은 여러 책의 내용이 일치한다는 점에서도 믿을 수 있지만, 특히 그 강렬한 내면성 때문에 더욱 뚜렷하게 나타난다. 이날 초전법륜(初轉法輪)을 굴린 자비행이 시작되었고, 불교가 탄생하는 첫날이라 할 수 있을 것이다.

다섯 비구를 교화한 지 얼마 지나지 않아서 훌륭한 가문 출신인 야사가 붓다에 귀의 출가하고, 야사의 친구 50여 명도 출가하여 구족계를 받고 비구가 되었다. 이때 붓다는 제자들에게 다음과 같이 선언하였다.

"수행승들이여. 나는 신과 인간들의 온갖 속박에서 벗어났다. 그대들도 신과 인간들의 속박에서 벗어나게 되었다. 수행승들이여. 이제는 편력의 길로 떠나라. 많은 사람과 신들의 이익을 위해, 안락을 위해, 세상에 자비를 베풀기 위해 길을 떠나라. 길을 떠날 때는 같은 길을 두 사람이 함께 가지 말라. 수행승들이여, 처음도 좋고 중간도 좋고 끝도 좋은 법(法), 내용과 이론이 갖추어진 진리를 설하라. 세상에는 때가 덜 묻은 사람이 있다. 그들은 진리를 듣지 않으면 퇴보하

붓다의 생애와 자비

지만, 들으면 진리를 깨달을 것이다."

　61명의 수행승이 저마다 갈 곳을 정해 붓다의 가르침을 펴기 위해 나섰다. 붓다 자신은 바라나시를 떠나 갠지스강 남쪽을 건너서 마가다국으로 향했다. 앞서 보리수 있는 곳에서 바라나시로 오던 길을 되돌아갔다. 이렇게 해서 붓다는 중생의 대자유와 행복을 위해 전법을 선언하고 큰 자비행의 걸음을 시작한 것이다. 붓다의 자비행은 붓다 열반 시까지 치열하게 전개된다. 지면 관계상 몇 가지 사례를 간단히 살펴본다.

　첫째 사례로 앙굴리말라에 대한 이야기를 보자. '앙굴리'는 손가락, '말라'는 목걸이라는 뜻인데 본명은 아힘사이다. 아힘사는 어느 바라문 학자의 제자였다. 학자 부인의 유혹을 거절하자 부인은 오히려 남편에게 아힘사를 모함해서 하루에 100사람을 죽여 손가락 하나씩을 잘라내어 목걸이를 만들라는 지시를 하도록 한다. 이를 실천하면 학문이 완성된다고 말했다. 스승의 명령을 절대적으로 믿었던 그는 상대를 가리지 않고 닥치는 대로 죽여 손가락을 잘랐다. 99명을 살해한 아힘사는 조급한 나머지 마지막에는 어머니까지 죽일 생각을 했다. 이때 붓다가 아힘사 앞으로 불쑥 나섰다. 붓다의 위대함과 존엄에 굴복한 아힘사는 용서를 빌고 제자 되기를 간청하였다. 붓다는 앙굴리말라를 데리고 기원정사로 돌아왔다.

　한편, 시민들의 호소를 들은 프라세나지트왕은 군대를 거느리고 살인마 앙굴리말라를 쫓던 중, 기원정사에서 붓다 옆에 웅크리고 있는 앙굴리말라를 보고 깜짝 놀랐다. 왕은 붓다를 찬탄하며 이렇게 말한다. "부처님은 무슨 일이든지 다 이루십니다. 끝없는 자비를 베풀어 백성들을 편하게 지켜 주십시오." 하고 돌아갔다. 그 후 앙굴리말라는 탁발 중 폭행을 당하는 등 온갖 박해를 받았으나 이를 극복하고 깊은 수행의 경지를 쌓았다. 앙굴리말라의 이야기는 99명을 죽이고 마지막으로 어머니까지 살해할 생각을 했다는 등 오늘의 시각에서 보면 도저히 이해가 가지 않지만, 여기에는 그 당시의 사회상이 상징적으로 반영되었다고 볼 수 있을 것이다. 앙굴리말라 연구에 대한 글이 여러 편 있다는 것은 이를 반영한 것이라 볼 수 있다.

둘째 사례는 『출요경』에 나오는 '아라한이 된 똥지게꾼' 이야기이다. 붓다께서 사위성에서 탁발하면서 불가촉천민의 집에 이르렀다. 그때 똥지게꾼은 붓다가 오시는 것을 보고 부끄럽게 여겨 다른 골목으로 피했다. 하지만 붓다는 어느새 그곳으로 가서 그 앞에 다가섰다. 그가 다시 붓다를 피해 달아나다가 끈이 끊어져 똥통이 깨지는 바람에 주변이 똥물로 더러워졌다. 붓다는 그에게 물었다.

"내가 지금 그대 때문에 여기 있는데 어디로 가려 하오?"

"제 몸이 더러워 감히 부처님을 가까이서 뵐 수 없으므로 피하려고 했습니다. 세존께서는 어떤 가르침을 주시려고 자비스럽게도 이런 죄인과 이야기하려고 하십니까?"

"그대는 나를 따라오시오. 그대를 제도해 출가시키려 하오."

"세존이시여, 지옥에 있는 중생이나 아귀 혹은 축생도 도를 이룰 수 있습니까?"

"내가 아주 먼 과거부터 지금까지 수많은 행을 닦으면서 부처가

된 것은 자신의 죄로 인해 고통받는 사람들을 구제하기 위함이오."

붓다는 그를 목욕시키고 기원정사로 데려와서 출가시켰다. 당시 인도의 카스트 제도를 고려하면 이것은 엄청난 파격이라고 볼 수 있다. 똥지게꾼은 수행자가 된 후 스스로 마음을 가다듬고 부지런히 수행하여 아라한의 도를 이루었다.

세 번째 사례로 붓다에게 마지막 공양을 올린 춘다의 이야기다. 금속 세공사인 춘다는 부처님이 오셨다는 소식을 듣고 인사를 드리고 설법을 청해 듣고 기뻐서 이튿날 부처님을 식사에 초대했다. 이 식사는 붓다의 마지막 공양이 되었는데 아마도 식중독 증상이 있지 않았나 생각된다. 붓다는 식사 후 돌아오는 도중 아픔을 느껴 자리를 깔게 하고 앉았다. 그리고 아난다에게 다음과 같이 말했다.

"춘다가 바친 공양이 마지막이 되었는데, 그것 때문에 춘다가 후회할 필요는 없다. 여래가 처음 도를 이루었을 때 바친 공양과 이별하기 전에 바친 공양은 다 같이 공덕의 결과가 커서 그 가치도 비슷하다."

붓다가 춘다에게 베푼 자비심이 절절하다. 경전은 이 구절을 다음의 시로 맺고 있다.

> 춘다의 집에서 공양을 하시니
> 여래의 병이 무거워지고
> 목숨이 끝에 가까워졌다네.
> 전단나무 버섯을 드시고

병이 더욱 도졌지만
병을 안고 길을 걸어
쿠시나가르로 가셨네

네 번째 사례는 붓다의 마지막 제자로 알려진 수바드라이다. 수바드라는 쿠시나가르 거리의 늙은 수행자이다. 그는 여래께서 한밤중을 지나 입적한다는 소식을 전해 듣고 사라나무 숲으로 가서 아난다에게 붓다 뵙기를 청했다. 그러나 아난다는 거절할 수밖에 없었다. 수바드라는 돌아가지 않고 계속 뵙기를 간청하고 간청하였다. 두 사람의 대화를 들은 붓다는 다음과 같이 말했다.

"아난다여, 수바드라를 막지 말라. 수바드라는 나를 귀찮게 하는 것이 아니고 알고 싶어 하니 질문을 듣고 대답해 주겠다. 그는 반드시 곧 알아차릴 것이다."

이렇게 하여 "세존이시여, 어서 말씀해 주십시오." 하고 설법을 청하였다.

붓다는 팔정도와 수행자의 성과에 대해 설법했다. 붓다의 설법을 듣고 난 수바드라는 그 자리에서 불, 법, 승 삼보에 귀의하고 세존 곁에서 구족계를 받고 싶다고 청했다. 붓다는 다른 교단에 있는 사람이 불교에 들어와 출가하고 구족계를 받고자 할 때는 4개월의 수련 기간이 있는데도 불구하고 아난다를 불러 곧 출가시킬 것을 분부했다. 이렇게 해서 수바드라는 세존 앞에서 구족계를 받은 그야말로 마지막 직계 제자가 되었다. 붓다는 이렇게 입적 직전까지 자비의 전법을 위해 진력하였다.

마지막으로 '파타차라'라는 여인의 예를 들고자 한다.[4] 무엇보다도 가슴을 따뜻하게 적시는 사례이다. 파타차라는 가족들을 하룻밤 사이에 잃고 슬픔에 젖어 통곡하면서 반벌거숭이 차림으로 붓다의 법회 장소에 뛰어들었다. 사람들이 당황하여 그 여인을 막아서자, 붓다께서 조용히 말씀하셨다.

"그 여인을 막지 마십시오."

누군가가 건네준 겉옷을 걸쳐 입고서 파타차라는 붓다에게 자신의 처지를 하소연하기 시작하였다. 여인의 통곡이 흐느낌으로 잦아들고 눈물이 천천히 말라가자 붓다께서 말씀하셨다. "걱정하지 마십시오. 그대의 의지처가 될 곳으로 잘 찾아왔습니다. 이곳에 기대고 의지해서 지내십시오. 남편도 아이도 그대의 의지처가 될 수 없습니다. 속절없이 떠나게 마련입니다. 그대가 세세생생 윤회하면서 사랑하는 사람을 떠나보내며 흘린 눈물은 저 바닷물보다 많을 것입니다."

파타차라는 붓다의 위로와 격려에 눈물을 닦고, 붓다의 가르침과 승가를 의지처로 삼아 출가하여 비구니가 되었고 큰 깨달음을 얻은 높은 수행자가 되었다.

이와 같은 붓다의 자비행은 승가 수행 공동체의 일상생활에서도 헤아릴 수 없을 만큼 많다. 치열한 수행으로 눈이 먼 제자가 바늘의

---

4 _ 대한불교조계종 불교성전편찬추진위원회 편 『불교성전』 조계종출판사, 2021, pp. 116-118.

실을 꿰지 못하자 이를 알고 찾아가 도와주고, 병든 수행자를 수발 간호하는 등…….

그야말로 자비 없는 붓다는 없다. 그리고 자비 없는 불교도 없다. 남송 시대에 간화선을 주창한 대혜 선사의 『대혜어록』을 인용하면서 이 글을 마무리한다.[5]

옛날 부처님은 도를 깨달아 성취한 그곳에서 생멸하는 마음을 소멸시켰다. 또한 적멸한 경지에도 머무르지 않으셨으니, 이를 두고 적멸을 드러내 보이셨다고 말한다. 이러한 적멸의 경지에는 두 가지 뛰어남이 있다. 첫 번째는 위로 모든 부처님의 원력에 부합해 모든 부처님과 같은 큰 자애의 힘을 내는 것이고, 둘째는 아래로 육도 중생에 부합해 모든 중생과 같은 큰 연민을 우러르는 것이다. 이것이 대자대비를 갖추어 악의 길에서 고통받는 중생을 구제한다는 것이다. 중생은 깨닫지 못했기 때문에 생사를 윤회한다. 먼저 깨달은 사람이 만일 자비가 없다면 어떻게 중생 세계를 건질 수 있겠는가?

---

5 _ 위의 책, p. 480.

3
보살 사상과 자비

　자비 하면 불교 신자들은 자연스럽게 관세음보살을 떠올리게 된다. 일반적으로 보살이라고 하면 맨 먼저 불상으로서 문수, 보현, 관세음, 지장의 4대 보살이 떠오르게 된다. 이 네 보살은 보살 사상의 핵심이 인격화된 경전의 인물들로서 각기 자신만의 성격과 역할을 지니고 있다. 문수보살은 지혜, 보현보살은 실천행, 관세음보살은 자비, 지장보살은 지옥에서 고통받는 중생들을 구원하는 큰 서원의 상징으로 표상된다. 모든 보살은 '상구보리 하화중생(上求菩提 下化衆生)'의 정신을 치열하게 추구하는 존재들이다. 그래서 불교의 이상은 보살도를 통해 이루어지고 이를 실천하는 사람을 보살이라고 칭한다. 보살 정신의 근원은 자비로서 바로 열반, 성불로 가는 길이다.

　'보살(菩薩)'이란 산스끄리뜨어의 '보리살타(Bodhisattva)'를 줄인 말이다. 이 용어는 인도 종교사에서 불교 이외에서는 사용된 적이 없는 불교만의 고유한 용어이다. 'Bodhisattva'는 bodhi와 sattva의 합성어로 '붓다와 같은 깨달음을 구하기 위하여 노력하는 사람'이라고 할 수 있다. 보살에 대한 이러한 관념은 기원전 1세기 초 또는 2세기 무렵 '연등불 수기'를 설하는 불전 문학이나 초기 경전인 『본생경(자타카)』에서 비롯되었다. 연등불이란 등불을 밝히는 붓다라는 뜻으로, 먼 과거세에 붓다가 수메다라는 청년이었을 때 그의 마음에 깨달음을 향한 등불을 밝혀 준 부처님이다. 수메다는 연등불을 통해 길고 긴 시간 후에 '고따마'라는 붓다가 될 것이라는 수기(授記)를 받는다. 수기는 수행자가 미래에 부처가 될 것이라는 예언이다. 이렇게 해서 수메다의 보살로서의 긴 여정이 시작된다.

보살 사상은 흔히 대승불교에서 출발하였다고 보는 시각이 있다. 그러나 보살 사상은 초기불교에서 잉태되어 역사의 전개에 따라 점점 확장되고 체계화되었다. 초기 경전에서 출발한 보살 사상은 대승 경전에 이르면 '보살마하살'이라 하면서 깨달음을 구하는 자리적(自利的)인 면보다는 중생구제라는 이타서원(利他誓願) 정신이 중심을 이루게 된다.[6]

초기불교에서는 과거의 여러 부처님을 비롯하여 석가모니 붓다가 깨달음의 수행을 하고 있던 때와 미래불인 미륵불의 수행 시절을 '보살'이라고 칭하고 있다. 부파불교 시대의 설일체유부(說一切有部)는 자리이타를 서원으로 하고 무상정등각(無上正等覺)을 얻기 위하여 수행하는 지혜로운 '유정(有情)'을 보살이라 하였다. 저명한 불교학

---

6 _ 이봉순 『보살사상 성립사 연구』 불광출판부, 1998 참조. 이 책은 동국대학교 박사학위 논문을 출판한 것이다.

자 콘즈(E. Conze)는 '보살'의 개념을 대승이 지어냈다는 것은 잘못된 가설이라고 주장한다. 불교도들은 모두 어느 부처라도 깨달음을 얻기 전 오랜 세월 동안 보살이었다고 생각한다는 것이다. 특히 설일체유부가 보살의 생애를 중요시했다. 『아비다르마의 보물(Abhidharmakosa, 구사론)』에 보살의 정신적 자세가 훌륭하게 묘사되어 있다고 하면서 길게 인용하고 있다. 콘즈 교수는 보살 사상이 초기불교에서 충분히 형성되어 있었다고 주장한다. 그리고 대승불교의 혁신적인 면모는 보살상을 모든 사람에게 타당한 이상상으로 전파하고자 했다는 것이다. 대승불교가 아라한보다 보살을 본받아야 할 이상형으로 본 것이다.[7]

대승불교에 이르러 보살 사상이 본격적으로 전개된다. 대승불교도들은 붓다 이전에 비바시불, 비사부불, 구류손불, 구나함모니불, 가섭불 등 6명의 붓다가 있었으며, 고따마 붓다는 7번째로 진리를 발견한 붓다라고 보았다. 이는 고따마 붓다 이후에도 진리를 발견하는 붓다가 나타날 수 있다는 미래불 사상으로 이어진다. 이와 함께 과거, 현재, 미래뿐만 아니라 무한한 공간에 무수한 붓다가 존재한다고 생각하였다. 이와 함께 대승불교도들은 역사적인 인물인 고따마 붓다 외에도 비로자나불, 아미타불, 약사불 등 많은 붓다를 설정하여 신앙의 대상으로 삼았다. 또한 수행을 완성하여 성불할 수 있음에도 불구하고 고통받는 중생들을 구제하기 위하여 이 세상에 남

---

7 _ E. 콘즈, 한형조 역『한글세대를 위한 불교』세계사, 1999, pp. 175-176.

는 길을 선택한 보살들도 신앙의 대상이 되었다. 이렇게 대승불교에 와서 붓다는 시간적, 공간적으로 엄청나게 확대되었다.

이와 함께 많은 대승 경전에 보살이 적극적으로 등장한다. 『대품반야경』의 주석서인 『대지도론(大智度論)』에서는 "무상 지혜를 구하기 위하여 큰마음을 내는 것을 보리살타라 한다. 큰 용기가 있는 마음에서 물러나지 않고, 중생 중에서 우두머리가 되고, 대자대비를 일으켜 대승이 성립하고, 중생들로 하여금 무상도를 행하게 하고, 대도를 향하여 가장 큰 곳을 얻고, 대인의 상을 성취하기 때문에 마하살이라고 한다."라고 설한다.

『유마경』『법화경』『화엄경』『무량수경』 등 대승 경전에서 보살상의 다양한 모습이 나타나고 있다. 보살은 '지혜'와 '자비'라는 두 가지 힘을 동시에 갖춘 존재이다. 지혜는 '사람을 보지 않는 데' 있는데, 자비는 '사람을 구제하려고' 결심한다. 이 두 가지 모순되는 태도를 연결하는 능력이 보살 정신의 위대함의 근원이며, 자신과 타인을 구제하는 힘의 원천이다.[8]

초기불교 경전에서 대승 경전에 이르기까지의 경전에 나타난 보살상은 크게 세 가지 유형으로 나누어 볼 수 있다. 즉 깨달음을 얻기 위하여 수행하는 구도의 보살, 그리고 이미 깨달음을 얻은 오도(悟道)의 보살, 중생을 깨닫게 하고 구원해 주기 위해서 노력하는 이타서원(利他誓願)의 보살이다. 보살의 서원은 현실에서 보살행으로 구

---

8 _ E. 콘즈, 위의 책, p. 180.

체화되어 나타난다.

초기불교와 부파불교에서는 미륵보살 외에 석가모니 붓다 한 사람만 설명하기 때문에 중생구제를 위한 서원에 대한 언급은 많지 않다. 다만 『상응부경』과 『구사론』에서 중생구제의 서원을 찾을 수 있을 정도다. 대승불교에 들어서면 보살의 서원은 광범위하고 구체적으로 나타난다. 중생의 끝이 없고 중생의 원이 끝이 없는 한 무상보리(無上菩提)를 얻어 하화중생 하려는 보살의 원도 끝없이 펼쳐진다고 본다.

자비 사상의 궤적을 크게 보면 초기불교의 '4무량심(四無量心)'과 대승불교에서 발전시킨 '3연 자비 사상'으로 나누어 볼 수 있다. 4무량심은 초기불교의 대표적인 수행 체계로서 그 내용은 자(慈), 비(悲), 희(喜), 사(捨)로 구성되어 있으며, 구체적으로 다른 생명을 대하는 태도와 그 실천 방법을 제시하고 있다.

앞에서 언급했듯이 '자무량심'은 모든 생명이 행복하기를 바라는 마음으로 이익과 즐거움을 주고자 하는 마음이며, '비무량심'은 모든 존재가 고통에서 벗어나기를 바라는 마음으로 불이익과 고통을 없애 주고자 하는 마음이다. '희무량심'은 모든 존재들의 이익과 즐거움을 누리기를 바라는 마음이고, '사무량심'은 평등심으로 차별하지 않는 마음으로 누구에게나 똑같이 대하는 마음이다. 4무량심은 후대에 이르러 크게 자비와 희사로 나누어지면서 자비가 불교의 대표적인 덕목으로 자리를 잡는다. 희사는 기쁘게 재물을 보시하는 것, 또는 보상을 바라지 않고 보시하는 행위로 사용되었다.

3연 자비 사상은 3가지 조건의 종류에 따라 4무량심을 분류하면서 등장하였는데 점차 자비에 한정된 용어로 정착되었다. 이에 대한 문헌은 『대지도론』 『대열반경』 『유가사지론』 등이 있다. 문헌마다 약간의 해석 차이는 있으나 자비를 중생연(衆生緣), 법연(法緣), 무연(無緣)의 3가지로 분류하는 것은 동일하다.

　중생연 자비는 중생을 조건으로 일으킨 일반 범부의 자비로서 그 속성은 '유루(有漏)'이다. 유루는 마음에 번뇌가 있어 더럽혀진 상태를 의미한다. '루'는 흘러나오는 것을 의미한다. 번뇌가 흘러 마음이 오염된 상태가 바로 유루이다. 이와 반대로 루가 없어져서 번뇌에 오염되지 않은 상태를 무루(無漏)라고 한다. 이렇게 중생연 자비는 아직 번뇌를 끊어버리지 못한 사람이 일으키는 자비이다.

　법연 자비는 성문, 벽지불, 보살이 중생연에서 벗어나 일으킨 자비심으로 유루이거나 무루의 성격을 가진다. 법을 조건으로 한 법연 자비는 외연이 매우 넓은 것으로 볼 수 있다. 법연 자비는 일체의 법이 오온(五蘊)의 거짓된 화합임을 알고, 대상과 마음의 본체가 공(空)한 줄 깨달은 사람들이 일으키는 자비이다.

　무연 자비는 가장 높은 단계인 자비로서 붓다에게만 해당하는 자비이다. 이미 대상과 마음 등 모든 현상의 헛된 모습을 알고, 인연에 동요됨이 없이 저절로 일체중생의 고통을 없애고 행복을 주는 자비이다. 따라서 무연 자비는 어떤 것을 조건으로 하거나 머무르지 않는 순수한 무루의 자비라 할 수 있다. 분명한 깨달음으로 흔적을 남기지 않는 붓다의 마음에서만 일어나는 것이다.

자비 윤리가 현실적으로 관심을 가져야 할 대상은 중생연 자비이다. 중생이 사는 세계에 법연 자비와 무연자비는 아득하게 느껴질 수 있다. 그러나 법연 자비와 무연 자비가 이 땅에 사는 중생에게 무심하다면 그것은 결코 자비가 아닐 것이다. 여기에 '자비의 방편'이라는 화두가 등장한다. 이와 함께 자비와 중도의 문제도 거론될 것이다. 원효는 거지, 땅꾼 등 소외당하는 계층과 함께 생활하면서 무애가(無碍歌)를 부르고 어린아이부터 노인에 이르기까지 붓다의 가르침을 전해 주기 위하여 노력하였다. 조선 중기의 고승 언기(彦機)는 양치기 생활을 하면서 수행했고 대동강 강가에서 거지와 고아들과 함께 살면서 그들을 교화하였다. 그래서 당시 평양에서는 거지의 모습을 찾아볼 수 없었다고 한다.

이렇게 보살은 중생과 하나 되어 나와 중생이 결코 둘이 아니라는 자타불이(自他不二)의 진리를 체득하고, 중생구제를 실천하는 분이다. 보살의 등장은 중생을 위해 붓다를 공간적, 시간적으로 확장시킨 것이다. 참으로 큰 자비의 확장이고 중심에서 사방으로 뻗어나는 방사(放射)라고 할 수 있다. 보살 사상은 붓다의 삶을 통해 삶의 방향을 정하고자 하는 불교도들의 염원에서 비롯되었다고 볼 수 있다. 과거세의 붓다처럼 서원을 세우고 수행을 거듭한다면 언젠가는 붓다가 될 수 있다는 가능성을 제시한 것이다. 그 가능성의 열쇠가 바로 자비행이다.

『대승계의 세계』라는 저서를 낸 원영 스님은 대승불교의 계는 출가자들이 준수해야 할 규범인 율장의 의미가 아니라, 대승을 지향하는 보살이 행해야 할 각종 실천 규범으로 제시되고 있다고 주장한다. 따라서 대승계는 금지 조항을 준수하는 데 그치지 않고 적극적인 윤리적 실천을 의미한다고 한다. 보살은 이러한 대승계를 적극적으로 실천함으로써 중생들이 괴로움을 그치고 행복을 이루게 한다는 것이다. 원형 스님은 저자 서문에서 현대사회에서 드러나는 각종 윤리적 과제에 적용할 수 있는 '현대 불교 윤리'의 정초를 다지고자 한다면 대승계의 사상을 꼭 참고했으면 하는 간절한 바람을 나타내고 있다.[9]

---

9 _ 원영 편저 『대승계의 세계』 조계종 출판사, 2012, 저자 서문 참조.

4
윤회와 까르마 그리고 자비 실천

○

　윤회와 까르마(업) 사상이 불교 윤리의 제일 기본적인 토대라고 생각한다. 그리고 열반의 궁극적 목적은 이 윤회의 틀에서 벗어나는 것이다. 그런 면에서 윤회 사상이 없는 불교는 없다고 단언할 수 있다. 그런데도 일부 불교학자는 물론 학승 중에서도 윤회 사상의 중요성을 희석시키려는 흔적을 많이 보게 된다. 이것은 불교를 합리적 틀에서 접근하려는 서구적인 사유의 패러다임이 큰 영향을 미치고 있지 않나 생각한다.

　근래 한국 불교학계에 서구에서 해석된 불교 이론이 많이 수입되었다. 이것은 중국불교의 틀 속에 있던 한국불교에 많은 시사점을 주고 있고, 한국불교의 비전에 많은 상상력을 제고시켜 주고 있다고 본다. 그러나 이러한 서구의 사유 틀이 윤회 사상을 회피하고 싶은 동기가 아닌가 생각된다. 윤회는 증명될 수 없으며, 무아와 동행하기 어렵고, 그래서 윤회 사상은 하나의 방편이라는 시각도 있다.

서구의 불교 윤리 철학자들은 대개 불교 윤리의 틀에서 윤회 사상을 무시하려는 경향이 강하다. 대표적인 사례가 오웬 플래나간(Owen Flanagan)의 『보살의 뇌: 자연화된 불교』이다. 저자는 윤회를 '초현실적인 믿음'이라고 보면서 윤회 사상을 빼고 불교 윤리 사상을 전개하고 있다. 이와 반대로 윤회와 업 사상을 불교 윤리의 기본적 토대로 삼고 이론을 전개한 학자가 바로 피터 하비(Peter Harvey)이다. 두 학자의 이론은 앞으로 좀 더 살펴볼 것이다.

오늘날 윤회에 대한 논의는 다양한 형태로 진행되고 있다. 윤회를 과학적으로 증명하겠다는 이론도 적지 않다. 양자역학 이론으로 윤회를 설명하는 경우도 있고, 무아와 윤회를 연결하는 현대적 이론도 많이 있다. 무아이기 때문에 윤회가 가능하다는 것이다. 무아와 윤회의 관계에 대한 논쟁은 다양한 형태로 지속될 것이다. 또한 이러한 논쟁은 불교 이론을 더욱 풍성하게 하는 질료의 역할을 하고 있다.

윤회에 대한 어느 정도의 부정적 입장은 윤회는 불교의 원천적인 사유가 아니라는 입장과 관련이 있다고 생각한다. 윤회 사상은 붓다 이전에 이미 있었던 인도의 사유 양식이라는 것이다. 인도 사상의 정수라고 볼 수 있는 우빠니샤드 역시 업과 윤회가 기본 사상이며, 업과 윤회에서 벗어나는 것을 모크샤(moksa), 즉 해탈이라고 말한다. 불교가 생겨났을 때 이미 업과 윤회는 인도 사회의 통념이었고 불교는 그 통념을 자연스레 공유하고 있었다고 말할 수 있다. 불교의 초기 경전에서부터 대승 경전에 이르기까지 윤회와 업은 중요한 주제로 등장하지만, 붓다는 윤회의 형이상학적인 질문에 침묵하는 무기(無記)의 설법을 하기도 한다. 이에 대한 자세한 논쟁은 미루기로 한다. 윤회와 업을 윤리 도덕적 틀에서 접근하고자 하는 것이 이 글의 주요 목적이다. 자비 실천의 토대를 윤회와 업 사상이 제공하기 때문이다.

윤회와 까르마에 대한 믿음은 사람들이 자신의 행위를 보는 방식에 엄청난 영향력을 미친다. 선한 행위와 악한 행위를 예로 들어 보자. 선한 행위를 해도 그 결과가 나타나지 않는다면 선한 행위에 대한 동기는 분명 약화할 것이다. 선한 행동이 권장되는 것은 선함을 통하여 행위자에게 큰 기쁨과 이익을 주는 결과로 이어지기 때문이다. 반대로 악하고 나쁜 행위는 불행한 까르마의 결과로 이어진다는 두려움을 갖게 한다. 인간의 삶이 이 지구별에서 끝난다면 인간 삶의 양식은 어떠할까? 과연 내일 지구가 멸망한다고 하더라도 오늘 한 그루의 나무를 심을 수 있는 사람이 얼마나 될까?

윤회의 관점을 가지고 살아가는 것은 도덕적이고 정신적인 실천을 위한 장기적인 동기화를 유지하는 데 토대가 된다. 또한 윤회는 다른 존재에 대한 동정과 존중심을 불러일으킨다. 환생의 순환 속에서 모든 존재는 삶 순환의 일부이기 때문이다. 각각의 인간존재는 과거에 동물, 귀신, 지옥의 존재, 천신이었고, 또한 미래의 어느 때에 그렇게 될 것이다.

우리가 다른 사람이나 다른 존재에게서 목격하는 모든 고통은 환생의 순환 과정에서 언젠가 우리 자신이 겪은 것이다. 인간도 다른 존재처럼 동일한 삶의 순환 일부이며 그들로부터 멀리 떨어져 있지 않다. 이러한 윤회의 가르침이 모든 형태의 생명에 대해 자비심을 갖게 하는 것이다.

이러한 윤회의 핵심 동력이 바로 업(業)이다. 업의 기본적인 의미는 인간 삶의 전반에서 이루어지는 모든 행동을 의미한다. 불교는 운명론적인 업 관념을 비판하면서 현재 내가 어떤 선택을 하여 선한 업을 만들어갈 것인지에 초점을 두고 있다. 이러한 업은 크게 세 가지로 구분된다. 즉 몸으로 하는 신업(身業), 말로 하는 구업(口業), 마음으로 행하는 의업(意業)이다. 이 세 가지 업은 바로 윤리적 행위의 범주라고 할 수 있다. 붓다는 이 중에서 의업을 가장 중요한 것으로 보고 있다. 즉 모든 행위의 바탕은 마음의 '의도'가 작용한 결과이기 때문이다. 따라서 붓다는 의도가 결여된 행위는 업을 형성하지 않는 다고 보았다.

업은 다시 '불공업(不共業)'과 '공업(共業)'으로 구분한다. 불공업이란 자신이 행한 행위의 인과응보는 그 개인이 받는 업이다. 이에 반해 공업은 공동체 구성원 전체가 받는 업이다. 지구촌 사람 전체에 해당하는 공업이 있고 민족과 국가 등 다양한 단위의 공동체에서 그 구성원이 받는 공업이 있다. 따라서 업은 개인 차원의 문제에서 전체적 차원으로 확대된다.

선한 업을 짓는다는 것은 윤리 도덕적 행위를 하는 것이고 그 결과로 좋은 결과를 얻는다. 그 결과는 현세에 나타날 수 있고 후생에도 나타날 수 있다. 이 선한 업은 결국 탐진치, 즉 탐욕, 분노, 어리석음의 유혹을 이겨내고 넘어서는 것이리라. 바로 정토로 가는 길이고 열반에의 길이기도 하다.

1995년 10월 『불교 윤리학 저널(Journal of Buddhist Ethics)』에서 개최한 2주간의 세미나에서 채택한 선언문 일부를 축약하여 소개하면서, 윤회 사상과 자비 실천의 관계를 강조하고자 한다.

드물고 귀중한 인간으로서의 '환생'을 얻은 행운을 지닌 존재들은 도덕적, 정신적 번영의 가능성을 함께 지니는 다른 존재들의 권리를 침해하지 않을 의무를 지닌다. 연기설은 우리의 삶이 서로 얽혀 있고, 다른 존재에 대한 학대는 우리가 이 사실에 눈감을 때만 가능하다는 것을 보여준다.

위의 축약 내용을 선언문 전문으로 하면서 붓다의 가르침에 따라 불교는 다음과 같은 점을 인정한다고 선언하고 있다.[10]

1. 모든 형태의 생명이 갖는 상호의존성과 그로부터 발생하는, 전생에 우리의 부모나 친척, 친구였을 수도 있는 존재들의 친절에 보답할 의무와 같은 상호 책임.
2. 고통을 싫어하고, 행복을 바란다는 점에서 모든 똑같은 생명 있는 존재들에 대한 보편적 자비의 필요성.

---

[10] 피터 하비, 허남결 역 『불교 윤리학 입문』 씨아이알, 2010, pp. 228-230.

3. 현세나 다음 생에서 깨달음을 얻을 수 있는 능력으로 인해 살아 있는 존재들이 지닌 양도 불가능한 존엄성.

5
『자비경』의 내용과 특징

◎

　자비 수행의 길라잡이 역할을 하는 가장 중요한 경전이 바로『자비경』이다.『자애경』으로도 번역된다.『자비경』은 불교의 가장 초기의 경전으로 인정되는『숫따니빠따(Sutta-Nipata)』에 포함된 경전이다. 10개의 게송으로 이루어진 이 경전은 내용이 너무 넓고 깊은 데다 오늘날의 윤리적 덕목을 모두 포괄하고 있어 윤리학을 전공한 필자로서도 놀라움과 감동을 금치 못한다.

　붓다가『자비경』을 설한 동기는 아차리아 붓다락키타(Acharya Buddharakkhita)가 쓴 주석서에 설명되어 있는데, 이 이야기는 붓다 시대부터 끊임없이 대물림해 내려오는 장로들의 구전에 근거한 것이라고 한다. 우안거에 수행하는 붓다의 제자들이 나무 신들의 방해를 받아 정진할 수 없게 되자, 붓다께서 이를 해결하기 위해 제자들에게 이 경전을 설하고 염송하였다. 왜 나무의 신들이 비구들의 수행을 중간에 반대하고 훼방을 놓았을까? 먼저『자비경』의 전문을 살펴보자.

1.
완전한 평정 상태를 언뜻 맛보고서
더욱더 향상을 이루고자 애쓰는 사람은
유능하고, 정직하고, 고결하고
말이 점잖으며, 온유하고, 거만하지 않아야 한다.

2.
만족할 줄 알아서, 남들이 공양하기 쉬워야 하며
분주하지 않고, 생활이 간소하며
감각기관은 고요하고, 사려 깊을지니
속인들에게 뻔뻔스러워도 알랑대서도 안 되리.

3.
또한 현자의 질책을 살 어떤 행동도 삼가야 할지니라
그런 다음에 이와 같은 생각을 기를지니
모두가 탈 없이 지내기를,
모든 중생이 행복하기를.

4.
살아 있는 생물이면 어떤 것이건

예외 하나 없이, 약한 것이건 강한 것이건,
길건 크건 아니면 중간치건
또는 짧건, 미세하건 또는 거대하건,

5.
눈에 보이는 것이건 눈으로 볼 수 없는 것이건,
또 멀리서 살건 가까이 살건
태어났건, 태어나려고 하고 있건,
모든 중생이 행복하기를.

6.
누구도 자기 동반을, 그것이 어디에 있든 간에
속이거나 헐뜯는 일이 없게 하라.
누구도 남들이 잘못되기를 바라지 말라.
원한에서든, 증오에서든.

7.
어머니가 자기 아들을, 하나뿐인 자식을
목숨 바쳐 위험으로부터 구해 내듯
모든 중생을 향한 일체 포용의 생각을
자기 것으로 지켜내라.

8.
전 우주를 그 높은 곳, 그 깊은 곳, 그 넓은 곳
끝까지 모두를 감싸는 사랑의 마음을 키워라.
미움도 적의도 넘어선
잔잔한 그 사랑을.

9.
서거나 걷거나 앉거나 누웠거나
깨어 있는 한 자비의 염을
놓치지 않도록 전심전력하라.
세상에서 말하는 거룩한 경지가 바로 그것이다.

10.
그릇된 생각에 더 이상 매이지 않고
계행과 구경의 지견을 갖추었으며,
모든 감관적 욕망을 이겨냈기에
그는 다시 모태에 들지 않으리.

위의 『자비경』은 세 부분으로 구성되어 있으며 각각 자비의 특징적 측면이 잘 나타나고 있다. 첫 부분은 각자의 일상적 행위에 자비를 철저히 체계적으로 적용하도록 요구하는 내용이다. 두 번째 부분은 삼매에 이르는 명상 기법과 마음 계발법으로서의 자비관을 제시하고 있다. 세 번째 부분은 보편적 사랑의 철학에 전적으로 귀의하여 이를 모든 중생과 전 사회, 그리고 자신의 내면적 경험으로 확대하고 심화시키도록 하고 있다. 즉 모든 신체적, 언어적, 정신적 활동을 통해 자비를 실천할 것을 강조한다. 그리하여 번뇌와 윤회로부터 해방되는 것이다.

그러면 처음에는 비구들을 환영했던 나무의 신들이 무슨 이유로 갑자기 방해했을까? 여기서 나무의 신들은 수행처 주변에 있는 마을 사람을 의미한다고 볼 수 있다. 그렇다면 비구들의 행동에 문제가 있다는 것을 암시하는 것으로 해석할 수도 있지 않을까? 수행자는 스스로 우월감에 빠져 독선적으로 되기 쉽다. 그 독선 탓에 우쭐대고 건방도 떨게 되고 남을 낮추어 보는 행동도 할 수 있을 것이다. 이에 마을 주민들이 저항한 것으로 짐작된다.

위의 게송 첫머리에서 '유능하고(should be able)'라는 단어가 눈에 띈다. 흔히 '유능'이라는 단어는 윤리적 덕목이 아니라 어떤 목적을 달성하기 위한 수단적 가치이다. 즉, 방편의 성격이 강한 것이다. 그런데 왜 이 단어가 『자비경』의 첫 게송에 등장했을까? 여기서 필자는 '유능'이라는 단어를 단순히 효율성을 가진 단어가 아니라 타인의 마음을 배려하는 자세와 타인의 마음을 읽을 수 있는 능력과 기술을 갖추라는 것으로 해석하고자 한다. 윤리학과 도덕교육에서 자주 거론되는 '배려 윤리(care ethics)'[11]에서도 배려의 방법과 기술의 중요성

---

11 _ 배려의 윤리는 도덕적 행위에서 추상적 원리와 그 정당화를 거부하면서 관계 중심적 윤리의 중요성을 강조하고 있다. 배려의 윤리는 행위자 중심이라기보다는

이 강조되는데, 비구들에게 이러한 문제가 있지 않았을까 짐작해 본다. 수행자들이 『자비경』을 염송하면서 자비 수행을 하자 마을의 주민들이 비구들이 수행을 잘할 수 있도록 도와주었으니, 이는 당연한 결과일 것이다. 자비로운 스님과 자비스러운 승가는 포교의 제일 큰 마당이라고 생각한다.

아차리야 붓다락키타 스님이 지은 『자비관(Metta-The Philosophy and Practice of Universal Love)』은 자비에 대한 이해와 신심을 높일 수 있는 좋은 자료다. 스님은 인도 태생으로 1956년 미얀마 양곤에서 열렸던 빨리 경전의 완전 결집을 이룩한 제6차 경전결집회의에 참석했다. 미국을 비롯해 해외에서 많은 포교 활동과 저작 활동을 하였고 『법구경』을 영역하기도 했다. 필자는 붓다락키타 스님이 『자비경』을 해설한 내용을 소개하고자 한다.[12]

붓다락키타 스님은 자비를 '보편적'이고, '비이기적'이며 '일체를 포용하는 사랑'으로 표현하면서 자비의 기능을 세 가지 측면에서 제시하고 있다. 첫째, 자비는 인간 삶을 유익하고도 도량이 넓고 당당한 나무처럼 만들어 주는 역할을 한다. 둘째, 자비는 명상의 기능을 지니고 있어서 정신적 개화를 가져오며 그 결과 우리의 삶 전체가 만인에게 기쁨의 원천이 되는 것이다. 셋째, 자비는 일체를 포용하는 정신적 사랑의 결실을 보아 사회 전체에 강력한 영향력을 미치고, 자신은 저 높은 초월적 깨달음의 경지에까지 이르게 한다. 스님

관계 중심적이며, 덕으로서의 배려보다는 배려하는 관계 자체에 관심을 둔다.
12 _ 아차리아 붓다락키타, 강대자행 역 『자비관』 고요한 소리, 2016 참고.

이 제시한 자비의 기능에서 자비와 깨달음은 일란성쌍둥이로서 열반의 세계로 인도하는 수레바퀴임을 확인시켜 준다.

붓다락키타 스님은 자비 수행을 거목의 성장에 비유하고 있다. 자비의 씨를 뿌리고, 싹을 틔워 나무가 잘 자라게 비료를 주고, 전지도 해준다. 그 결과 자비의 나무가 튼튼하게 자라나 아름답고 향기로운 꽃으로 덮이게 된다. 여기서 자비는 깨달음의 결과가 아니라 깨달음의 씨앗이 된다.

그러면 깨달음과 자비는 어떤 관계에 있는가. 연기적 조건에 따라 다양한 이론이 나올 것이다. 필자는 깨달음의 단계를 '인지적 깨달음' '수행적 깨달음' 그리고 '전일적 깨달음' 세 단계로 나누어 보고자 한다.

1단계, 인지적 깨달음은 붓다의 사상을 이해하고 공감하는 것이다. 붓다의 핵심 사상인 연기법과 이에 기초한 무아와 공의 사상을 이해하는 것이 깨달음의 첫걸음일 것이다. 2단계, 수행적 깨달음은 머리로 이해하는 수준을 넘어 가슴으로 품고 느끼면서 이를 실천하고자 하는 강한 욕구와 의지를 행동으로 연결해 가는 단계이다. 수행적 깨달음은 열반으로 가는 수행의 여행길을 떠나는 것이다. 자비의 나무가 잘 자랄 수 있도록 비료를 주고 열매를 맺을 수 있도록 노력하는 단계라고 할 수 있다. 3단계, 전일적 깨달음은 열반의 경지에 이르는 깨달음이다. 이러한 깨달음의 경지에 이르면 탐욕, 분노, 어리석은 생각 없는 진공(眞空)에서 묘유(妙有)를 즐길 수 있다. 나와 남의 구분이 없으니 그 자비심은 헤아릴 수 없이 깊고 넓은 무량 자비이다. 깨달음을 위와 같이 구분하였지만 이 세 단계는 서로 교류 작용하면서 삼투압 작용을 하는 상호적 관계가 있다.[13]

붓다락기타 스님이 『자비경』을 해석하면서 비유한 자비의 거목을 키우는 과정이 필자가 분류한 깨달음의 세 단계와 서로 짝을 이루고 있다고 본다. 즉 자비의 씨를 뿌리는 단계가 '인식론적 깨달음'의 자비이고, 나무를 튼튼하게 키우는 과정이 '수행적 깨달음'의 자비이며, 아름다운 꽃과 향기로 가득 찬 숲이 바로 '전일적 깨달음'의 자비이다.

붓다락키타 스님은 '자비 윤리'와 '자비 심리학'이라는 현대의 학문적 용어를 사용하면서 다양한 자비 수행법을 제시하고 있다. 즉 자비 수행을 통해 자기 마음속에 있는 노여움, 원한, 공격성 같은 오염물뿐만 아니라 남의 마음에 있는 오염물까지 다 제거해 준다는 것이다. 오늘날 마음 수행 또는 명상 수행에 나오는 것들이다. 최근 유행하는 '긍정 심리학'[14]의 내용과 근래 관심을 끌고 있는 행복에 관한 지혜가 모두 다 들어 있다.

자비 수행에서 큰 비중을 차지하는 것이 자비심의 '방사(放射)'이다. 방사는 자비심의 대상과 그 영역을 확대해 가는 것이다. 즉 자비를 보편화시키는 기법이다. 이를 위해서 우리가 살고 있는 욕망의

---

13 _ 방영준 「자비실천의 윤리교육적 접근」 『불교평론』 2012년 여름호, pp. 257-259.
14 _ 미국의 심리학회 회장을 역임한 Martin Seligman이 대표적인 주창자로서, 인간의 강점과 재능을 함양하고, 행복을 증진시키기 위한 심리학의 중요성을 강조하면서, 인간의 행복과 긍정적 성품에 대한 연구가 급격히 증가하였다.

세계 욕계(欲界), 욕계와는 다른 미묘한 물질의 천상 세계인 색계(色界), 그리고 몸은 없고 마음만 있는 무색계(無色界)에 이르는 이 세상의 모든 존재들을 향하여 가없는 자비심을 방사하기 위한 구체적인 수행 방법을 세울 필요가 있을 것이다. 자비 수행법은 각자가 처한 공간과 시간에 따라 달라질 것이다. 나에서부터 출발하여 가정, 직장, 사회, 국가, 지구촌, 우주 자연의 영역으로 확대, 방사하면서 자비 수행을 구체적으로 어떻게 실천할 것인가는 각자가 계발해야 한다.

자비 수행과 함께 생각해 볼 문제가 자비와 계(戒)의 관계이다. 불교의 수행 체계는 계(戒), 정(定), 혜(慧) 삼학(三學) 체계로 이루어진다. 그러나 한국불교가 깨달음에 치중하면서 계에 대한 중요성에 대한 인식이 약화하지 않았나 하는 우려도 있다. 기실 깨달은 자는 계라는 굴레를 벗어나는 자유인이라는 인식도 얼마간 있을 것이다. 계의 많은 내용은 자비를 실천하기 위한 것이다. 계를 지키는 청정한 불자의 모습은 거룩하고 아름다운 모습이다. 계에서 벗어난 자비 수행은 결코 자비 수행이 아니다. 계, 정, 혜는 결코 분리되어 있는 것이 아니라 서로 연결된 한 덩어리이다. 『자비경』에 대한 윤리적 권장 내용은 모두 계와 밀접한 관계가 있다. 지금까지 아차리아 붓다락키타 스님의 『자비경』 주석서를 중심으로 자비의 내용을 살피면서 필자 나름의 의견을 피력했다. 이 내용은 자비의 실천 방향에서 구체적으로 논의할 것이다.

II장

자비 윤리의 보편성과 현대 윤리

    제14세 달라이 라마(텐진 갸초)는 저서 『종교를 넘어(Beyond Religion)』에서 종교를 바탕으로 한 도덕을 넘어, 현실 세계에 바탕을 둔 현세적 도덕 윤리의 중요성을 강조한다. 그리고 자비를 현세적 보편 도덕의 가치로 내세우고 있다.
    이 장에서는 자비 윤리의 보편성을 탐구하고 현대 윤리의 관계를 살펴보고자 한다. 자비 실천의 길을 탐색하기 위해서는 먼저 불교 윤리와 현대 윤리의 관계에 대한 포괄적인 인식이 필요하기 때문이다.

1
자비의 원천 : 연기법

◎

　연기법은 붓다 가르침의 기본이자 핵심이다. 이 연기법에서 자비의 사상이 생겨난다. 연기법은 바로 자비의 원천이다. 그러나 연기법이 자비의 원천임을 체감하는 것은 그렇게 쉽지 않다. 자비의 원천인 연기법을 체감한다는 것은 자비 수행과 실천의 과정 없이는 구두선(口頭禪)에 불과하다.
　그러면 자비의 원천인 연기법은 무엇인가. 중아함부 경전에서는 연기를 다음과 같이 설하고 있다.

　　연기를 보면 곧 진리를 보는 것이요, 진리를 보면 곧 연기를 본 것이다.

　맛지마 니까야와 잡아함에서는 연기법의 전형으로 평가되는 다음과 같은 구절을 볼 수 있다.

이것이 있으므로 저것이 있고,
이것이 생함으로 저것이 생하고,
이것이 없으면 저것도 없고,
이것이 사라지면 저것도 사라진다.

이러한 연기법은 모든 존재의 생성과 소멸에 대한 시간, 공간적 연기 관계를 보여 주고 있다. 생겨나고 사라지는 생사법은 홀로 실체성을 가지고 생겨나고 사라지는 것이 아니라, 서로 의지하고 관계하는 상의·상관적인 관계로만 존재한다는 것이다. 불교의 모든 교리와 사상은 연기법에 대한 다양한 설명이고 해석이라고 할 수 있다. 연기법으로 세상을 보면 차별심을 버리게 하고(무분별), 세상을 그대로 봄으로써(정견), 치우치지 않게 보게 되고(중도), 온 우주 삼라만상은 분별없는 평등한 공동체인 것을 알게 된다.

연기법에서 보면 일체 존재는 비실체성을 띠며, 동시에 무아적 존재다. 연기와 무아의 개념은 결코 다른 개념이 아니다. 연기는 거시적 관점에서 자아에 대한 구성적 설명이라면, 무아는 해체적 설명이라고 할 수 있다. 연기법에 따르면 모든 존재는 시방삼세 존재자들의 상호적 관계에서 생겨난 선물이다. 따라서 연기에 대한 깨달음은 자신의 존재와 삶이 우주적 연쇄의 존재가 주는 선물임을 깨닫고 다른 존재에 대해 깊은 감사를 표하는 것이다.

연기법과 무아 사상에서 자비 사상이 자연스럽게 우러나온다. 자비는 우리 자신의 삶에 대해 느끼는 사랑을 다른 형태의 모든 존재에 확장하는 것을 의미한다. 붓다의 가르침은 연기법, 사성제, 무아, 열반, 자비 등 다양한 용어로 표현되지만, 결국 한 실타래에 같이 엮여 있어 한 매듭만 풀면 자연스럽게 연결된다. 자비는 붓다 가르침의 실천행이다. 이런 자비 구현의 모습은 초기불교의 『본생경(本生經)』에서부터 대승불교의 보살 정신에 이르기까지 불교의 모든 경전에 광범위하고 촘촘히 표현되고 있다.

연기론적 세계관은 모든 존재가 상호의존적 관계라는 것이다. 너와 나 그리고 모든 존재는 상호의존하여 생성되고 존재하고 멸하는 것이다. 연기법은 선형적(線型的) 인과론에서 벗어난 것이기에 경험적인 인습의 관점에서 보면 매우 낯설어 보인다. 우리의 인식 구조는 이원적으로 사물을 보는 데 익숙하고, 이러한 이원적 사유 틀은 우리의 뇌를 편안하게 한다. 주체와 객체, 나와 너, 선과 악 등 이분법적 사유 틀은 우리의 혼란을 정리해 준다. 이러한 선형적 인과론을 넘어 붓다의 연기론은 이를 통합시키면서 연기적 질서를 제시한다. 이렇게 연기론은 상대주의적 존재론이라 할 수 있다. 붓다는 존재하는 것은 모두 그럴 만한 조건이 있어서 생겨나는 것이며 조건이 없어지면 그 존재도 없어지게 된다고 말한다. 즉 '말미암아 생긴 것'이다. 이러한 존재론은 절대적인 것, 영원한 것, 무조건적인 것을 받아들일 수 없다.

불교 공부를 시작할 때 처음 접하는 것이 바로 연기적 인과론이다. 붓다가 밝혀낸 연기법은 경이롭고 위대한 사상이다. 인류 정신사에 이런 엄청난 사상이 어디에 있었던가? 초월적 대상에 대한 신앙 없이 연기법이 토대가 되는 종교가 지구별에 있다는 사실이 얼마나 신기한가. 그러나 연기법을 이해하고 체득하기는 쉬운 일이 아니다. 붓다가 밝혀낸 연기법에 대한 필자의 찬탄은 그리 오래된 것이 아니다. 현대 학문을 배우고 인과론적인 자연과학 방법론의 틀에 익숙한 사람이라면 누구나 연기론에 쉽게 친화력을 느낄 수 있다. 동시에 별다른 진리가 아닌 현대과학의 상식으로 넘길 가능성도 함께 있다.

필자도 불교에 많은 관심을 가졌으면서도 '연기론의 큰 바다를 모르고 개울가에서 어슬렁거렸구나' 하는 생각을 할 때가 많다. 그렇다. 붓다의 가장 충실한 제자 아난다도 연기법의 심심미묘함을 모르고 "너무 간단합니다."라고 했다가 꾸중을 들은 사례가 있지 않은가. 필자도 바로 그 꾸중을 들어 마땅한 아난다였다. 연기법의 큰 뜻을 체감하기 시작한 것은 대학원 시절 '일반체계이론(general system theory)'을 배우는 과정에서였다. 일반체계이론은 오늘날 '복합체계이론'으로 확장되어 불린다. 복합체계이론은 자연과학과 인문과학을 포괄하는 연구방법론으로 큰 자리를 차지하는 현대 학문의 중요 패러다임이다. 이 복합체계이론이 붓다의 연기론을 현대 학문의 패러다임으로 설명한 것이라는 사실을 깨달았던 것이다.

복합체계이론은 붓다의 연기론을 오늘날의 자연과학과 인문사회과학의 틀에 의해 재해석하고 적용한 것이라고 할 수 있다. 2,500년 전에 붓다는 어떻게 이런 생각을 할 수 있었을까? 복합체계이론은 생물학, 물리학, 화학, 천문학 등 현대 자연과학의 발달을 통해 정립된 이 시대의 첨단 이론으로서 다양한 논쟁이 일고 있는 현재 진행형 이론이다. 이렇게 붓다의 연기법은 고정된 것이 아니라 사회 변화에 따라 계속 내용과 적용 대상이 확대되어 왔고 그 방법도 정교해졌다고 본다.

복합체계이론은 기계론적 패러다임에서 생명론적 패러다임으로의 전환을 의미한다. 구체적으로 표현하면 '요소환원주의'에서 '전포괄주의'로, '정적인 구조'에서 '동적인 프로세스'로, '설계 제어'에서 '자기조직화'로, '타자로서의 세계'에서 '자기를 포함한 세계'로의 변환이다. 복잡계 이론의 대두는 비결정론적 세계관의 부상과 밀접한 관계가 있다. 특히 카오스 이론과 노벨화학상을 받은 프리고진(Iliya Prigogine)의 자기조직화 이론은 복잡성 과학의 이론적 토대를 이루고 있다. 카오스 이론은 비가역적이고, 비결정론적이며, 혼돈적인 자연현상에서 질서를 찾는다. 프리고진의 사상은 흔히 '혼돈으로부터의 질서'라는 말로 대변된다. 프리고진의 저작 『있음에서 됨으로(From Being to Becoming)』에서 '있음'의 세계는 기계론적이고 결정론적이고 '됨'의 세계는 진화론적, 유기체적, 비결정론적이다.

필자가 연기론을 이해하고 체득하기 시작한 것은 경전이나 불교해설서가 아니라 복합체계이론을 배우면서라고 할 수 있다. 서구에서 생성된 현대 학문의 틀에서 연기론을 더욱 확실하게 이해한 셈이다. 복합체계이론을 보면 붓다의 연기론 냄새가 물씬 난다. 체계이론에 관한 원서들을 독해하는 과정에서 많은 체계이론 학자들이 붓다와 불교에 대해 매우 친화적이라는 사실도 알게 되었다. 이들 중에는 오랫동안 불교 수행을 하는 사람도 있고, 연기적 공동체를 구현하고자 실천 운동을 하는 분도 있다. 복합체계이론의 핵심은 다음과 같은 말로 표현할 수 있다. 즉 모든 실재와 현상은 무수한 구성요소로 이루어진 한 덩어리의 집단으로, 각 요소가 다른 요소와 끊임없이 상호작용함으로써 전체적으로는 각 부분의 총화 이상으로 역동적인 자기 조직력을 발휘하는 것을 의미한다.

연기론을 복합체계이론으로 분석하여 불교 사상의 특징을 분석하는 연구도 많아지고 있다. 복합체계이론의 틀에서 보면 우리의 자아라는 것은 주변 세계와 환경과의 상호작용에서 나타나는 에너지와 정보의 변형이다. 그래서 자아는 변하지 않는 개별체가 아니라 하나의 과정이다. 어빈 래즐로(Ervin Laszlo)는 저서 *Introduction to Systems Philosophy*에서 생명 형태(life-forms)들이 생존하고, 적응하고, 상호 연결하는 능력을 키우면서 스스로를 조직하는 상황을 '열린 자연 시스템(open natural system)'이라고 규정하면서 모든 존재의 연기론적 관계성을 강조하고 있다. 즉 우리가 사는 이 세상을 연기의 광장으로 본 것이다.

연기의 광장은 울타리가 없는 광장이다. 실재는 역동적인 상호의존적 과정으로 나타난다. 모든 요인은 불변하거나 자율적인 요소나 본질이 아니라 상호인과적인 연결망 속에서 존속한다. 붓다의 연기론은 인과관계를 내재하는 어떤 힘의 기능이 아니라 관계의 기능으로 접근한다. 원인 없는 결과는 없다. 그러나 결과는 결코 예정된 것이 아니다. 왜냐하면 그 원인은 다양하며 서로 영향을 주고받기 때문이다. 따라서 붓다의 연기론은 인과율을 안고 인과율을 뛰어넘는다. 연기론은 인과율에 대한 논의를 양극화했던 결정론과 불확정이라는 입장 사이에서 중도를 제시했다고 본다. 중도의 길은 양극단의 이항 대립을 넘어 더 깊고 더 먼 한가운데로 들어가는 길이다.

오늘날 인간 삶의 양식과 사유의 패러다임은 계속 급격하게 변하고 있다. 이 시대의 문제점을 진단하고 처방할 수 있는 이 시대의 연기법은 어디에서 찾아야 하는가? 연기론의 출발은 삶의 괴로움 문제를 해결하고자 출발하였는데, 오늘날 삶의 괴로움 영역은 개인의 차원을 넘어 지구촌 전체로 확대되고 유형도 매우 다양해지고 있다. 인간은 지구촌의 생명을 전멸시킬 수 있는 다량의 핵무기를 보유하고 있고, 자연이 파괴되고 생물 종은 급격히 감소하고 있다. 또한 이념과 문화 그리고 가치관의 싸움이 지구촌 곳곳에서 일어나고 있다.

이 시대의 연기법은 새로운 창발의 차원으로 나아가고 있다. 연기론의 현대적 변용이라고 볼 수 있는 복잡계 이론이 주는 시사점 중에서 제일 중요한 것은 세계를 설계하고 제어하는 것이 아니라 자기조직화를 촉진하는 것이다. 설계나 제어라는 발상은 마치 기계를 만들 때의 공학적 발상과 같다. 이와 달리 창발성은 자기조직화 프로세스의 중요성을 강조한다. 이것은 '공진화(co-evolution)' 현상과 맥락을 같이한다. 공진화란 각 요소나 주체가 서로 영향을 주고받으면서 진화해 나가는 과정을 말한다.

여기서 자기조직화를 촉진하는 것이 개체의 '공명(共鳴)'이다. 시스템 전체의 상태에 관한 정보가 모든 구성원에게 전달되고 공유됨으로써 개체와 개체 간의 공명이 일어난다. 이러한 공명을 통해 작은 '요동(fluctuation)'이 일어나고 이 작은 요동이 큰 변화를 불러오는 출발점이 된다. 이것은 카오스 이론의 '나비 효과'나 '갈매기 효과'와 같은 것이다.

세상을 연기법으로 체감하고 공감하는 것이 공명이고, 연기법의 틀에서 생활하고 실천하는 삶이 바로 요동이다. 그 요동이 바로 '자비행'이라고 본다. 이제 연기법은 지구촌의 새로운 자기조직화를 이루는 데에 중요한 촉매 역할을 해야 한다. 개인과 사회 변화의 변증법을 붓다의 연기법에서 새롭게 찾아야 할 것이다. 이것이 바로 자비 윤리의 정립이고 실천이라고 할 수 있다.

지금까지 자비의 원천인 연기법을 현대의 복합체계이론의 틀과 연결하여 살펴보았다. 필자는 연기법의 현대적 의미를 강조하기 위해 복합체계이론을 도구로 사용하였다. 생소한 용어들이 많아 낯설게 느껴지는 부분도 있을 것이다. 또한 내용을 압축적으로 표현하여 독해가 어려운 부분도 많을 것이다. 그럼에도 연기론을 서구에서 등장한 복합체계이론을 빌려 설명한 것은 연기론이 불교라는 울타리를 넘어 위대한 사상임을 입증하고자 하는 간절한 의도 때문이다. 글이 진행되면서 복합체계이론과 연기론과 자비의 관계에 대한 논의는 계속 등장할 것이다.

2
연기론적 사유와 현대 윤리 이론의 관계

○

불교 윤리학의 초석은 연기론에서 출발하고 중도의 틀에서 진행될 것이다. 그리고 연기론에 토대를 둔 불교 윤리의 실천 방향은 곧 자비로 연결된다. 필자는 현대의 사회 이론과 윤리 이론 중에서 연기론에 바탕을 두거나 유사한 이론은 무엇인지 관심을 가져 왔다. 붓다의 연기론과 불교 윤리를 현대의 학문적 용어로 표현하는 것이 매우 중요한 과제라고 생각했기 때문이다. 오늘날의 사상과 윤리는 거의 서구 학문의 용어로 표현되고 우리도 이에 익숙해 있다. 불교 윤리의 문제를 불교 교리의 틀로만 해석하고, 일반인에게 생소한 불교 용어로 결론을 내리고 반복한다면, 이것은 붓다의 가르침을 화석화하여 불교의 생동력을 훼손하는 일이다.

오늘날의 사회 이론과 윤리 사상에는 연기론적 사유와 자비 윤리의 실천과 유사한 내용이 많이 등장하고 있다. 이들 이론을 연기론과 자비 실천 윤리에 원용하면 불교 윤리를 현대의 학문 용어로 단장하여 체계적으로 제시할 수 있을 것이다. 필자는 연기론에 바탕한 현대 윤리 이론의 대표적인 사례로 '비판적 체계윤리'와 '체험주의 윤리 이론'을 소개하고자 한다. 두 이론은 2,500년 전에 이미 나온 연기론과 매우 유사한 이론을 제시하고 있다. 이러한 이론들을 통해 붓다 가르침의 예지적 지혜를 함께하는 환희도 맛볼 수 있다. 그러나 윤리학을 전공하지 않은 일반 독자에게는 익숙지 못한 용어가 등장하고, 지면상 설명을 충분히 하지 못하는 필자의 미숙으로 인해 내용이 어지러울 수도 있음을 송구스럽게 생각한다.

비판적 체계윤리

연기론과 복합체계이론의 관계에 대해서는 앞 장에서 논의한 바가 있다. 비판적 체계윤리는 복합체계이론을 바탕으로 하여 정립된 '거시 윤리학'의 대표적인 윤리 이론이다. '거시 윤리학'이란 용어가 낯설 것이다. 필자는 자비의 확장과 자비의 현대적 재창조라는 과제에서 많은 시사점을 주는 윤리 이론이 거시 윤리학이라고 생각한다. 거시 윤리학은 기존 윤리학이 겪는 많은 한계를 극복하기 위한 대안으로 등장하였다. 먼저 기존 윤리학이 가지고 있는 한계점을 크게 세 가지 측면에서 찾아볼 수 있다.

첫째, 현재–근접성 중심의 윤리라는 점이다. 기존 윤리학은 도덕 판단의 범위가 시간적으로 현재, 공간적으로는 근접 영역에 한정된 '지금-여기의 윤리학' 또는 '현재-근접성 중심의 윤리학'이다. 독일의 생태 철학자 한스 요나스(H. Jonas)는 아리스토텔레스에서 칸트에 이르기까지 모든 윤리관이 현재의 상호관계 속에서 제기되는 모든 행위에 타당한 보편화의 윤리는 제시하였지만, 인간 행위가 미래에 미치는 역사적 연관성은 고려하지 않은 추상적 보편화의 원리에 머물고 말았다고 비판한다.[1] 기존 윤리학에서 도덕 판단의 범위가 '지금, 여기'에 한정되었던 이유는 당시의 인간 행위능력의 제한에서 찾을 수 있다. 경험 기술적 행위능력의 범위 내에서 이루어진 인간 행위는 영향력의 범위가 시공간적으로 제한되었고 따라서 미래와 먼 곳으로 확대되지 못하였다. 설혹 미래와 먼 곳에까지 영향을 미친다고 하더라도 그 결과를 예측할 수 있는 인문사회과학적인 경험 기술에 대한 능력이 미흡했었다.

두 번째는 심정-의무 중심 윤리학의 한계이다. 기존 윤리학은 도덕 판단의 기준으로서 심정과 의무를 강조하였다. 이것은 과거의 경험 기술적(經驗 記述的) 행위능력의 범위 내에서는 선한 심정과 합리적 결정에서 행해진 행위만으로도 행위의 도덕성 확보에 충분하였기 때문일 것이다. 종래의 경험 기술을 활용하는 행위에서는, 의도와 행위의 결과 사이의 함수관계가 비교적 단순해서 선한 의도에서 동기 유발된 정당한 행위는 대체로 좋은 결과를 낳았다. 따라서 윤리학은 결과보다는 선한 심정과 정당한 행위를 강조하고, 결과에

---

1 _ Hans Jonas, *Imperative of Responsibility: In Search of an Ethics for the Technological Age*, Chicago University Press, 1985, pp. 10-11.

대한 엄밀한 책임을 묻기보다는 심정과 행위 자체의 도덕적 성격에 책임을 묻는 방향으로 진행되었다. 선한 의도에서 잘 숙고되고 잘 실행된 행동이 유발한 비고의적인 잘못된 결과에 대해서는 도덕적 책임을 묻지 않았다.

세 번째 특징은 개인 – 인간 중심 윤리학이다. 기존 윤리학에서는 도덕 판단의 주체는 개인에 한정되었으며, 집단이나 조직체는 도덕의 주체에서 배제되었다. 개체론적 관점에서 개인에게만 도덕 판단과 책임의 주체로서 지위를 인정할 뿐, 인간의 집단이나 조직체에는 그러한 지위를 부여하지 않았다. 또한 인간만이 도덕적 주체이고 도덕 지위(moral status)를 갖는다. 인간 아닌 다른 존재들은 도덕적 고려에서 수단이요 대상일 뿐 목적으로 존중받지 못하고 있다. 인간은 사고하고 선택할 수 있는 이성적 능력이 있기 때문에 도덕적 지위를 갖고 있는 반면에 동물과 다른 존재는 이런 능력이 없어 도덕적인 고려의 대상이 아니라는 것이다.

요나스는 이러한 기존 윤리의 특징은 자연과 인간의 본성을 고정적이고 불변적으로 보는 인식 틀에서 나온 것으로 본다. 인간의 조건도 기본적으로 주어진 것으로 보며 고정된 본성관에 기초하여 선과 악을 구분하는 것이 가능하다고 믿는다. 따라서 인간의 행위와 책임의 범위가 명확히 한정되어 있으며, 선 의지를 가진 사람은 누구나 도덕적 속성을 판단하는 데 필요한 지식을 획득할 수 있다는 것이다. 요나스는 이러한 인식체계의 특성을 지닌 기존 윤리는 현대 사회에 적용하기 힘들다고 비판한다. 시간의 변화에 따라 인간의 본성도 자연의 본성도 사회의 요구에 따라 변화되었다. 선과 악의 개념도 변화되었다. 인간의 행동 범위 또한 과거에 비해 엄청나게 확대되었고 책임의 범위도 확대되었다. 모든 것을 변화의 틀에서 본 요나스의 이러한 인식 틀은 바로 불교의 연기론적 인식론이고 제행무상의 다르마에서 윤리의 지침을 마련한 것이다.

오늘날 거시 윤리적인 인식 틀은 환경 윤리 등 다양한 실천 윤리의 영역에서 중요한 요소로 도입, 활용되고 있다. 그러나 거시 윤리학이 기존 윤리학을 대체하는 것은 결코 아니다. 기존 윤리학과 거시 윤리학은 서로 보완적인 관계에 있다.

이러한 거시 윤리적 인식 틀을 가장 잘 대표하고 있는 윤리 이론이 '비판적 체계윤리 이론'이다. 비판적 체계윤리의 대표적인 주창자는 베르너 울리히(W. Ulich)이다. 비판적 체계윤리는 복합체계이론을 바탕으로 한다. 앞서 강조했듯이 붓다의 연기론을 현대의 학문 용어로 이론화한 것이 바로 복합체계이론이다. 복합체계이론을 연구하고 주창하는 학자들 중에는 붓다의 이론에 동감하고 실천하는 사람들이 많다. 더구나 2,500년 전에 이런 사유 방식을 찾아내고 이를 바탕으로 불교라는 종교가 출발되었다는 사실에 경이감을 표하고 있다. 대표적인 사례로 조애너 메이시(Joanna Macy)는 『불교와 일반시스템이론(Mutual Causality in Buddhism and Systems Theory)』이라는 저서를 통해 불교의 연기론, 무아론, 윤회론, 윤리론 등 붓다 다르마 전체를 '일반체계이론'으로 설명하고 있다.[2] 일반체계이론은 복합체계이론의 전신이다.

그러면 비판적 체계윤리의 특징은 무엇인가? 비판적 체계윤리는 미래-반응적이고 실천적인 지식과 책임 있는 행동을 성찰함으로써, 우리 세대와 미래 세대가 당면한 윤리적 상황을 해결하고자 한다. 따라서 비판적 체계윤리에서 윤리적 행동의 적용 범위는 인간을 넘어 생태계로 확대되고 있다. 또한 행위의 책임과 그 정당화는 그 행위의 의도, 동기뿐만 아니라 결과에 대해서도 합리적이고 비판적으로 이루어져야 한다. 여기서 합리적이라는 말은 완벽한 합리성이 아니라, 불완전한 지식과 제한된 이해라는 현실 속에서 비판적이고 합리적인 사회적 실천을 지향한다는 의미이다. 다시 말해 비판적 체계윤리는 인간과 사회의 불완전성을 받아들이면서, 동시에 그것을 비판적이고 상호주의적인 성찰을 통해 윤리적 합리성을 찾고자 하는 것이다. 붓다의 연기론 내용이 그대로 재현되고 있다. 울리히는 새로운 윤리가 정의 사회를 실현하고자 한다면 다음과 같은 특성을 지녀야 한다고 주장한다.[3]

첫째, 실천 가능한 보편적 윤리이다. 여기서 보편적 윤리관이란 고려되어야 할 적용 맥락이 미리 제한되어 있지 않다는 점을 의미한다. 이것은 기존 윤리의 제한된 경계 판단을 극복한다는 의미에서 보편성을 가진다. 바로 연기론적 사유에서 나온 보편성이다. 또한 비판적 체계윤리가 보편성을 추구한다는 것은 의사소통의 담론적 방식에 의한 적용 맥락의 확대를 의미한다.

---

2 _ 조애너 메이시, 이중표 역 『불교와 일반시스템이론』 불교시대사, 2004 참조.
3 _ 방영준 『공동체, 생명, 가치』 개미, 2011, pp.170-173.

둘째, 인지적 윤리이다. 인간 행위의 범위가 확대된 오늘날 도덕 판단의 인지적 필요조건 또한 크게 증대되어야 한다는 것이다. 과거에는 도덕적 의지만으로 훌륭한 도덕 판단이 형성될 수 있었지만 오늘날 요구되는 윤리에는 그에 합당한 지식이 요청된다. 이론적 전문성과 미래와 관련된 지식을 갖고 있어야만 행위의 결과를 예상하고 평가할 수 있기 때문이다. 행위의 잠재적 결과에 대한 충분한 지식은 현대사회에서 중요한 도덕적 의무이다. 즉 지식이 결여된 도덕 판단은 도덕적 양심이 결핍된 것과 동일한 수준으로 간주한다.

셋째는 예상적 윤리이다. 새로운 윤리는 과거의 윤리가 지닌 동시성과 현재-공간성의 한계를 극복하여야 한다. 말하자면 비판적 체계윤리의 전체 체계 판단이나 의사소통의 범주에는 과거, 현재, 미래 세대와 생태계의 모든 존재가 윤리적 공동체의 일부분으로 포함되어야 한다. 특히 울리히는 도덕적 성찰이 미래에 책임지는 행동으로 전환할 것을 주장한다. 미래 세대가 존엄성과 자기 결정성에 따라 살기를 원한다면 우리가 먼저 책임을 지도록 해야 한다는 것이다. 이러한 비판적 체계윤리는 연기론적 사유를 바탕으로 하는 현대의 새로운 윤리관이라는 것을 알 수 있다. 종래의 기계론적 패러다임을 넘어 생명론적 패러다임의 시대가 도래하고 있다. 그러므로 비판적 체계윤리는 생명론적 패러다임 시대가 요구하는 연기적 윤리관이다.

체험주의 윤리 이론

　연기의 지혜가 바탕이 되어 현대에 재생되는 또 다른 윤리 이론이 바로 '체험주의(experientialism)' 윤리 이론이다. 체험주의 윤리 이론은 마크 존슨(M. Johnson) 교수가 주창한 이론이다. 그의 저서는 『도덕적 상상력 – 체험주의 윤리학의 새로운 도전(Moral Imagination Implication of Cognitive Science for Ethics)』이란 제목으로 국내에 소개된 바 있다.[4] 존슨은 오늘날 제3 패러다임으로 불리면서 급속히 성장하는 인지과학의 경험적 증거들을 바탕으로 자신의 이론을 전개한다. 종래의 인지과학에서 주장한 마음 개념에 문제가 있다고 보면서 새로운 마음 개념을 제시하고 있다. 마음의 상태는 시간에 고정된 것이 아니며, 마음과 환경은 분리될 수 없는 하나의 동력학적 시스템이라는 주장이다.

　체험주의 윤리 이론을 이해하기 위해서는 먼저 현대 인지과학의 전개 과정을 살펴보아야 한다. 1980년대 후반부터 몸을 뇌의 주변장치로 간주하는 견해에 도전하는 이론이 발표되기 시작하였다. 몸의 감각이나 행동이 마음의 인지기능에 영향을 미친다고 주장하는 '신체화된 인지(embodied cognition)' 이론이 등장한 것이다. 마음이 신체화되어 있다는 주장을 본격적으로 전개한 인지과학의 대표적 이론가가 바로 마크 존슨이다. 1987년 그는 '마음의 신체화'를 처음 다

---

4 _ 마크 존슨, 노양진 역 『도덕적 상상력 – 체험주의 윤리학의 새로운 도전』 서광사, 2008 참고.

론 저서로 인정되는 『마음 속의 몸(The Body in the Mind)』을 펴냈다. 이 책의 핵심 주제는 서양의 주류 철학에서 무시되었던 몸의 중심성을 회복하는 것이었다. "몸은 마음속에 있고 마음은 몸에 있으며, 몸·마음은 세계의 일부이다."라고 주장한다. 그리고 1999년 조지 레이코프(George Lakoff)와 함께 『몸의 철학(Philosophy in the Flesh)』을 출간했다. 이 책은 신체화된 마음 이론을 집대성한 저서로 평가된다. 두 학자는 이 책에서 '인지과학의 세 가지 중요한 발견'에 바탕을 두고 신체화된 마음 이론을 전개하고 있다.

첫째, 마음의 신체화이다. 즉 마음은 본유적으로 신체화되어 있다는 것이다. 인간의 마음은 신체적 경험, 특히 감각 운동 경험을 통해 형성된다는 주장이다.

둘째, 인지적 무의식이다. 인간의 인지는 대부분 무의식적이라고 한다. 의식적 사고는 거대한 빙산의 일부에 지나지 않는다는 것이다.

셋째, 은유적 사유이다. 우리의 사유는 대부분 은유적(metaphorical)이다. 사람은 수많은 개념적 은유를 사용하여 생각하고 말한다. 이러한 은유는 신체화된 경험에서 나온다.

필자는 위의 내용을 보면서 12연기의 핵심인 육입(六入), 촉(觸), 수(受)를 생각하고, 유식론에서 다루는 '아뢰야식' 그리고 불립문자의 지혜도 떠올렸다.

존슨과 레이코프는 "마음의 신체화, 인지적 무의식, 은유적 사고를 한데 묶어서, 이성과 인간의 본성을 이해하는 데 새로운 방식이 요구된다"고 전제하면서 신체화된 마음 이론을 정립했다. 이러한 '신체화된 마음(embodied mind)'으로 접근하는 것을 'EM-접근'이라 칭하는데, 이를 인지과학의 제3 패러다임으로 부른다. EM-접근이란 마음과 두뇌를 동일시하는 것이 아니라 마음을 환경(시공간적)과 신체 그리고 뇌신경의 총체적인 창발적 속성이라 보는 이론이다.

이러한 EM-접근법과 불교와의 관계를 심층적으로 분석한 책이 『몸의 인지과학(The Embodied Mind: Cognitive Science and Experience)』이다. 칠레의 생물학자이자 철학자인 프란시스코 바렐라(F. Varela), 캐나다의 철학자 에반 톰슨(E. Thompson), 미국의 인지심리학자 엘리노어 로쉬(E. Rosch) 등 세 사람의 공동 저서이다. 이 책은 몸과 마음을 분리하고 지식을 마음의 문제에 국한한 서양 전통 철학의 문제점을 파헤치고, 진정한 지식과 참된 깨달음은 몸과 마음의 상호작용에서 이루어진다고 주장하면서 현대철학과 현대과학의 논점을 붓다 다르마의 틀로 재해석하고 있다. 이들은 동·서양의 사상가 한 명씩 즉, 프랑스의 철학자 메를로 퐁티(Maurice Merleau Ponty)와 중관 사상을 주창한 용수 스님의 사상을 몸과 마음의 관계로 분석하고 있다.

메를로 퐁티는 '인간은 몸으로 인해 세상과 한 몸이 된다'고 주장한다. 그는 육체가 있기 때문에 인간은 세상과 자연스럽게 관계를 맺는다고 본다. 같은 시대의 실존주의자인 사르트르는 의식과 세계는 분리되어 있고 의식이 세계에 기능을 함으로써 세계가 변한다고 생각했다. 그러나 메를로 퐁티는 의식과 세계는 육체를 두고 서로 연기적으로 얽혀 있다고 한다. 메를로 퐁티의 생각은 바로 붓다의 가르침과 연결된다. 붓다는 우리 몸 안에 모든 가르침이 있다고 했다. 깨달음의 여정에는 항상 몸과 마음이 같이한다. 이 책에서는 용수의 중관 철학, 공 사상, 중도 사상을 EM-접근법으로 논하고 있는데, 창발적 속성, 자기조직화, 상호의존적 발생 등 연기론적 사유와 복합체계론적 용어가 많이 차용되고 있다. 또한 '폭풍의 눈' '자아 없는 마음' '중도를 향한 발걸음' '근거를 상실한 세계' 등 붓다 다르마를 표상하는 용어가 목차로 등장하고 있다.

또한 저자들은 연기론과 중도 사상을 기반으로 구성한 마음 이론을 제시하고 있는데 바로 발제론(發製論, enactivism)이다. 이 이론의 핵심적 내용은 '발제적 인지(enactive cognition)'로서 주관과 세계가 인지를 통해서 서로를 만들어 간다는 것이다. 주관과 대상의 만남에서 인지가 발생하는데, 이 셋은 연기적으로 얽혀 있다는 주장이다. 이 셋은 끊임없이 상호작용하면서 비선형(非線型)으로 전개된다. 이 책의 마지막 장은 '윤리와 인간 변형'으로 자비 윤리의 실천을 제시하고 있다. 이 책은 2013년 국내에 번역 소개되었다.[5]

이러한 몸의 철학 이론을 윤리 도덕에 적용한 체험주의 윤리학의 내용을 보면 붓다 다르마의 냄새가 짙게 배어 있음을 알 수 있다. 붓다의 연기론과 무아 사상의 향기가 물씬 풍긴다. 존슨과 학문의 길을 같이 걷고 있는 『몸의 인지과학』의 저자 프란시스코 바렐라는 달

---

5 _ 프란시스코 바렐라 외, 석봉래 역 『몸의 인지과학』 김영사, 2013 참조.

라이 라마와 매우 가까운 사이이다. 또한 자비를 자연주의적 윤리로 접근한 책 『보살의 뇌』의 저자 오웬 플래나건의 추천사가 마크 존슨의 저서에 실려 있다. 존슨은 이미 불교철학에 대해 깊은 식견을 가지고 있었음을 알 수 있다.

이러한 체험주의 윤리학은 전통적인 객관주의를 거부하는 동시에 허무주의적 상대주의를 극복하고 있다는 점에서 윤리학의 제3 시각으로 평가된다. 윤리학의 영역에서 존슨의 논의는 이중적 성격을 갖는다. 그것은 고전적인 윤리학 이론에 대해 매우 급진적인 해체의 길을 걷는다는 점에서 포스트모던 학자들과 유사한 입장이지만, 그 대안적 방향 모색은 달리하고 있다. 존슨이 제시하는 제3의 길은 '경험적으로 책임 있는 윤리학(emprically responsible ethics)'이다. 존슨은 윤리학의 핵심 목표가 보편적 도덕 원리가 아니라 '도덕적 이해(moral understanding)'에 대한 이론 구성이 중심이 되어야 한다고 주장한다. 그는 도덕적 사고가 일반적 인지와 다른 것일 수 없으므로, 따라서 인지에 관한 경험적 해명을 토대로 도덕적 사고의 본성과 구조를 밝히려고 한다. 그의 주된 논지는 우리의 도덕적 사고가 모두 신체적, 물리적 차원의 경험으로부터 확장된 '은유적' 사고의 산물이라는 것이다. 이러한 주장은 실재론적이거나 절대적인 도덕 이론의 가능성을 원천적으로 부정하는 것이다.[6]

존슨은 오늘날 인지과학의 발달로 발견된 경험적 자료들은 인간

---

6 _ 마크 존슨, 앞의 책, 역자 서문 참고. 역자는 마크 존슨의 제자.

의 도덕성에 근본적인 재고를 요청한다고 주장한다. 그는 유대·기독교적 도덕 세계에서 출발한 이래로 서구 도덕성의 기초가 되어 왔던 '도덕법칙' 이론 대부분을 포기해야 한다고 말한다. 보편적 도덕법칙의 사유 틀은 우리 삶을 지배하는 도덕 원리와 법칙을 명료하게 하고 그것을 일상생활에 적용하는 능력을 함양하는 것으로 본다. 그러나 보편적 도덕법칙이라는 이상은 도덕적 삶을 이끌어 가는 데 대부분 도움이 되지 않는다고 한다. 또한 인간의 이해와 판단에 관해 인지과학이 밝혀 주는 것들과 상충된다고 주장한다. 존슨은 인간의 인지와 평가에 관한 경험적 탐구를 지금까지 우리에게 익숙한 것과는 매우 다른 새로운 구도로 제시하고 있다. 그것은 우리의 도덕 개념이 문자적이 아니라 은유적이며, 또한 인지적 원형들(prototypes)에 의해 정의된다는 것이다.

존슨은 기존의 문자적 도덕 이론, 각종 도덕적 당위 이론, 칸트의 이론, 공리주의 이론 등을 비판하는 데만 치중하지 않는다. 그는 마음에 관한 인지적 탐구에 의해 뒷받침되는 대안적인 도덕성 개념을 탐구한다. 즉 도덕적 상상력에 근거한 윤리적 추론의 모형을 제시하고 있다. 그는 도덕적 추론에서 상상력의 역할을 매우 강조한다. 인간은 가장 세속적이고 자동적인 지각 행위에서부터 가장 추상적인 개념화나 사유에 이르기까지 상상적 존재라고 주장한다. 인간의 도덕적 추론이 기본적으로 하나의 '상상적 행위'라는 것이다.

존슨은 상상력이 없는 도덕 원리는 사소한 것이 되고, 적용 불가능한 것이 되며, 도덕적인 장애가 된다고 본다. 심지어는 '규칙 숭배자'는 전쟁터가 아니라면 이로운 것보다는 해로운 것이 더 많다고 주장한다. 왜냐하면 타인에게 책임 있게 행동하는 데 필요한 섬세한 분별 능력이 없기 때문이다. 그리고 원리 또는 모종의 근거가 결여된 도덕적 상상력은 자의적이며 무책임하며 유해한 것으로 본다. 도덕적 제약은 존재하지 않으며, 유일한 도덕적 제재는 처벌에 대한 두려움과 보상에 대한 기대뿐이라고 믿는 사람은 흔히 절대적 원리를 주장하는 사람보다 더 큰 해악을 저지를 가능성이 높다는 것이다. 도덕 원리 숭배자나 포기자 모두 도덕적 이해와 추론에서 상상력의 중심적 역할을 무시함으로써 도덕성에 해가 된다고 주장한다.

존슨은 한국어판 서문에서 다음과 같이 말하고 있다.

나는 지난 사반세기 동안 인간 본성, 마음, 이성에 관한 인지과학의 핵심적 발견들이 갖는 윤리 도덕적인 함의를 추적하여 왔다. 이 함의의 일부는 표준적인 도덕 이론에 대해 부정적이거나 비판적이었다. 또 다른 함의는 도덕적 상상력에 근거한 윤리적 추론의 모형을 제안한다는 점에서 좀 더 구성적이다. 경험적인 것에 근거한 모든 이론에 대해 그 주장이 상이한 사회나 문화를 통해 타당한가를 묻는 것은 항상 중요한 시금석이다.[7]

---

7 _ 마크 존슨, 앞의 책, 서문과 한국어판 서문 참조.

체험주의 윤리 이론에서 보면 붓다의 가르침이 새로운 시각으로 다가온다. 붓다의 가르침은 매우 현실적이며 또한 개방적이다. 따라서 불교는 지극히 실천적이고 실용주의적인 종교이다. '독화살의 비유'라는 유명한 일화가 있다. '말룽까야뿟따'라는 이론을 좋아하는 청년에 대한 이야기다. 그는 붓다에게 우주의 시초나 사후의 세계 등에 대답을 듣기 전에는 수행하지 않겠다고 하였다. 이에 붓다는 독화살의 비유를 들어 설명하였다. 이러한 사례는 불교 경전에서 무수히 나타난다. 이러한 붓다의 실용주의적이고 경험주의적 특징은 대기설법(對機說法)에서 여실히 나타난다. 대기설법은 환자에 따라 약 처방이 다르듯 대상에 따라 적절한 가르침을 전하는 방법이다. 존슨은 인간의 도덕적 이해는 영상, 은유, 서사 등과 같은 상상력의 다양한 구조들에 의존하고 있다고 주장한다. 붓다의 가르침이야말로 다양한 상상력의 구조를 이용하여 전한 메시지이다.

체험주의 윤리학을 마무리하면서 새삼 사념처(四念處)의 의미가 다가온다. 사념처는 몸으로 시작하여 느낌, 마음, 다르마의 영역으로 확대되는 일련의 지속적인 관찰을 의미한다. 사념처의 실천이 몸에 대한 관찰로 시작된다는 것은 많은 시사점을 준다. 몸은 현실 자체이며, 몸에 대한 관찰은 '지금 여기'에 머물게 한다. 몸에 대한 지속적인 관찰은 어리석은 마음의 방황을 가라앉히는 역할을 한다.

지금까지 연기론적 틀에 바탕한 현대 윤리 이론의 대표 격인 비판적 체계윤리와 체험주의 윤리를 살펴보았다. 윤리학을 전공한 사람들도 낯설고 난해하게 느낄 수도 있는 내용이다. 그럼에도 불구하고 이 이론을 소개하는 까닭은 붓다의 다르마가 현대인의 삶의 양식에 얼마나 많은 적실성을 가지고 있는지를 강조하고 이를 독자와 함께 나누고 싶은 마음에서다.

3
불교 윤리의 다양한 접근과 현대 윤리

불교 윤리에 대한 여러 접근

자비의 실천 윤리학을 탐구하고 정립하기 위해서 불교와 윤리, 그리고 자비의 삼각관계에 대한 논의를 살펴보아야 한다. 이를 통해 불교와 자비 윤리에 대한 성격과 특징을 전체적으로 그려 볼 수 있을 것이다.

여기서 거론되는 접근들은 근대 서양 윤리학의 틀로 불교 윤리를 진단하는 것이다. 불교의 윤리를 서양의 윤리학적 틀로 분석하는 것은 많은 문제가 있을 수 있다. 불교 윤리의 기본 틀은 연기론과 중도적 틀에서 비롯된다. 그런데 서양 학문의 사고 틀은 분석적이고 이분법적 성격이 강하다. 따라서 서양 윤리학의 틀로 불교 윤리를 접근하는 것은 면도칼로 큰 목재를 조각하려는 착오를 범할 수 있다.

그럼에도 불구하고 서양 윤리학의 틀로 불교 윤리를 접근해 봄으로써 불교 윤리의 단면들을 명확히 볼 수 있는 장점이 있다고 생각한다. 이것은 불교 윤리를 서양 윤리학의 틀에 구속시키는 것이 아니라, 서양 윤리의 틀로 불교 윤리의 진수와 그 풍부함을 나타낼 수 있는 방편이라고 생각한다. 또한 불교의 현대화와 전법(傳法)의 현대화라는 측면에서 큰 의미가 있다.

여기서는 한국 학자 두 사람과 외국 학자 세 사람의 의견을 살펴보고자 한다. 이 다섯 학자들의 의견을 종합해 보면 불교 윤리와 자비 윤리에 대한 전체적인 논의의 윤곽을 알 수 있다. 국내에서는 박이문 교수와 안옥선 교수, 외국학자로는 피터 하비(Peter Harvey)와 오웬 플래나간(Owen Flanagan)의 이론, 그리고 찰스 굿맨(Charles Goodman)의 이론을 검토해 본다.

먼저 박이문 교수의 견해를 살펴보자. 박 교수는 한국 철학계의 원로로서 『자비의 윤리학』을 출간했는데, 이 책은 자비를 윤리학적으로 접근한 한국 최초의 저서이다.[8] 특이한 것은 박이문 교수가 불교를 윤리적 종교로 보지 않으면서 자비의 윤리학이라는 책을 썼다는 점이다. 저자는 기독교의 '박애'나 유교의 '인(仁)'에 직접 해당하는 개념이 불교에서는 쉽사리 찾아지지 않는다고 하면서, 붓다의 가르침에는 도덕적 의미로서의 '옳음'과 '그름'의 개념도 없고 윤리적 의미로서의 '선'과 '악' 개념도 없다고 주장한다. 붓다의 유일한 관심은 개인이 어떻게 고통으로부터 해방될 수 있느냐에 있다는 것이다.

---

8 _ 박이문 『자비의 윤리학』 철학과 현실사, 1990 참조.

따라서 원래의 불교는 엄격한 의미에서 종교적인 가르침도 윤리 도덕적인 가르침도 아니라고 주장한다. 붓다의 가르침은 의학적-치료적 가르침에 불과하다고 말한다.[9] 박 교수의 이러한 불교 이해에 대해 필자는 전혀 동의하지 않는다. 팔정도의 내용은 윤리적 덕목과 깊은 관계를 가지고 있다. 그럼에도 불구하고 그는 왜 '자비의 윤리학'을 집필하였는가?

박 교수는 책 서문에서 자비의 윤리학은 다음의 다섯 가지 신념의 주춧돌 위에 세워진다고 주장한다.

① 우리 모두의 윤리 도덕적 경험은 옳고 그릇된 것, 즉 도덕적 진리가 도덕적 주체자의 생각과는 상관없이 객관적으로 존재함을 전제한다.

② 그러나 인간의 유한성 때문에 아무도 그러한 도덕적 진리를 확신할 수 없으므로 우리의 선한 의도에도 불구하고, 누구나 도덕적 과오를 범하고 따라서 윤리적으로 바르지 않은 삶을 살아갈 가능성을 갖고 있다.

③ 윤리적 삶을 위하여서는 도덕적 규범에 앞서 덕성을 개발해야 한다.

④ 모든 존재는 형이상학적 차원에서 구성 원자로 분리, 분해될 수 없으며, 모든 존재의 다양성은 '단 하나'로서의 '전체'의 다양한 측면

---

9 _ 위의 책, p. 181.

에 지나지 않는다.

⑤ 모든 인간은 싫건 좋건 윤리적, 도덕적일 수밖에 없다.

그런데 박 교수는 덧붙여 자비의 윤리학의 이론적 전개는 아직 투명하지 않다고 하면서 체계적으로 더욱 세부적으로 논증해야 한다고 말한다. 또한 자비의 윤리학이 너무 엉뚱해서 납득할 수 없는 이론이라고 할 독자도 있지 않을까 걱정하고 있다.[10] 저자가 내세운 다섯 가지 전제는 붓다 다르마의 핵심인 연기론적인 관점에서 보았을 때 동의할 수 없는 전제가 있다. 즉 붓다 다르마는 상대주의와 절대주의라는 양극단을 떠난 중도적 윤리관을 취하고 있는데 저자는 불변의 도덕규범이 있다는 절대적 윤리설의 입장에 서 있다. 이러한 입장은 서양철학의 근간인 플라톤 철학의 맥락에서 나온 것이라고 볼 수도 있다.

그러면 박 교수가 '자비의 덕'을 윤리학의 중심에 두는 원인은 무엇인가? 기독교의 박애 윤리나 유교의 인의 윤리에 앞서 자비의 윤리를 주장하는 이유 세 가지를 제시하고 있다.[11] 이를 요약하면 다음과 같다.

첫째, 자비의 윤리만이 도덕적 진리가 객관적이기는 하되, 그 진리를 절대적으로 확신할 수 있는 사람은 아무도 없다는 자신의 전제와 일관성을 갖는다. 박애의 윤리와 인의 윤리는 도덕적 진리를 객

---

10 _ 위의 책, 머리말, pp. 4-5.
11 _ 위의 책, pp. 183-189.

관적으로 알 수 있음을 전제로 하지만 자비는 그렇지 않다는 것이다. 인간들의 지적 한계 때문에 객관적인 도덕적 진리를 모르면서도 어떤 종류의 도덕적 행위를 결정해야 할 상황에서 생기는 일종의 형이상학적 불안이 있다. 인간이 이러한 불안한 고통에서 벗어날 수 없다면 그 고통을 치유하는 자비의 마음은 누구에게나 그리고 언제 어디에서나 보편적으로 다 같이 필요하다는 것이다.

둘째, 자비의 윤리는 도덕적 판단이나 결정의 독단성을 피할 수 있다고 한다. 박애나 인의 윤리는 도덕적 독단성에 빠질 위험이 높은 반면에, 자비의 윤리는 도덕적 진리에 대한 절대적 확신을 갖지 않는다는 것이다. 따라서 항상 남의 고통을 자비롭게 대하고 나아가 남의 도덕적 행위와 윤리적 태도에 잘못이 있다 하더라도 자비의 마음으로 용서할 수 있다. 이것은 타인뿐만 아니라 자신에게도 적용된다고 한다. 박 교수는 자비의 마음으로 인간의 윤리 도덕적 고통을 덜어 주는 자비의 마음이 자비 윤리라고 주장한다.

셋째, 자비의 윤리는 도덕적 갈등을 합리적으로 해결하는 틀이 될 수 있음을 강조한다. 도덕적 갈등은 인간이 살아가는 데 번번이 부딪치는 가장 어려운 문제이다. 이를 해결할 때 자비심을 갖고 결정한다는 것은 남들의 고통을 조금이라도 덜어 준다는 원칙에 따라 도덕적 결정을 한다는 것이다. 신이 아닌 인간으로서의 한계가 있는 이상 자비를 갖지 않는 윤리적 태도는 많은 문제를 안고 있다는 주장이다.

박 교수는 궁극적으로 도덕적 행위가 결단의 문제이긴 하지만 그 결단이 어떤 것이든 간에 자비로운 마음씨에 바탕을 두어야 한다고 주장한다. 또한 그 결단이 객관적으로 잘못되어 고통을 받아야 할 때 그 잘못된 행위와 그 고통은 또다시 자비로운 마음에 의해서 용서되고 수용되어야 한다는 것이다.

나아가 박 교수는 자비 윤리를 통해 '윤리 공동체'를 확장시킬 것을 강조한다. 인간만이 윤리 공동체의 자격이 있고, 인간만이 윤리적 고찰의 대상이 된다고 전제하는 종래의 모든 윤리학의 근거는 잘못된 것이라고 비판한다. 이러한 인간 중심적 사고는 칸트나 밀의 윤리학은 물론 모든 서양식 윤리학에 전제되어 있지만, 그것이 가장 두드러지고 적나라하게 나타난 것은 유대교에서부터 기독교를 통해 이슬람교로 이어지는 서양 종교에서다. 하느님이 우주적 만물을 만든 것은 인간을 위해서라는 믿음이 서양 종교의 가장 밑바탕에 깔려 있다고 본다.[12]

따라서 윤리적 공동체는 인간에서 동물로, 동물에서 식물로, 식물에서 그 밖의 모든 사물, 이른바 '자연' 전체로 확대되어야 한다고 주장한다. 박 교수는 이를 '생태 중심 윤리학(ecocentrism)'이라고 표현하고 있다. 생태 중심 윤리학은 모든 개개의 존재가 그것이 어떤 것이든 간에 '단 하나'로서 '존재 전체'의 뗄 수 없는 일부, 아니 한 측면에 지나지 않음을 전제한다. 그리하여 윤리 공동체는 특별한 공동체가 아니라 자연 전체, 아니 존재 전체와 일치하고 동일하다는 것이

---

[12] _ 위의 책, p.191.

다. 그는 윤리학으로 '자비'의 심성이 가장 중요하다면 우리의 자비심은 사람에게뿐만 아니라 동물부터 식물, 나아가 돌, 물, 모래알에도 미쳐야 한다고 주장한다. 결국 자비심은 윤리적 연대감을 끝없이 확장하는 것이다.

그러나 박이문 교수는 자비 윤리가 만능열쇠는 아니라고 본다. 인간존재의 한계성 때문에 윤리 도덕의 객관적 진리를 확신할 수 없기 때문이다. 따라서 자비로운 윤리적 행위가 잘못될 경우도 생긴다. 또한 자비심의 배분 문제도 제기된다.[13] 자비심은 나 아닌 다른 존재들과 느끼는 연대감에서 나온다. 그런데 그 연대감이 동일할 수 없다. 타자와의 관계가 매우 다양하고 복합적이기 때문에 자비심의 배분 문제는 계속 제기된다고 할 수 있다. 이 문제를 계속 고뇌할 때 윤리적 각성은 진화할 것이라고 한다.

지금까지 박이문 교수가 주장한 자비의 윤리학의 내용을 살펴보았다. 그는 자비를 윤리적 갈등과 혼란을 방지할 수 있는 최고의 덕목으로 보고 있다. 박 교수는 자비를 '방편'으로 보기도 하고 한편으로는 모든 존재의 고통 '치유'에 필수적인 덕목으로 본다. 필자는 박이문 교수의 불교 이해에 대해 문제를 제기할 요소는 많지만, 자비 윤리의 정립에는 많은 시사점을 주고 있다고 생각한다.

다음으로 안옥선 교수의 견해를 살펴보자. 안 교수는 촉망받는 여성 불교 윤리학자인데 안타깝게도 요절하였다. 안 교수는 『불교

---

13 _ 위의 책, p. 213.

윤리의 현대적 이해』라는 저서를 통해 불교와 윤리 그리고 자비에 대한 견해를 다양하게 제시하였다.[14]

저자는 초기불교 윤리가 아리스토텔레스의 '덕 윤리'의 핵심을 공유하고 있으며, 불교 윤리의 패러다임은 덕 윤리를 본질적 속성으로 한다고 주장한다. 덕 윤리의 본질은 도덕적 성품에 있다. 성품의 형성이 의미하는 바는 자기 자신의 전환과 변환이다. 즉, 자신을 비윤리적인 성품에서 윤리적인 성품으로 변환시키는 것이다. 저자는 불교의 수행을 도덕적 품성의 형성 과정으로 보고 있다. 이것은 바로 탐진치(貪瞋痴) 지멸(止滅) 과정이다. 탐진치는 탐내어 그칠 줄 모르는 욕심과 노여움과 어리석음으로 열반에 이르는 데 큰 장애가 되므로 이를 세 가지 독, 즉 삼독(三毒)으로 본다. 안 교수는 초기불교의 관점에서 볼 때 불교의 모든 수행의 내용과 목표는 탐진치 지멸에 있다고 강조한다. '탐진치 지멸'은 소극적이고 해체적 관점에서 표현된 말이고 이를 적극적 관심으로 표현하면 '자비심의 배양'이다. 즉 탐진치 지멸과 자비심 배양은 관점과 표현에서 서로 다를 뿐 같은 의미를 갖는다.

탐진치 지멸이나 자비심 배양은 자비희사(慈悲喜捨)의 네 가지 한량없는 마음, 즉 사무량심(四無量心) 수행에 의해 자비의 마음을 길러 이를 실천하는 것이다. 다른 한편으로는 오계, 팔계, 십계를 지키면서 보시(報施), 애어(愛語), 동사(同事), 이행(利行)의 네 가지 덕목, 즉

---

14 _ 안옥선 『불교 윤리의 현대적 이해』 불교시대사, 2002 참조.

사섭법(四攝法)을 실천하는 것이다. 따라서 초기불교 경전은 수행과 사무량심의 합성어인 '자애 수행' '자비 수행' '평정심 수행' 등 자비 실천을 위한 덕목을 강조하고 있다. 나아가 저자는 불교의 선악 관념은 탐진치 지멸 여하가 기준이라는 의견을 제시한다.[15]

안 교수는 탐진치 지멸이 선악의 기준점이고, 탐진치 지멸의 성품이 바로 아라한이라고 주장한다. 또한 인간에 대한 신뢰와 존엄은 바로 인간이 탐진치 지멸의 능력을 지녔다는 것을 인정하고 있다. 결국 안 교수는 자비를 탐진치 지멸의 성품이 현시된 것으로 본다. 그는 초기불교 윤리를 덕 윤리 이론의 틀 안에서 접근하고 있다.

덕 윤리는 현대에 들어서면서 도덕적 탐구의 의미 있는 체계로 다시 등장하고 있다. 덕 윤리가 다시 주목받게 된 이유는 공리주의와 칸트주의 같은 근대 윤리에 대한 불만에서 비롯되었다. 즉 인간의 올바른 행동이나 도덕적 의무와 원칙만을 강조하는 의무 윤리는 인간의 직접적인 행위에만 관심을 가질 뿐 의무를 인식하고 실천하는 도덕적 주체인 인간의 내면에 대한 탐구는 소홀히 하였다는 비판을 받았다. 현대의 덕 윤리 학자는 한 개인이 지닌 도덕적 품성이 개인의 도덕적 행동보다 우선한다고 주장한다. 행위의 옳고 그름이 행위자의 도덕적 품성에 의해서 이루어진다는 것이다. 안 교수는 붓다의 가르침 자체를 깊고 넓고 높은 큰 윤리 체계로 보고 있다. 상구보리와 하화중생은 바로 붓다 윤리를 실천하는 것이다. 안 교수는 붓다

---

15 _ 위의 책, pp. 23-27.

의 가르침 자체를 '덕 윤리'로 보고 있다. 이것은 박이문 교수가 불교를 윤리 체계로 보지 않으면서도 자비를 최고의 덕으로 보는 시각과 매우 다르다.

필자는 안 교수가 붓다 다르마를 덕의 윤리로 접근한 것에 대해 공감한다. 그런데 붓다 다르마가 덕 윤리라는 그물에 갇힌 것 같은 느낌이다. 그래서 왠지 답답한 생각이 들기도 한다. 또한 자비를 탐진치 지멸의 성품이 현시된 것으로 본다면, 이것은 삼연자비 중 최고의 단계인 무연자비를 칭하는 것이리라. 안 교수는 필경 탐진치의 파고 속에서 자비심을 배양하고 실천하는 '중생연 자비'를 불교 윤리의 중요한 과제로 본 것이라고 생각한다.

안 교수의 불교 윤리에 대한 이러한 덕 윤리적 접근은 서양의 불교 윤리학자 데미언 키온(Damien V. Keown)의 입장과 유사해 보인다. 키온은 『불교 윤리학의 본질(The Nature of Buddhist Ethics)』에서 불교 윤리의 특징을 덕 윤리적 입장에서 전개하고 있다.

외국의 불교 윤리학자들의 견해를 살펴보자. 먼저 영국의 선덜랜드대학교 불교학과 교수인 피터 하비가 지은 『불교 윤리학 입문(An Introduction to Buddhist Ethics)』의 내용을 살펴보자.[16] 저자는 불교의 다양한 학파들은 풍부한 윤리 사상 전통을 가지고 있다고 보면서, 불교 윤리의 통합적 개괄을 목적으로 이 책을 쓴다고 말한다. 또한 윤리와 사회에 대한 불교적 관점을 명료하게 가다듬고 불교 윤리를

---

16 _ 피터 하비, 허남결 역 『불교 윤리학 입문』 씨아이알, 2010 참조.

체계화하고, 보다 알기 쉽게 하려는 목적이라고 부연한다. 이 책은 서양 윤리학의 쟁점과 학문적 틀을 이용하여 불교 윤리의 특징을 도출하고 있다. 이를 위해 먼저 불교 윤리의 공통적 토대들을 경전을 통해 탐색하고 불교 윤리의 핵심적 가치를 도출한다. 나아가 대승불교의 윤리 사상을 다루면서 보살의 길과 자비의 중요성을 거론한다. 이를 바탕으로 실천 윤리(응용 윤리)의 다양한 영역을 다루고 있다. 즉 생태 환경윤리, 경제윤리, 정치윤리, 생명윤리 등과 더불어 성적 평등과 동성애 문제까지 다루고 있다.[17]

피터 하비는 주관적 사고의 개입을 억제하면서 철저하게 객관적 자료를 중심으로 불교 윤리학의 학문적 기초를 마련하고자 한다. 필자의 생각으로는 미시적이고 분석적인 자세로 불교 윤리를 탐구하고 체계화를 시도한 것으로 보인다. 피터 하비는 자신의 견해를 세워 이를 주장하는 것보다는 불교가 가지고 있는 윤리적 토대를 탐색하여 이를 현대 윤리적 쟁점에 적용하고자 노력하였다. 특정 서양 윤리학의 이론 틀을 빌려 불교 윤리를 구축하기보다는 서양 윤리의 도구를 이용하여 불교 윤리의 내용을 구체화했다고 할 수 있다. 특히 불교 윤리를 현대의 윤리적 쟁점에 어떻게 접목하고 구현할 수 있는지 그 실천 윤리에 깊은 관심을 두고 있다.

다음으로 오웬 플래나간의 견해를 살펴보자. 미국 듀크대학의 철학 교수인 그는 붓다 다르마의 지혜와 자비에 깊은 관심을 가진 학

---

17 _ 위의 책, 「서론」과 「역자의 말」 참조.

자이다. 저서 『보살의 뇌: 자연화된 불교(The Bodhisativa's Brain: Buddhism Naturalized)』에 불교를 보는 그의 시각이 잘 나타나 있다. 저자가 부제로 삼은 '자연화된 불교'는 윤회나 환생, 서방정토 등 믿음에 기초한 초현실적인 교리 없이도 불교는 존재론과 인식론 그리고 가치론 영역에서 탁월한 철학과 윤리학으로 자리매김할 수 있다는 주장이다.[18] 자연화된 불교는 인간에 대한 사실에서 출발하여 인간의 실천을 통해 인간이 도달할 수 있는 규범적 지향점 또는 이상을 향해 가는 통합적이고 체계적인 이론이라고 설파한다. 플래나간이 제시한 자연화된 불교의 통합적 성격은 세 가지 틀로 구성되어 있다.

첫 번째는 탐진치 삼독을 인간의 보편적인 실재성으로 진단하면서 출발한다. 인간의 보편적인 심리적 실재성인 탐진치 삼독으로 인간의 삶은 고통 그 자체이며, 이러한 고통으로부터 벗어나고 의미 있는 삶을 살기 위한 궁극적 물음에 답을 추구하는 것이 자연화된 불교의 출발점이다. 이렇게 자연화된 불교는 인간의 경험에 가장 충실한 경험적 연구 방법인 철학적 심리학을 통해 고통이라는 인간의 보편적인 심리적 사실에 기초한다.

두 번째 틀은 세 가지 구성요소로 되어 있다. 즉 지혜와 덕 그리고 마음챙김의 실천이다. 이 세 개의 구성요소는 상호의존적으로 톱니바퀴처럼 맞물려 있다. 지혜의 핵심은 무상과 무아 그리고 연기와 공 사상이다. 이러한 지혜의 내용은 불교의 형이상학, 존재론, 인식

---

[18] 오웬 플래나간, 박병기·이슬비 역 『보살의 뇌』 씨아이알, 2013, 서문과 역자의 글 참조.

론의 구체적인 내용이며 사유의 총합이다. 그리고 덕은 규범 윤리학과 덕 윤리학을 동시에 담고 있다. 덕은 깨달음을 실천하기 위한 구체적인 내용인 동시에 그 자체로서 하나의 실천 규범이다. 또한 이것을 지속적으로 실천하고 체화함으로써 심리적 실재성으로서의 덕성으로 내면화되어야 한다. 이러한 목표를 달성하는 방법이 바로 마음챙김이고 명상이다. 마음챙김과 명상은 불교적 지혜를 깨닫게 해 줄 뿐만 아니라 덕을 내면화하는 방법이다.

세 번째는 자연화된 불교의 규범적 지향점이자 삶의 이상으로서 붓다적 에우다이모니아(eudaimonia)이다. '에우다이모니아'는 아리스토텔레스에 의해 제시된 개념으로 '정신적으로 행복해지는 것'으로서 이에 도달하기 위해서는 이성과 덕에 의한 실천적인 삶이 요구된다. 붓다적 에우다이모니아는 지혜와 덕 그리고 마음챙김 및 명상을 통해 탐진치 삼독을 극복하거나 극복 과정에서 일어난다. 오웬 플래나간은 붓다적 에우다이모니아를 이룬 이상적 인간상으로 보살을 제시한다.

플래나간은 불교 윤리를 인간이 지닌 보편적인 심리적 사실에서 출발한다. 인간은 무아이고 무상의 존재로 삼독의 본성을 갖고 있지만 이를 깨닫고 마음챙김과 명상 등 수행을 통해 그 본성을 억제하면서 붓다적 에우다이모니아에 이르는 길을 제시하는 불교 윤리를 완전한 윤리학 체계로 보고 있다. 플래나간의 이론은 자연주의적인 입장에서 출발하였지만 안옥선 교수의 이론과 많은 부분에서 맥락을 같이한다고 볼 수 있다. 플래나간의 이론은 불교 윤리를 서구인에게 소개할 수 있는 전범으로 삼을 수 있다고 생각한다. 그러나 윤회와 업 사상이 윤리적 논의에서 빠진 것은 아쉽기도 하다.

마지막으로 뉴욕주립 빙햄턴대학 교수인 찰스 굿맨의 이론을 살펴본다. 찰스 굿맨 교수는 불교에 대한 많은 연구 논문을 쓴 세계적인 불교학자로서 불교 사상이 오늘날의 철학에 깊은 영감을 제공하고 있다고 주장한다. 그는 불교 윤리를 일종의 품성론, 즉 덕 윤리로 규정되어 온 것에 비판을 가하면서, 목적론과 결과론적 시각에서 접근할 때 불교 윤리의 특징을 밝힐 수 있다고 강조한다. 그의 대표적 저서가 *Consequences of Compassion: An Interpretation & Defense of Buddhist Ethics*이다.[19]

찰스 굿맨의 이론에 대한 평가는 번역을 주도한 허남결 동국대 교수의 의견을 먼저 들어 보는 것이 좋을 것 같다. 허남결 교수는 불교 윤리 정립에 깊은 관심과 애정을 가지고 연구한 학자이다. 허 교수는 그동안 불교 윤리를 영국의 데미안 키온과 안옥선 교수 등의 덕 이론으로 규정한 것에 대해 교학적으로는 무난할지 모르나, 실천적으로는 뭔가 밋밋하다는 느낌을 지울 수 없었다고 말한다. 그는 불교의 윤리적 관점은 기본적으로 목적론이자 현실적이라는 결과론의 성격을 띠고 있다고 본다. 그러던 차에 찰스 굿맨의 저서를 보고 이에 동감하고 번역을 시도한 것이라 한다.

찰스 굿맨의 저서는 불교의 자비 개념을 서양 윤리학의 결과주

---

19 _ 찰스 굿맨, 허남결 외 역 『자비 결과주의』 씨아이알, 2021 참고.

적 입장에서 재해석하면서 덕론으로서의 자비 윤리를 비판하고 있다. 찰스 굿맨은 불교도는 자비를 동기 삼아 행위하고 그 결과도 자비로운 행위로 귀결될 때 비로소 윤리적 행위를 실천한 것이라고 한다. 즉 자비는 수단임과 동시에 목적 그 자체인 '성품 결과주의'라고 보는 것이다. 허 교수는 그동안 혼란스럽고 정리가 되지 않았던 것처럼 보였던 불교 윤리가 논리적으로 일목요연하게 재구성되었다는 느낌을 받았다고 한다.[20]

그러나 찰스 굿맨의 이론에 대한 비판도 만만치 않다. 그 대표적인 학자가 데미언 키온이다. 그는 불교 윤리에 대한 이론적이고 체계적인 작업을 통하여 불교 윤리학의 성격 논쟁을 주도한 학자이다. 그는 덕론의 입장에서 이론을 구축했다.[21] 국내에서는 불교 윤리학에 깊은 관심을 가진 제주대학의 고대만 교수가 불교 윤리에 대한 덕 윤리적 접근과 결과주의적 접근에 대한 논쟁을 심층 분석하고 있다. 그는 성품 결과주의를 분석하는 과정에서 덕 윤리의 가치를 발견한다. 그는 굿맨이 비판한 덕 윤리를 편협하게 이해했다고 비판하면서도 동시에 성품 결과주의 유용성도 인정하고 있다.[22]

지금까지 박이문, 안옥선, 피터 하비, 플래나간, 찰스 굿맨 등 다섯 학자들의 견해를 살펴보았다. 적은 지면에서 다섯 학자들의 견

---

20 _ 위의 책, 「옮긴이의 말」 참조.
21 _ Damien Keown, *The Nature of Buddhist Ethics*, London: Macmillan, 2001 참고.
22 _ 고대만 「불교 윤리학의 성격 논쟁」『윤리교육연구』제35집, 한국윤리교육학회, 2014 참고.

해를 다루는 것은 무리라고 생각하지만, 다섯 학자들의 견해에 대한 조감을 통해 불교 윤리에 대한 전체적인 논쟁의 흐름을 알 수 있다고 본다. 또한 각각의 이론들이 의미가 있고 또한 공통점이 많으며, 불교 윤리가 서양 윤리 이론의 한 틀에 묶여 설명될 수 없다는 생각도 든다. 연기론에 바탕한 중도의 틀에서 불교 윤리와 자비 윤리를 체계화는 중요한 과제가 우리 앞에 등장하고 있다.

현대 윤리에 나타난 자비 사상

지금까지 자비는 모든 덕목을 포괄할 수 있는 깊고, 넓고, 높은 덕목이라는 점을 밝히고 강조하였다. 오늘날 우리 사회에서 논의되는 다양한 윤리 사상에는 자비 윤리적 특성이 여러 모습으로 스며들어 있다고 할 수 있다. 이것은 자비의 가치적 보편성에서 비롯되는 자연스러운 현상이다. 여기서는 현대 서구 윤리에 나타난 자비 사상 중 대표적인 4가지 윤리를 살펴본다. 바로 타자 윤리, 덕의 윤리, 배려 윤리 그리고 환경·생명 윤리이다.

타자 윤리

근현대 서구의 윤리 사상 중 자비 사상이 가장 뚜렷이 나타난 윤리 이론이 바로 '타자 윤리'이다. 붓다의 자비 사상이 오롯하게 재생되었다는 감동을 주는 윤리 이론이다.

타자 윤리는 레비나스(E. Levinas)에 의해 제창되었다. 레비나스는 1906년 러시아 유대인 가정에서 태어나 독일 프라이부르크대학에서 후설과 하이데거에게서 수학하였다. 후설과 하이데거에 심취했던 레비나스는 현상학을 사르트르와 메를로 퐁티와 같은 프랑스 철학자에게 전해 주었다. 또한 레비나스는 프랑스의 해체주의 철학자 데리다(J. Derrida)의 스승으로도 잘 알려져 있다. 레비나스의 사상가적 위치는 하이데거를 넘어서서 현대 프랑스 지성에 많은 영향을 미쳤다는 평가를 받고 있다.

레비나스의 타자 윤리의 출발은 일원론적 서구의 사유 전통에 대한 의문에서 출발하였다. 이러한 의문은 그가 겪은 삶의 절망과 밀접한 관계가 있다. 나치에 의해 가족이 희생되었고, 존경하는 스승 하이데거가 나치 찬양 연설을 한 것이 그에게는 큰 트라우마였다. 이러한 충격 속에서 레비나스는 침묵하게 되었고, 점점 철저하게 이성을 중시하는 서구 철학에 대하여 깊은 의구심과 환멸을 느꼈다. 서구 철학의 전통은 일원론적 전통과 인간의 이기성, 자기중심성, 그리고 전체성과 폭력성이 뒤엉켜 있다는 것이다. 또한 자기도취적인 동일자의 자아성은 자기 안으로 동화 통합할 수 없는 것들을, 또한 통합해서는 안 되는 것들까지도 자기화한다는 것이다. 레비나스는 이를 동일자의 전체성이라고 비판하면서 플라톤에서 데카르트, 헤겔로 이어지는 서양철학을 '전체성의 형이상학'이라고 통렬히 비난했다.

레비나스는 자아의 외부에 엄연히 존재하는 타인의 존재 사실로부터 새로운 철학의 방향을 제시한다. 자아로부터 사유를 시작하는 것에서 타자와의 관계, 타자 중심성으로부터 사유를 시작하는 근본적 전환을 요구한다. 자아와 타자의 관계는 서로의 차이와 독립성이 보존되는 분리인 동시에 서로가 평화롭게 관계를 맺어야 한다고 주장한다. 이것은 철학의 주제가 자아론, 존재론의 철학으로부터 인간 간의 사회적, 윤리적 관계를 중심으로 전환되어야 한다는 주장을 함축한다. 여기서 레비나스의 '타자 윤리학'이 출발한다.

사람들은 타인을 의식하고 또 타인의 시선에 신경을 쓰면서 살아간다. 자신도 모르게 타인을 의식하고 타인의 시선에서 자유롭지 못한 이유는 무엇일까? 레비나스에 따르면 인간은 본래 사물의 형태를 명확히 규정하고 싶어 하는 존재라고 한다. 이는 사물을 확실하게 규정해서 소유하기 위해서다. 사물을 소유한다는 것은 자신과 다른 외부의 세계가 자신의 세계로 편입되어 하나가 된다는 것을 뜻한다. 이렇게 인간은 욕구로 뭉친 존재이다. 욕구의 존재란 바로 결핍의 존재다. 결핍하니 갈구하고 그 욕구를 충족시키면 세계의 일부는 자기의 것이 된다.

그러면 자신의 세계로 절대 흡수되지 않은 '자신과 다른 절대적인 세계가 존재하지 않을까?' 하는 의문을 가질 수 있다. 바로 이것이 레비나스 철학의 주제다. 끊임없이 찾고 있지만 채워지지 않는 것, 레비나스는 이를 '욕망되는 것'이라고 불렀다. 욕망의 대상은 절대 충족되지 않으면서 무한하게 추구할 수 있다. 바로 이것이 타자이고 타자는 아무도 소유할 수 없다는 것이다. 레비나스의 대표 저서인 『전체성과 무한』이라는 책 제목에서도 알 수 있듯이, 타자는 결코 전체 속에 흡수되지 않는 존재이다. 이렇듯 레비나스는 개성을 몰살하려는 전체라는 개념을 적대시했다.

결코 소유할 수 없는 타자의 존재를 가장 또렷하게 상징하는 것이 '얼굴'이다. 얼굴은 타자의 '드러남'이다. 여기에서 말하는 얼굴은 일반적인 얼굴이 아니고 당장 대면하고 있는 타인의 얼굴이다. 인간은 이렇게 타인의 얼굴을 응시함으로써 자신의 존재를 의식하고 자신에게 부과된 책임감을 느낀다. 얼굴은 개인마다 다르고, 타인의 시선은 나에게 흡수될 수 없는 다른 세계의 존재이기 때문이다. 바로 이것이 우리가 타인의 시선을 의식하는 진실한 이유이다.

'타자'란 나와는 근본적으로 다른 존재를 일컫는다. 자신과 전혀 다른 세계에서 온 '차이'를 가진 존재다. 그런데도 차이로 존재하는 타자는 내 마음속 깊은 곳으로 파고든다. 바로 이 점이 문제다. 항상 차이로서 존재하는 타자가 자신의 마음을 점검하고 있기 때문에, 타자와 나는 떼려야 뗄 수 없는 관계이자 불가분의 관계가 된다. 타자를 책임져야 할 의무가 생기는 것이다.

보통 윤리라고 하면 자신과 타인 사이를 대등한 관계로 포착하기 마련이다. 이는 보통 인간과 인간이 서로 관계를 맺을 때 지켜야 할 규범, 규칙을 윤리라고 생각하기 때문이다. 그러나 레비나스가 주장하는 윤리는 타자에 대해 무한 책임을 져야 한다는, 비대칭적인 관계를 일컫는다. '타자의 존재 자체가 윤리'라는 말은 바로 이것을 의미한다. 레비나스는 개인의 윤리적 행위는 근원적으로 타율성이라고 주장한다. 즉 도덕성은 주체의 자유의지에 따라 기원하기보다는 나의 의지와 무관하게 윤리적 행위를 호소하고 요청하는 타인의 고통, 즉 타율성으로부터 온다는 것이다. 이와 같은 시각의 변화는 주체 중심의 윤리에서 타자 중심의 윤리로의 전환을 의미한다.

타자 윤리의 전환은 타자의 얼굴에 드러나는 윤리적 호소에 자아가 응답하는 것이 어떻게 가능한가를 묻게 한다. 즉 인간이 어떻게 외부 세계의 영향을 감수하고 수용하는가를 묻는 것이다. 여기서 바로 감성과 정서가 중요한 주제로 떠오른다. 즉 인간이 지닌 감성적 수동성이야말로 자기 내부로 향한 자아가 아니라 밖으로 향한 타자의 존재임을 보여 준다.

타자 윤리는 인간을 추상적이고 이론적인 관념적 존재로 이해하는 것이 아니라, 서로 엉키고 느끼며 서로 향유하고 고통받는 몸적 존재로 이해한다. 따라서 인간의 윤리는 관념적 선으로 향하는 것이 아니라 타인의 아픔과 고통을 배려하는 실천으로 향한다. 이러한 레비나스의 타자 개념은 자기중심적으로 사물을 바라보는 현대인들에게 자아 중심이 아닌 타인 중심의 시각으로 생각할 것을 요구한다. 자아론적 윤리에서 벗어나 관계 중심의 윤리, 감성적 윤리로의 길을 열었다. 타자 윤리는 자아 중심의 현대사회를 되돌아보면서 반성하고 성찰하는 계기를 마련해 주고 있다.

필자는 이러한 레비나스의 타자 윤리에서 자비희사(慈悲喜捨)의 사무량심을 본다. 또한 연기론과 무아에 바탕한 붓다 다르마의 사상을 윤리적 틀에서 구축한 것이라고 생각한다. 서로가 인드라망의 그물코에 걸려 사는 삶의 길에 타자 윤리가 있는 것이다.

덕 윤리

초기불교 윤리에 대한 이해와 해석에 대해 서양에서 발전되어 온 다양한 윤리 이론의 틀을 이용하는 연구가 서구 학자들에 의해 시도되고 있다. 불교 윤리를 설명할 수 있는 포괄적인 이론 틀을 마련하려는 의도에서이다. 이와 함께 덕 윤리가 불교 윤리를 설명할 수 있는 큰 틀로 작용할 수 있다는 주장이 많이 나오고 있다.

그러면 덕 윤리의 성격과 특징은 무엇인가? 아리스토텔레스를 중심으로 전개된 덕 윤리는 서양 윤리 이론을 이끌어 온 주류 사상이다. 도덕 행위자의 품성과 덕을 강조하는 규범 윤리이다. 도덕적 품성과 덕을 강조하는 규범 윤리는 동서양을 막론하고 공통적 기반을 가지고 있다. 그러나 18세기 공리주의와 칸트주의가 등장하면서 덕 윤리는 서구 윤리학계에서 퇴조의 길로 들어섰다. 공리주의는 결과적으로 더 많은 선을 산출하는 행위를 도덕적 행위로 평가하고, 칸트주의는 실천이성을 통한 도덕법칙의 실현만이 도덕적 의무임을 주장한다. 따라서 이들 이론은 행위자의 품성이나 인격보다는 구체적인 행동의 옳고 그름을 판단하는 데 초점을 두고 있다.

그러나 현대에 들어서서 덕 윤리는 새로운 관심을 끌면서 재등장하기 시작하였다. 현대 덕 윤리 학자들은 공리주의나 칸트주의 등

근대 윤리 사상이 인간의 행동을 유발하고 의무를 강조하는 데만 열중하여, 인간이 지닌 도덕적 품성의 가치를 경시했다고 비난한다. 또한 의무 윤리는 인간의 도덕적 기반으로서 전통적 요소나 공동체적 맥락을 소홀히 하였다고 비판하고 있다. 현대의 덕 윤리 학자들은 한 개인이 지닌 도덕적 품성이 개인의 도덕적 행동보다 우선한다고 주장하면서 행위의 옳고 그름은 행위자의 훌륭한 품성에 의해 이루어진다고 본다. 그래서 '어떤 행동을 하라'고 강조하기에 앞서 '어떤 종류의 사람이 되어라'라고 말하는 것이 순서라고 주장한다. 이렇게 덕 윤리는 인간의 훌륭한 품성에 초점을 두는 품성의 윤리를 정립하고자 한다.

그렇다면 덕 윤리의 재등장 원인은 무엇인가? 현대의 덕 윤리 재등장은 현대 공동체주의자들에 의해 이루어졌다. 1980년대에 자유주의와의 논쟁 속에서 등장한 현대 공동체주의자들은 기존의 자유주의자들이 주장한 정치 이론, 도덕 이론, 심리학 이론 등을 비판하면서 덕과 인격의 함양, 전통과 역사의 중요성, 공동체의 복원 등과 같은 도덕 교육적 개념들을 포괄적으로 제공하고 있다. 공동체주의자들은 자유주의적 윤리 이론이 '추상화된 자율적 개인'이라는 용어들에 집착함으로써 관계적 존재(the relational being)로서 인간의 본질을 왜곡하고 있다고 주장한다. 그래서 도덕 생활의 영역을 이성, 권리, 의지 등과 같은 추상적 개념으로 환원시키는 잘못을 범해 왔다고 비판한다. 이들은 공동체를 수단으로 보지 않고 공동체 그 자체를 소중히 여기면서 하나의 도덕 생활 목적 및 이상으로 삼아야 한다고 주장한다. 도덕 생활의 목적 및 이상으로서의 공동체는 자기 갱생을 위한 내적 일관성과 조건들, 상이한 삶의 방식을 수용할 수 있는 신념과 가치들을 충족시킬 수 있는 열린 공동체를 말한다.

이러한 공동체주의에 바탕한 덕 윤리 이론을 불교 윤리에 접목한 대표적인 학자가 키온(Damien Keown)이다.[23] 그는 불교 윤리에 대해 이론적이고 체계적인 작업을 통해 불교 윤리학 성격 논쟁을 주도한 학자이다. 키온은 불교 윤리의 성격을 '성품 결과주의'로 규정한 굿맨(Charles Goodman)과 치열한 논쟁을 했다. 불교 윤리에 깊은 연구를 해온 고대만 교수는 두 학자의 논쟁을 비교하며 분석하고 있다.[24] 이미 소개한 안옥선 교수도 덕 윤리를 초기불교 윤리의 특징을 표상하는 포괄적 이론 틀로 보고 있다. 안 교수는 초기불교 윤리가 덕 윤리의 틀 안에서 통일될 수 있다는 것을 주장하기 위해 초기불교 윤리의 반칸트주의적인 특성을 탐색하고 덕 윤리의 특성을 논하고 있다.[25]

현대 덕 윤리는 덕성의 함양을 위한 다양한 구체적 방안을 제시하고 있다. 대표적인 것이 도덕적으로 덕망 높은 사람을 본보기로 하여 자신의 품성을 반복적으로 함양하는 것이다. 석가모니, 예수, 소크라테스, 간디, 테레사 수녀 등과 같은 분이 이상적 인간상으로 제

---

23 _ Damien Keown, *The Nature of Buddhist Ethics*, London, Macmillan, 2001 참조.
24 _ 고대만 「불교 윤리학의 성격 논쟁」 참조.
25 _ 안옥선, 앞의 책, p.141.

시된다. 덕 윤리가 '소망의 윤리' 또는 '열정의 윤리' 등으로 불리는 것도 품성이 높은 탁월한 사람이 되겠다는 소망과 열정에서 나온 것이다.

덕 윤리에 대한 비판도 다양하게 제기되고 있다. 특히 덕이 내재적인 선인가 아니면 외재적 선인가의 논쟁은 끊임없이 제기되고 있다. 내재론 윤리에서 보면 덕은 내재적 선이며 최고선이다. 내재론 윤리관은 인간이 본래 도덕적으로 사유하고 성찰할 수 있는 도덕적 존재라는 믿음에서 출발한다. 도덕은 단순히 사회적 제어가 아니라 정신적 열망이다. 내재론 도덕은 도덕 행위의 개별적 규칙보다는 도덕적 이상과 삶의 원리에 관심을 가진다. 반면에 외재적 윤리의 기본적 관심은 도덕이란 '삶의 제도' 가운데 있으며, 사회적 갈등을 도덕적으로 해결하기 위한 수단이다. 즉 도덕이 인간 됨의 실현이라는 존재론적 의미보다는 공동선의 실현을 위한 사회적 의미에 비중을 둔다. 그러므로 도덕 판단의 원리는 행위자의 성품이나 내적 동기가 아니라 행위의 외적 결과이다.

우리의 일반적인 의식에서 보면 덕은 그 자체로 선, 즉 내재적 선이다. 그렇다면 덕은 우리가 생각하는 것처럼 그 자체를 목적으로 삼는 내재적 선인가? 이 문제에 강력한 반대 논거를 제시한 대표적인 윤리학자가 무어(G. E. Moore)이다. 그는 대부분의 윤리학자가 자연주의적 오류를 범함으로써 목적과 수단과의 관계를 구분하지 못한다고 주장한다. 무어는 덕은 좋은 수단이지만 그 자체로 가치를 갖지 않는다고 본다. 도덕적 덕은 유일한 선이나 우리가 추구할 최

고선이 아니라 단지 옳은 행위를 수행하는 수단으로서 선이라는 것이다.[26]

덕 윤리의 문제를 매우 현실적으로 비판하는 경우도 있다. 훌륭한 품성으로 간주되는 특정한 덕목이 사람에 따라 다르게 판단될 수 있다는 것이다. 또한 행위자가 속한 사회의 문화와 관습에 따라 서로 달라질 수 있다고 한다. 그리고 공동체에 필요한 훌륭한 덕목이 행위자의 비판적 사고를 거치지 않고 행위자에게 일방적으로 강요될 가능성을 배제할 수 없다는 지적도 많다.

불교 윤리에 덕 윤리적 요소가 매우 많다. 동시에 도덕적 의무와 규칙을 강조하는 의무 윤리의 성격도 꽤 있다. 필자는 불교 윤리가 덕 윤리라는 틀로 채색되는 것에 약간의 주저함을 갖고 있다. 불교 윤리의 특징을 특정 윤리 이론의 틀로 설명할 수 없다고 생각하기 때문이다. 불교 윤리는 다양한 이론 틀이 교직된 통합적이고 개방적인 패러다임의 성격을 지니고 있다. 또한 연기적 조건에 따라 다양하게 표출된다고 볼 수 있다. 이것이 바로 '중도의 길'이다. 중도는 중간도 아니고 중용도 아니다. 중도는 유무를 떠나고 진위와 선악 등 모든 이항 대립을 초극하라는 가르침이다. 이것은 서구의 방법과는 판이하다. 진위를 정확히 판단하고 분별하려는 서구의 논리학적 사유 방법과는 다르게, 양극단이 서로 뒤섞여 중첩되기도 하고 서로 반대의 것으로 바뀌기도 하는 사유 방법이다. 극단의 중간을 넘어

---

26 _ 도성달 『윤리학, 그 주제와 논점』 한국학중앙연구원, 2011, p.161에서 재인용.

극단을 넘나들며 해체하는 횡단의 사유이다. 이러한 중도의 지혜에서 불교의 개방성이 표출된다. 불교 윤리를 서양 윤리적 틀로 접근할 때 반드시 필요한 것이 바로 중도의 지혜라고 본다.

배려 윤리

대승불교에서 등장한 보살상은 여성상으로 표상된다. 관세음보살이 대표적이다. 관세음보살의 자비심과 배려 윤리는 자매지간의 관계로 볼 정도로 친밀하다. 필자가 불교 윤리와 연결하여 배려 윤리를 소개하는 것도 이러한 이유 때문이다.

여성은 인류의 절반을 차지하고 있지만 역사 속에서 여성의 목소리는 항상 작았다. 그러나 20세기에 들어서 민주주의가 확장되고 여성의 참정권이 보장되면서 여성은 자신의 목소리를 찾는 요구를 하게 되었고 이는 페미니즘(feminism) 운동으로 발전되었다. 페미니즘은 여성 고유의 본질과 특성에 주목하면서, 여성은 그 자체로 존중받아야 한다고 주장한다. 또한 일상생활에서 여성의 삶을 그 자체로 존중하는 양성평등과 '모성적 사유'에 대한 중요성을 강조한다. 이러한 페미니즘적 성향은 윤리학계에도 영향을 미쳤다. 남성 중심적인 전통의 윤리는 추상적이고 보편적인 도덕법칙을 규명하는 데 집중하였으나, 페미니즘 윤리는 관계와 맥락에 기초한 배려 윤리를 하나의 도덕 체계로 제시하였다.

미국에서 출발한 배려 윤리는 여성 윤리학자들에 의해 주장되었다. 배려 윤리는 배려와 보살핌을 지향하는 여성의 본질적 성향에 주목하여 타인의 고통에 대한 관심과 보살핌이 중심이 되는 윤리이다. 배려는 상대방과 고통을 함께 느끼며, 상대방에 대한 의무감과 사랑 속에서 헌신할 수 있는 덕목이라 할 수 있다. 배려 윤리의 대표적인 주창자는 길리건(C. Gilligan)과 나딩스(Nel Noddings)이다.

먼저 길리건의 이론을 살펴보자. 길리건은 남성은 정의, 권리, 자율성, 독립성 등에 근거하여 판단을 내리는 경향이 있는 반면에 여성은 배려, 책임, 관계, 맥락 등에 관심을 맞춘다고 한다. 길리건은 도덕 심리학의 거장인 콜버그(L. Kohlberg)의 이론이 남성 편향적이라고 비판하면서 배려 윤리를 주장한다. 길리건은 『다른 목소리로(In a Different Voice)』라는 저서를 통해 오랫동안 가치를 제대로 인정받지 못한 여성의 목소리에 귀를 기울였다. 이 저서는 '보살핌'이 윤리학, 도덕 심리학 분야에서 주목받게 되는 결정적인 계기를 마련해 주었다. 그녀는 오랫동안 여성의 도덕적 지향이 배제되고 존중받지 못했다고 지적하면서 여성의 목소리를 침묵하게 하는 이론들에 대해 비판하였다. 이와 함께 여성들 스스로가 의식적이든 무의식적이든 자기 내면의 목소리를 억압하며 기존 문화에 순응해 온 관행을 지적하고 있다.

길리건이 심리학적으로 여성의 배려 지향적 성향을 강조했다면, 나딩스는 배려의 윤리학적 토대를 마련하고 배려심을 고양시킬 수 있는 교육적 방법을 탐구하였다. 그녀는 개인의 권리를 도덕의 중심에 두는 정의(正義) 지향적 윤리와 달리 관계에 뿌리를 두고 맥락을 고려하는 배려 지향의 윤리를 제시하였다.

사람은 관계망 속에 존재한다. 따라서 타인과의 관계를 유지하고 발전시키는 데 필요한 친화성, 친절, 감정적 민감성은 배려 윤리에서 중요한 의미를 지닌다. 나딩스는 배려 윤리가 여성에게 두드러지게 나타나는 특징이기는 하지만, 남성에게 배타적인 것은 아니라고 주장한다. 오히려 남성 또한 관계적 존재임을 깨닫고 타인에 대한 배려를 함양해야 한다고 강조한다. 또한 나딩스는 배려 윤리와 덕 윤리의 차이점을 강조하고 있다. 배려가 덕목임은 분명하지만 배려 윤리가 덕으로서의 배려보다는 배려하는 관계 자체에 더욱 관심을 가진다는 것이다.

이러한 배려 윤리와 정의 윤리의 관계는 어떠한가? 자비와 정의의 관계는 배려 윤리와 정의의 관계와 맥락을 같이한다고 볼 수 있다. 배려 윤리와 정의 윤리의 관계를 구체적으로 살펴보자.

첫째, 배려 윤리는 자아를 거미줄과 같은 관계망 속에 존재하는 관계적 자아로 파악하는 반면, 정의 윤리는 분리되고 개별적이며 자율적으로 원자화된 자아로 규정한다.

둘째, 배려 윤리는 책임 간의 갈등에 초점을 맞추지만, 정의 윤리는 권력 간의 갈등을 도덕적인 문제의 원인으로 제시한다.

셋째, 배려 윤리는 구체적인 상황과 맥락을 고려하는 맥락적 사고를 통해 문제에 접근하지만, 정의 윤리는 형식적이고 추상적인 사고를 통해 도덕적 갈등 상황에 접근한다.

넷째, 배려 윤리는 '곤경에 처한 사람을 외면하지 말아야 한다'라는 도덕적 명제를 중시하는 반면, 정의 윤리는 '다른 사람을 부당하게 대우하지 말라'는 명제를 도덕적 형식으로 취한다.

이러한 배려 윤리는 덕 윤리와 더불어 인간이 지향해야 할 도덕적인 삶에 대한 이해와 폭을 넓히는 데 큰 역할을 하고 있다. 또한 정의 윤리가 소홀히 한 연민, 동정심 등과 같은 도덕적 감성의 중요성을 인식하는 계기를 마련하였다. 그러나 몇 가지 측면에서 한계를 지적받고 있다. 여성 편향적이고, 성숙한 도덕 판단을 위해 요구되는 불편부당의 보편화 가능성의 개념이 취약하다는 것이다. 따라서 관계를 초월하는 도덕적 책임에 소홀할 가능성이 높다고 지적한다. 우리는 배려 윤리와 정의 윤리를 상호 보완적인 관점에서 이해하여야 한다. 20세기에 등장한 배려 윤리가 이미 붓다 다르마에서 잉태한 자비 사상에 그대로 나타나고 있다.

환경·생명 윤리

붓다의 이상에는 생명·생태 사회의 구현이 있다. 이것은 붓다의 연기론에서 나온 지극히 자연스러운 것이다. 연기의 특징을 한마디로 표현하면 '상의 상관성' 또는 '의존적 상호 발생'으로 볼 수 있다. 존재하는 것은 서로 의지하며 관련을 맺고 있어 독자적으로 존재할 수 없음을 의미한다. 이러한 연기론에서 생명, 생태, 환경 등의 과제가 등장하는 것은 당연하다. 새삼 논의하는 것이 식상할 정도로 생태·환경 문제에서 연기론이 가지고 있는 가치론적 함의는 자연스러운 것이다.

오늘날 자연과학적 지식과 기술의 발달은 인간에게 풍족하고 편리한 삶을 누리게 하였다. 그러나 과학기술의 발전을 통하여 인간 삶과 인간사회가 끊임없이 발전하고 번영할 수 있으리라는 생각은 하나의 신화에 불과하다는 사실이 분명해지고 있다. 자연에 대한 조작 기술의 수준이 향상됨에 따라 인간은 새로운 욕구를 계속 불러일으켰으며, 또한 새로운 욕구 충족은 새로운 욕구 창출의 계기를 만들어 줌으로써 욕구 충족과 욕구 창출 사이에는 끊임없는 상승작용이 일어나고 있다. 인간은 이렇게 증폭된 욕구를 충족시키기 위해 자연에 대한 일방적 착취를 강화하고 있으며 이에 따라 지구는 큰 위기를 맞고 있다. 이러한 지구의 위기는 1988년 「타임(Time)」이 '그해의 인물'로 사람 대신 지구라는 행성을 선정함으로써 극적으로 표현되었다. 오늘날 환경·생명 윤리의 정립 과정은 바로 붓다의 다르마, 즉 연기론을 체감하고 실천하는 과정이라고 표현해도 결코 과언이 아니다.

서구의 전통적 윤리관은 인간 중심적이었다. 즉 인간만이 윤리 공동체 구성원으로서 자격이 있고, 인간만이 윤리적 고찰의 대상이 된다는 생각이다. 이것은 인간만이 우주 내의 어떤 것들과도 뚜렷이 구분되는 유일한 존재이며, 따라서 인간만이 내재적 가치를 지니고 있고, 그 밖의 모든 존재는 오로지 내재적 가치를 지닌 인간을 위한 도구적 가치만을 지닌다는 견해로 이어진다. 이러한 인간 중심적 사상은 칸트나 밀을 비롯한 서양 윤리학의 기본적인 전제이지만, 이것이 가장 두드러지게 나타난 것은 유대교에서 기독교로 이어지는 전통과의 관련성에서 뚜렷이 나타난다.

오스트레일리아의 저명한 철학자 패스모어(John Passmore)는 자연에 대한 위탁자로서의 임무를 신이 인간에게 부여했다는 전제 아래서 인간의 자연에 대한 책임을 강조하고 있다.[27] 인간과 자연과의 관계에 대한 서구 윤리의 여러 논의는 이러한 패스모어의 견해에 바탕을 두고 있다. 자연에 대한 인간의 책임을 강조하는 입장은 결국 인간이 자연을 어떻게 관리하고 사용할 것인가에 귀결된다. 이것은 근원적으로 인간의 이익과 관심에 따라 자연이 관리, 사용된다는 의미를 남겨두고 있다. 이러한 자연관은 인간에 대한 자연의 종속을 초래하였다. 이는 인간과 자연을 분리하는 데서 당연히 나타나는 결과이다. 인간과 자연을 분리했을 경우, 자연은 정복되거나 길들여져서 인간의 문명을 이루는 텃밭이 된다. 자연은 인간의 생존을 위해 사용되는 자원일 뿐이다. 어떤 특정 자원이 고갈될 때 인간의 상상과 기술은 새로운 자원을 발견하고 그것을 활용할 신기술을 발명할 것이다.

이러한 자연관은 인간의 문화와 문명을 자연보다 상위에 올려놓을 뿐 아니라 자연을 대치하고 있는 대상으로 인식하고 있다. 이러한 태도는 적어도 19세기까지는 일시적인 효과가 있었을 것이다. 그러나 인간의 문화와 문명이란 자연 체계에 의존하고 있는 것이므로,

---

27 _ John Passmore, *Man's Responsibility for Nature*, London: Puckworth, 1980, pp. 28-32.

자연에 대한 '개척적인 윤리관'은 자연 체계가 무한히 지속될 때야 비로소 가능할 것이다.

인간 중심적 윤리관의 또 다른 근거는 인간 이성에 관한 논의에서 출발한다. 즉 인간의 존엄성과 유일성은 그가 내재적으로 지닌 유일한 능력, 즉 이성에 근거한다는 주장이다. 인간을 이성적으로 보는 이유는 환경에 적응하는 양식이 다른 생물체와는 근본적으로 다르다는 점에서 비롯한다. 일반 생물체는 환경에 대한 본능적 적응력이 대단히 발달하여 있지만 인간은 그처럼 적응력이 강한 본능을 갖추고 있지 못하다. 따라서 본능의 힘이 미약한 인간은 새로운 환경의 도전에 맞서 환경 자체를 바꾸거나 자신의 행동을 조정함으로써 문제를 해결하였다. 즉 자신의 부족함을 생각하는 힘으로 메웠다는 것이다. 이 생각하는 능력, 사고력과 판단력으로서의 이성을 가졌다는 사실이 인간을 다른 생물과 구분 짓는 근본적인 특색이라고 주장한다. 흔히 인간의 특성으로 도구를 사용한다는 사실, 언어를 사용한다는 사실, 사회를 형성한다는 사실 등이 지적되기도 하는데 이는 결국 인간의 이성적 특성을 가리키는 말이다.

인간이 이성적이기 때문에 인간만이 윤리 공동체의 구성원이 될 수 있다는 주장 외에 인간만이 불멸하는 영혼을 가지고 있다든가, 인간은 자연에 대한 위탁을 신으로부터 부여받았다든가 하는 근거가 제시되기도 한다. 그러나 이런 근거들은 종교적인 형이상학적 신념의 토대와 관계가 있다. 인간의 유일성과 특수성은 어떤 절대적 인격자에 의해 창조된 것이거나 그렇지 않으면 더 이상 설명할 수 없는 어떤 영원한 우주적 질서로서 풀이되고 있다.

세계적인 생명윤리학자 싱어(Peter Singer)는 인간만이 특유한 가치를 지닌다는 사고를 '종 우월주의(speciesism)'에 불과하다고 주장한다. 종 우월주의는 어떤 종에 속하는 성원이 본래 도덕적 대우를 받을 수 있는 자격이 있다는 근거로는 전혀 적합하지 않다는 것이다. 싱어는 이 종 우월주의를 인종 우월주의(racism)나 성차별주의(sexism)와 같은 종류로 보면서 모든 동물의 해방을 주창한다.[28]

이러한 싱어의 논지는 우리가 지금까지 지녀온 편견과 선입관에 새로운 자극을 주고 있다. 그러나 보다 급진적인 생태론을 펼치는 사람은 싱어의 논지를 동물 중심주의(animocentrism)라고 비판한다. 즉 싱어의 윤리학에서 볼 때 윤리적 고려 대상, 즉 윤리적 객체는 모든 생물을 포함하지 않고 동물이라는 범주에 속하는 것뿐이라는 지적이다. 오늘의 현대과학 이론에서 나타난 동물과 식물 간의 궁극적 상관성, 생물과 무기물 간의 궁극적 관계를 고려할 때 동물 중심주의적 윤리관은 아직도 폐쇄적이고 따라서 극복되어야 할 과제라 하겠다.

동물 중심적 윤리관은 모든 생물을 윤리적 배려의 대상으로 포함시키는 생물 중심적 윤리학(ethics of biocentrism)으로 한발 더 나아가야 한다. 그러나 생물 중심 윤리학도 인간 중심 윤리학이나 동물 중심 윤리학과 마찬가지로 어떤 양식의 존재들 사이의 단절성을 전제

---

[28] _ 피터 싱어 「동물 해방」 제임스 레이첼스 편 『사회윤리의 제 문제』 서광사, 1986, p. 216.

로 하고 있다. 즉 서로 다른 존재들 간에는 서로 환원할 수 없는 절대적 구별이 있다는 것이다. 생물 중심 윤리학은 인간과 동물, 동물과 식물 사이의 절대적 단절을 인정하지 않고 어떤 연속성이 인정되고 있지만, 생물계와 무생물 간에는 절대적 단절을 인정한다.

존재들을 질적으로 구별하는 것은 대개 서양철학의 큰 흐름 가운데에서 발견할 수 있다. 절대적 인격자로서의 신과 인간 그리고 그 밖의 존재들 간의 구별, 플라톤의 이데아와 현상계의 구분, 데카르트의 이원론적 세계관, 칸트의 본체(noumenon)와 현상(phenomenon)의 구별들이 그러하다. 그러나 동양적 세계관은 다르다. 또한 자연을 인간의 조작 또는 가공의 대상으로 보는 관점도 서양의 오랜 지성사의 뿌리에 바탕을 두고 있다.

기원전부터 서양인들의 사유 틀에는 자연을 인간의 주관으로부터 분리하여 관찰의 대상으로 삼았던 흔적이 많이 있다. 즉 관찰의 주체는 객체를 있는 그대로 알기 위해서 주체와 객체가 감성적, 지적으로 격리되어야 한다는 것이다. 여기에서 관찰의 주체는 인간으로서 인간 중심적 사고의 틀이다. 자연에 대한 인간의 관찰 결과가 바로 과학이며 이는 진보라는 개념으로 연결된다. 즉, 자연을 인간의 손길을 통해 인간에게 가치 있는 것으로 만드는 방법이 과학이며 이를 진보와 동일시하는 것이다. 이러한 사유들은 기계론적 자연관에 기인한다.

기계론적 자연관은 정신과 물질과는 근본적으로 다른 것이라는 물심 이원론과 실체와 현상을 원자화하는 분석적 사고에 기반을 둔다. 근대 인식론의 대부들인 라이프니츠(Leibniz), 스피노자(Spinoza), 데카르트(Descartes) 등이 관찰 도구로서 렌즈, 사람 눈의 원리, 광학 같은 것에 깊은 관심을 가졌던 것은 우연이 아니다. 이들의 관찰 도구에 대한 관심은 관찰의 주체와 그 대상 객체 사이에 어떠한 관련이 있을 수 있는가를 좀 더 객관적이고 정확하게 규명해 보려는 데서 비롯되었다 하겠다. 이와 같은 탐구는 그 대상을 분석적으로 알고자 하는 방법이다. 즉 대상을 미세한 부분으로 분해하면 할수록 원자적 속성에 접근할 수 있고, 그 원자적 속성이 대상 전체의 본질을 결정하는 요체이기 때문이다. 대상의 속성 또는 법칙성이 발견되면 인간은 그 대상을 관리, 조정, 제어할 수 있는 능력을 갖추게 된다. 바로 이것이 과학의 사명이고 진보이다. 이런 기계론적 자연관은 생활의 모든 질을 양의 개념으로 환원함으로써 생명이 없는 우주관을 형성하였다.[29]

현대의 지배적 사상의 기초 역할을 해 온 기계론적 자연관은 금세기 초부터 근원적으로 흔들리기 시작하였다. 상대성이론과 양자역학이론을 탄생시킨 물리학의 발전은 데카르트적 세계관과 뉴턴 역학의 모든 개념을 부수어 버렸다. 절대공간과 절대시간이라는 기본 개념, 기본적 고체 입자, 기본 물질, 물리적 현상의 엄격한 인과성, 그리고 객관적 기술들은 현대 물리학이 추구하는 새로운 영역에는 적용될 수 없음이 확인되고 있다.[30]

---

29 _ 콘라드 H. 워딩톤, 이원식 역 『미래의 인류사회』 한마음사, 1982, p.27.
30 _ 프리초프 카프라, 이성범 역 『새로운 과학과 문명의 전환』 범양사, 1988, p.70.

이러한 현대 물리학은 지금까지의 데카르트–뉴턴적인 자연관과 세계관을 붕괴시키고, 새로운 자연관과 세계관을 탄생시켰다. 바로 전일적(全一的) 우주관, 유기체적 세계관으로서 자연과학 및 사회과학의 영역들에 영향을 주기 시작하였다. 전일적 세계관, 우주론적 자연관이 인간 중심 윤리학의 패러다임을 거부하는 것은 자연스러운 것이다.

근래에 서구에서도 이러한 자각이 일어나고 있다. 환경윤리의 선구자로 불리는 레오폴드(Aldo Leopold)는 윤리의 범위가 확대되는 '대지 윤리(land ethics)'를 주장한다. 그는 이것을 '도덕 공동체의 확장'으로 해석하면서 대지 윤리의 공동체 범위를 땅, 물, 돌, 식물, 동물 등으로 확대한다. 이러한 레오폴드의 의견은 여러 윤리학적 논쟁을 불러일으키고 있다. 이 글에서는 지면 관계상 이러한 논쟁을 구체적으로 소개할 수는 없지만 계속 강조하는 것은 기계론적 자연관 및 인간 중심적 사고 틀로서 현대문명의 위기를 극복하는 것이 "찢어진 거미줄을 사람의 손가락으로 수리하려는 것"과 다르지 않다는 점이다.

지금까지 환경, 생명 윤리의 전개 과정을 일별하고 그 특징을 살펴보았다. 오늘날 제기되는 생명·생태 사회에 대한 이론은 붓다 다르마의 이론을 원용한 것이라 볼 수 있다. 불교는 생명·생태 이론의 무진장한 보고(寶庫)이다. 이를 현대사회에 구체적으로 적용하고 실천하는 이론의 체계화와 실천 방안 탐구가 절실하다. 이것은 연기법의 제일 큰 속제화의 과제이다.

오늘날 생명과학은 자연계의 모든 생명현상이 생태계의 균형을 유지하는 방향으로 진행된다고 확인하고 있다. 자연스러운 생명현상은 모두 생태계의 유지에 기여하는 이타적 행동으로 볼 수 있다. 즉 자비행이다. 자연 세계의 모든 생명은 자연 생태계를 보전하고 유지하기 위해 이타적 행위, 즉 서로가 서로에게 자비행을 베푼다. 이 자비행이 바로 모든 생명이 모든 생명을 구하는 것이다. 인간이 자연 세계에 자비행을 하는 것은 연기법에 따른 당연한 귀결이다. 그런데 지금 인간이 지구별의 생명 세계에 큰 파괴자로 등장하고 있으니 이를 어쩌랴. 참으로 무섭고 안타까운 일이다.

이 장을 마무리하면서 연기론의 향기가 물씬 나는 에드워드 윌슨(Edward Wilson)의 글과 앞서 소개한 불교의 가장 오랜 초기 경전『숫타니파타(Sutta-Nipata)』의『자비(애)경』일부를 인용한다.

모든 생물은 단일한 공통 조상으로부터 비롯되었기 때문에 인류가 태어났을 때 생물군 전체가 '생각'하기 시작했다고 말하는 것이 좋을 듯하다. 다른 나머지 생명이 몸이라면 인간은 마음이다. 따라서 윤리적인 관점에서 바라본 자연 세계에서의 우리의 위치는 피조물에 대해서 생각하고, 살아있는 지구를 보호하는 것이다.[31]

살아 있는 생물이면 어떤 것이건

---

31 _ 에드워드 윌슨, 전방욱 역『생명의 미래』사이언스북스, 2005, p. 209.

하나 예외 없이 약한 것이건 강한 것이건

길건 크건 아니면 중간치건

또는 짧건 미세하건 또는 거대하건

눈에 보이는 것이건 눈으로 볼 수 없는 것이건

또 멀리 살건 가까이 살건

태어났건 태어나려고 하고 있건

모든 중생이 행복하기를

─『자비경』

III장

자비 실천의 윤리적 디딤돌

　자비 실천의 윤리적 토대를 논의하기 위해 여섯 개의 영역을 도출하여 살펴보고자 하였다. 먼저 불교가 지니고 있는 실천성의 특징을 여러 측면에서 분석하고, 실천의 큰 틀을 제시한 팔정도의 내용을 살핀다. 그리고 진속이제(眞俗二諦)의 문제와 자비 실천의 관계, 불교의 선악론, 실천 윤리의 등장 배경과 특징을 알아본다. 또한 개인윤리와 사회윤리의 특징과 그 관계, '비도덕적 행위'에 대한 이해를 높이고자 한다.

1
불교의 실천성과 팔정도

○

　자비 실천의 윤리적 토대는 바로 불교의 실천적 특징에서 출발한다. 그 실천적 성격이 잘 표현된 내용이 맛지마 니까야『말룽까(만동자) 짧은경』에 실린 독화살의 비유이다. 이 경전은 논리적이고 따지기 좋아하는 젊은 제자 말룽까뿟따에 대한 부처님의 가르침을 담고 있다. 어떤 사람이 독화살을 맞았는데 독화살을 누가 쐈는지, 그 사람의 계층이 무엇인지, 어디에 사는지, 그리고 화살의 특징과 성분이 무엇인지 등을 알기 전까지 화살 뽑기를 거부한다면 그는 그것을 알기 전에 죽을 것이라면서 붓다는 다음과 같이 설한다.

　"만동자여, 어떤 사람이 말하기를 세상은 영원하다거나 영원하지 않다거나, 세상은 유한하다거나 무한하다거나, 생명이 바로 몸이라거나, 생명은 몸과 다른 것이라거나, 여래는 사후에 존재하기도 하고 존재하지 않기도 한다거나, 여래는 사후에 존재하는 것도 아니고 존재하지 않는 것도 아니라고 설명해 주기 전에는, 나는 세존 아래에서 청정 범행을 닦지 않으리라 말한다면, 여래는 그 질문에 설명하지 않을 것이므로 그동안 그 사람은 죽을 것이다.

만동자여, 그러면 나는 왜 이것을 설명하지 않았는가? 이것은 참으로 이익을 주지 못하고, 청정 범행의 시작에도 미치지 못하고, 염오(厭惡)의 길로 인도하지 못하고, 탐욕의 빛바램으로 인도하지 못하고, 소멸로 인도하지 못하고, 고요함으로 인도하지 못하고, 최상의 지혜로 인도하지 못하고, 바른 깨달음으로 인도하지 못하고, 열반으로 인도하지 못하기 때문이다"[1]

경의 일부분을 발췌하였지만 붓다의 뜻은 정확히 표현되고 있다. 그러면 서양의 종교 학자들은 불교의 실천적 성격을 어떻게 보는지 살펴보자. 미국의 저명한 종교 철학자 제이콥슨(N. P. Jacobson)은 그의 저서 *Buddhism: The Religion of Analysis*(『해방자 붓다, 반항자 붓다』로 국내 번역됨)에서 이렇게 표현하고 있다.

서양인들이 불교를 이해하는 데 가장 중대한 장애가 되는 것은 불교를 삶의 해석이나 하나의 교리체계 그리고 자아, 고통, 열반에 대한 가르침 따위로 생각하는 경향 때문이다. 왜 장애가 되는가 하면 불교의 뚜렷한 특징은 어떠한 사상체계나 총괄적 이론으로 전달될

---

[1] 대한불교조계종 불교성전편찬추진위원회 편 『불교성전』 조계종출판사, 2021, pp. 265-268.

수가 없기 때문이다. 불교는 본질적으로 가르침이나 교리가 아니다. 불교는 삶이 지속적으로 안고 있는 까다로운 문제들을 다루는 실천적인 내용을 포함하고 있는 것이다. …… 한 사람이 다른 사람에게 전달할 수 있는 것은 불교의 껍질뿐이다. 불교적 전통 속에서 자라지 않은 사람들은 이 말의 의미를 이해하기 어려울 것이다. 가르침이 아니라니? 논리적인 형식을 띠거나 공식화될 수 없는 믿음이라니? 그렇기 때문에 서양인들이 불교를 이해하기 위해서는 보통 이상의 인내력이 필요하다.[2]

필자는 제이콥슨 교수의 의견에 적극 공감한다. 불교의 가르침은 서양의 전통적인 철학의 사유 틀이나 종교와 다르다. 서양에서의 인간존재는 항상 제도나 법, 도덕률, 철학적 관념, 이론적 형식 등의 체계로 표현된다. 종교에서는 하나님의 뜻, 사랑의 계명, 구약의 모세 율법 등의 체계로 조직화되어 나타난다. 서양인 사고에는 자신을 이성적 질서 안에 두는 것이 최고의 덕이라 생각한다. 이렇게 서양 문명은 규칙들과 원리들을 만들고 그것을 객관 세계에 투사하려는 노력을 오랫동안 일관되게 해 왔다. 이것은 이데아를 추구하는 플라톤 철학의 틀이라 할 수 있다. 이와 반대로 불교는 모든 조직화─그것이 인간적이든 신성한 것이든─로부터의 해방 또는 해탈이다. 교리나 신념에 얽매이는 것의 문제점과 실천에 관한 교훈은 불교 경전

---

[2] 제이콥슨, 주민황 역 『해방자 붓다, 반항자 붓다』 민족사, 1989.

에 수없이 많다. 강을 건널 때는 뗏목이 필요하지만 건넌 후에는 그것을 버려야 한다는 붓다의 비유는 교리에 얽매이지 않는 마음의 중요성을 강조하는 것이리라. 교조의 교리를 버리는 행위는 유대교나 기독교, 이슬람교 등에서는 상상할 수 없는 것이다. 중세의 많은 선각자가 성경의 뜻에 어긋났다고 하여 죽임을 당하는 등 얼마나 많은 고초를 겪었는가. 서양에서는 과거의 정신적 지도자들이 남긴 말을 음미하고 깊이 생각하면서 그 울타리를 넘지 못하는 경우가 많다. 즉, 서양 종교의 신봉자들은 뗏목을 등에 지고 등산하는 것과 같다.

 붓다의 가르침은 상대방의 구체적인 질문이나 노력과 실천적인 것과 관련을 맺고 있다. 붓다 침묵의 무기(無記)설법도 이에 기인한 것이라고 볼 수 있다. 붓다는 인간의 고통과 그 극복하는 실천 방법에 큰 관심을 가졌지 세계가 영원한지, 영혼과 육체의 관계는 어떤지, 내생은 있는지 없는지 등 이론적 호기심에서 나온 질문에는 침묵하였다. 이러한 불교의 실천성은 불교에 개방성을 가져다주었다. 서양의 종교 전통에서는 매우 찾기 어려운 요소일 것이다. 이러한 개방성 때문에 불교는 매우 다양해졌다고 할 수 있다. 서양인이 보기에는 어지러울 정도로. 붓다 입멸 후 불교도들은 수 세기 동안 수백의 경전을 저술하였다. 불교도들은 '교주의 가르침'을 부연 설명하고 재해석하여 확대하는 데 전혀 거리낌이 없었다. 이것은 기독교에서 상상하기 힘든 상황이다.

 불교는 가르침의 실천에 관한 한 가장 자유스러운 종교이다. 불교는 다양한 나라에 많이 퍼져 나갔으나 각각의 특색을 지니고 있다. 기독교처럼 전체 신도를 하나로 일치시킬 교황제와 같은 제도도 없다. 이러한 현상의 제일 큰 원인은 불교가 이론의 종교가 아니라 실천의 종교이고 그 실천은 항상 개인적 정신적 수행과 체험 속에서 이루어짐을 강조해 왔기 때문이다. 그래서 불교는 정신적 실험이라고도 볼 수 있다. 그만큼 붓다의 이상을 실천하는 방법도 다양하게 전개된다.

그러면 붓다의 다르마를 실천하는 방안과 전략은 어떻게 구체화되는 것인가? 실천 방안은 현실을 보는 '상황 규정'을 토대로 하여, '지향 가치'를 구현하려는 여러 가지 수단, 처방, 과정 등을 포함한다. 붓다 다르마에서는 중도와 팔정도(八正道)가 실천 방법의 토대를 이룬다. 팔정도는 사성제 중 도제(道諦)의 구체적인 내용으로서, 욕망과 고행의 극단을 떠난 중도를 추구함으로써 진리를 깨닫는 여덟 가지 수행 방법이다. 팔정도는 바르게 보는 정견(正見), 바르게 사유하는 정사(正思), 바르게 말하는 정어(正語), 바르게 행동하는 정업(正業), 바르게 생활하는 정명(正命), 바르게 노력하는 정정진(正精進), 바르게 알아차리는 정념(正念), 바르게 고요히 하는 정정(正定)을 일컫는다. 이러한 팔정도의 실천은 시간과 공간 그리고 대상에 따라 연기한다. 대승불교에서는 팔정도가 자기완성에 치중하고 있다고 판단하여, 보시와 인욕 같은 사회적인 항목을 포함하는 육바라밀을 제시하였다. 그러나 팔정도에서도 그 같은 항목을 도출할 수 있다.

중도와 팔정도의 관계는 어떠한가? 팔정도의 정(正)은 중도의 중(中)을 의미한다고 할 수 있다. '바른길'이 바로 중도이다. 중도와 팔정도를 동일시하는 견해도 있고 중도를 실천하는 방법으로 팔정도를 이야기하기도 한다. 필자는 중도와 팔정도의 관계를 총론과 각론의 관계로 보고자 한다. 중도를 실천하기 위해 팔정도가 필요한데 각각의 팔정도가 중도적 방법으로 실천되는 것이다. 마치 정어(正語)의 중도, 정견(正見)의 중도처럼. 이 중도에서 다양한 자비 실천 방법이 이루어질 것이다. 이렇게 자비 실천의 윤리적 토대는 바로 중도와 팔정도의 실천을 바탕으로 하고 있다.

2
진속이제와 자비 실천

○

　자비 실천의 토대 작업으로 '진속이제(眞俗二諦)'에 대한 논의가 매우 중요하다. 윤리의 문제는 삶의 현장을 떠날 수 없기 때문이다. 진제는 산스끄리뜨어 paramartha-satya의 번역어로 승의제(勝義諦) 또는 제일 의제라고도 하며 출세간적 진리를 가리킨다. 붓다가 깨달은 최고의 진실을 말한다. 속제는 samvrti-satya의 번역어로 세속제, 또는 세제라 하여 언어로 표현된 세속적인 진실을 말한다. 진제와 속제의 이제설은 용수(龍樹) 스님의 저서인 『대지도론』과 『중론』에 의해 본격적인 논의가 시작된다. 진제와 속제의 관계에 대한 논의는 초기불교에서부터 싹을 틔웠지만 대승불교가 등장한 이후 다양하게 전개되었다. 진속이제의 주제가 불교 논단에 중요한 주제로 등장한 것은 붓다의 가르침을 어떻게 인간 삶의 현장에 뿌리내리고 실천하느냐의 고뇌에서 비롯한 것이라 볼 수 있다.
　진제는 인간들이 제멋대로 정의할 수 없는 궁극의 진리를 말한다. 시대와 사회가 변화하더라도 변하지 않고 새로운 과학이 등장하더라도 절대 변하지 않는 궁극적인 진리를 의미한다. 진제는 일체법을 뛰어넘는 공(空)의 진리인 반면, 세속제는 상대적인 진리로서 사람들이 합의해 이루어진 유(有)의 진리다. 사회적, 법률적, 과학적 지식 등이 이에 해당한다. 세속제는 변화한다. 인간들 사이의 합의가 세속제의 특징이기에 시공간이 변하고 새로운 과학 지식이 등장하면 진리의 내용도 변한다. 속제는 진제의 뜻을 전하는 방편의 기능을 한다. 진제는 세속적인 말에 의해 표현되고 설명된다. 진제가 세속제에 의해 설명되지 않으면 붓다의 가르침은 결코 펼쳐질 수 없다. 세속제가 없다면 진제는 존재할 수 없다는 뜻이다. 용수 스님을 비롯하여 진제와 속제의 합일을 강조하는 선지식은 열거하기 어려울 정도로 많다.

근래에 '깨달음의 사회화'라는 용어가 한국 불교계에서 많이 회자되고 있다. 이 용어는 크게 세 가지 틀에서 사용되고 있다.[3] 첫째, 개인의 깨달음을 개인에게 한정시키지 말고 사회구성원 전체가 공유하자는 것이다. 대표적인 것이 하화중생이다. 두 번째는 깨달음을 개인적 차원에서 추구하는 것이 아니라 사회적 차원에서 추구하는 것이다. 세 번째는 깨달음을 사회에 적용하는 문제이다. 즉 수많은 사회적 고통과 그것을 발생시키는 사회적 무명을 밝히고 극복해 가는 실천이다. 위의 세 가지 측면은 개념을 약간만 확충해도 상호 중

---

3 _ 박경준 『불교사회경제사상』 동국대학교 출판부, 2010, pp.320-321.

첩된다. 이를 한마디로 요약하면 대승불교의 핵심을 이룬다. '깨달음의 사회화'가 한국 불교계에서 회자되는 것은 대승의 역할을 제대로 하지 못한다는 반성과 밀접한 연관이 있다.

불교는 단순한 믿음이나 학문의 대상이 아니다. 또한 박물관에 진열된 골동품도 결코 아니다. 붓다의 가르침은 '지금, 여기서' 살아 숨 쉬는 것이어야 한다. 우리가 과거 속에서 발견하는 의미는 바로 현재 우리가 접하는 사상들 속에서 재해석된다. 우리는 현대적 관점으로 되새김할 수 있을 때 그 과거를 이해할 수 있는 것이다. 현재 우리의 생각을 뛰어넘어서는 결코 다른 시대의 가르침들에 접근할 수 없다. 붓다 다르마를 현대적 관점에서 이해하고 분석하는 것은 그래서 중요하다.

깨달음의 사회화는 진속불이(眞俗不二) 사상에서 출발한다. 진제와 속제의 관계는 표리의 관계이며 이에 대한 논의는 다양하게 전개된다. 중관학파에서는 진제를 공성(空性)으로 표현한다. 그러나 다양한 진속이제에 대한 논의가 결국은 진제와 속제가 같다는 진속일여(眞俗一如)의 길로 가고 있다는 점은 필자를 편하게 한다. 한국불교의 사회적 역할에 대해 치열한 글쓰기를 해 온 이도흠 교수는 '깨달음과 세상의 변혁은 하나다'라는 소제목으로 지구의 환경 문제를 논하고 있다.[4] 바로 진속일여이다.

속제는 진제의 방편이 되고 결국 그 둘은 하나로 융합된다. 자비

---

4 _ 이도흠 『원효와 마르크스의 대화』 자음과 모음, 2015, pp. 100-124 참조.

의 실천은 세속제에서 출발하는데, 속제는 진제의 이상을 실천하는 디딤돌이 된다. 의식과 영성 연구로 저명한 켄 윌버(Ken Wilber)의 지혜와 자비의 관계에 대한 언급이 진속이제의 문제라 생각되어 소개하고자 한다. 켄 윌버는 지혜란 '다자(多者)는 하나'임을 알고 자비는 '일자(一者)란 곧 다자(多者)'임을 안다는 것이라고 말한다. 반야, 즉 지혜는 '색즉시공'임을 아는 것이고, 자비란 '공즉시색'임을 안다는 것이다. 또한 지혜와 자비의 관계를 에로스(eros)와 아가페(agape)의 관계로 보면서 둘의 합일을 주장하기도 한다.[5] 그 둘의 합일은 순수한 영성의 근원이며 목표이고 바탕이라는 것이다. 이러한 주장은 진속이제의 합일과 동일하다고 생각된다.

공 사상과 윤리의 관계도 진속이제의 문제로 연결된다. 일체가 공하여 선악이 없다면 불교 윤리의 근원은 어디에 있는 것인가 하는 의문이 생긴다. 모든 것의 실체성을 부정하는 공의 교설은 세속적 윤리를 부정하는 것인가. 극히 일부에 해당된 사례지만 과거에 막행막식적 무애행을 견성의 징표로 착각했던 수행자들도 있었다. 어설프게 원효대사의 흉내를 낸 것인지도 모르겠다. 공과 윤리의 관계를 치열하게 규명한 학자가 김성철 교수이다. 그는 『공과 윤리 - 반야중관에 대한 오해와 이해』에서 공과 윤리의 상관성에 대해 치밀한 논리를 전개하고 있다. 그는 용수 스님의 『중론』과 『대지도론』의 논서를 분석하면서, 용수 스님은 공과 세속적 윤리를 분리하는 것

---

5 _ 켄 윌버, 조효남 역 『모든 것의 역사』 김영사, 2015, p. 458-460.

을 사건(邪見)으로 보고 이러한 공관을 악취공(惡取空)이라 표현한다고 했다. 또한 이러한 악취공에 빠진 사람들은 구제불능이라고 하였다.[6]

필자는 김성철 교수의 의견에 전적으로 동의한다. 공과 윤리는 결코 분리되지 않으며 진정한 윤리는 공 사상에서 우러난다. 불교의 윤리는 공 사상을 바탕으로 하며 이는 세속적 윤리로 연결된다. 따라서 공성에 따른 자각의 깊이에 따라 윤리적 행위의 차원도 달라진다. 보살의 자비행이 바로 공성에서 나온 대윤리라 할 것이다.

---

6 _ 김성철 『공과 윤리』 오타쿠, 2021에서 공과 윤리의 상관성을 제시하고 있음.

3
불교의 선악론

　자비 윤리를 탐구하기 위해서는 불교 선악론의 특징을 살펴보아야 한다. 윤리학은 선악의 문제에서부터 출발하기 때문이다. 선악의 관념은 행위의 옳고 그름에 대한 중요한 내용을 제공하고 있다.
　윤리 사상사에서 선악의 문제가 윤리학의 근본 주제임을 인식하고 이를 가장 명료하게 설명한 사람은 영국의 저명한 윤리학자 무어(G. E. Moore)이다. 그는 윤리학의 특성은 인간 행위에 관한 주장들을 연구하는 것이 아니라 '선'이라는 용어로써 표현되는 사물들의 속성과 '악'이라고 표현되는 사물들의 속성을 연구하는 데 있다고 강조한다. 또한 윤리학의 근본 물음을 그 자체로서 존재해야만 하는 것, 즉 내재적으로 선한 것이 무엇인가에 답하는 것이라고 본다. 이와 더불어 선을 획득하기 위하여 어떤 유형의 행동을 해야만 하느냐는 질문을 한다. 무어는 그렇기 때문에 선의 개념이 먼저 정리되지 않고서는 윤리학의 어떤 주제도 다룰 수 없다고 한다. 그래서 윤리학의 가장 큰 과제는 선을 어떻게 규정할 것인가의 문제라고 주장한다.

선은 크게 내재적 선(intrinsic good)과 외재적 선(inherent good)으로 나눌 수 있다. 내재적 선은 수단적, 도구적 선이나 다른 것에서 파생되는 선이 아니라 목적 그 자체로 추구되는 선이다. 모든 가치는 그 자체가 내재적 가치이거나 내재적 가치에서 파생된다. 따라서 내재적 가치는 모든 가치의 원천이며 토대이다. 외재적 선은 도구적 선과 기여적 선(cotributive good)으로 나눌 수 있다. 도구적 선은 내재적 선을 창출하기 위한 수단이나 도구로 활용되는 선이다. 기여적 선은 어떤 대상이 보다 큰 전체의 시공간적인 한 부분으로서 전체의 선에 기여하는 것이다. 자동차의 부품들은 자동차 전체에 필수적인 기능을 하기 때문에 기여적 가치를 지닌다. 기여적 선은 전체와 부분의 관계이다. 이렇게 외재적 선은 인간이 내재적 선을 경험하기 위한 수단으로서, 물질적 대상과 정신적 상태에서 나타난다. 예를 들면 평등하고 자유로운 삶을 지향하는 정의나 민주주의 제도는 외재적 선이다.

그러나 내재적 선과 외재적 선이 항상 구분되는 것은 아니며, 선과 악의 문제도 그러하다. 경험이나 대상은 내재적 선이나 악이 될 수도 있고 외재적 선이나 악이 될 수도 있다. 그러므로 동일한 대상이 내재적 선(혹은 악)인 동시에 외재적 선(혹은 악)이 될 수 있고, 한 측면에서는 선이지만 다른 측면에서는 악이 될 수도 있다. 이렇게 내재적 선과 외재적 선의 관계, 그리고 선과 악의 관계는 연기적 조건에 따라 다양한 유형으로 나타난다.

불교 선악론의 특징을 살펴보자. 불교 윤리의 핵심은 마음에 있다. 마음이 작용하는 방법과 마음이 일으키는 갖가지 현상을 알아차리는 지혜를 함양하는 것이다. 즉 마음으로 인해 세계를 왜곡하여 지각하고, 마음으로 인하여 어떻게 고통받는가를 깨닫고, 나아가 마음을 올바르게 써서 올바르게 지각하고 고통으로부터 벗어날 수 있는 길을 찾는 것이다. 이렇게 세계가 마음에 의해 만들어지고, 인간의 모든 행위가 마음에 바탕을 둔다. 따라서 초기불교에서부터 대승불교에 이르기까지 내재적 선의 기준은 항상 마음이 된다.

초기불교에서는 선악에 대한 다양한 기준을 제시하지만 가장 본원적이고 포괄적인 기준은 탐진치 유무이다. 탐진치의 마음, 즉 탐욕, 성냄, 어리석은 마음은 악의 토대가 되고 무탐진치의 마음은 선의 토대가 된다. 즉 무탐진치의 마음은 선의 뿌리가 되는 것이고, 탐진치의 마음은 악의 뿌리가 된다. 탐진치의 지멸 방법을 초기불교에서는 눈, 귀, 코, 혀, 몸, 생각 등 여섯 개의 감각 기능을 바로 하는 육근수호(六根守護), 자애(慈愛), 사무량심(四無量心) 등으로 설명하고, 대승불교에서는 보리심으로 설명한다. 탐진치 소멸은 열반으로 가는 불교의 내재적 윤리이며, 이를 실천하기 위한 여러 수행법은 외재적 윤리라고 할 수 있다.

불교의 선악론은 서양 윤리의 틀에서 접근하기에는 많은 한계가 있다. 불교의 선악론은 연기론과 공(空) 사상에 토대를 두고 있다는 점에서 서양 윤리의 선악론과 다른 특징을 지니고 있다. 선도 악도

버리면서 동시에 선을 선택하기 때문이다. 불교 윤리에서 선과 악은 고정적이고 불변적인 것이 아니다. 모든 관념과 현상이 그러하듯이 선악도 모든 유·무형의 존재처럼 공한 것이다. 선과 악이 공하다는 것은 크게 세 가지 속성을 갖는다는 것을 의미한다.

첫째, 선과 악은 연속적이며 양자 간에는 분명한 경계가 없다.

둘째, 선과 악은 상호 규정적이다.

셋째, 선과 악은 상황 의존적으로 발생한다.

이러한 불교의 선악론은 대승 경전 『유마경』 「불이품(不二品)」에서 뚜렷하게 나타난다. 경험 세계에서는 선과 악을 대립적인 것으로 보고 있으나, 불이적(不二的) 관점에서 보면 평등하다고 보면서 선과 악의 경계를 해체하고 있다. 선과 악은 이분법적인 것도, 차별적인 것도, 대립적인 것도 아닌 연속적인 하나라는 뜻이다. 선불교의 대표적 경전인 『육조단경』에는 선악이 함께 더불어 있다고 말한다. 선악이 서로 독립적으로 발생하고 규정되는 것이 아니라 서로 영향을 미치면서 서로를 규정한다. 따라서 선악은 인간의 존재 상황과 함께 발생하고 또한 소멸한다.

그러나 선악이 상황적이며 절대적이 아니라고 해서 선악이 전적으로 상대적이라는 것을 의미하지는 않는다. 이것은 선의 이념을 부정하는 것이 아니라 그 이념의 내용과 표현 형태가 상황에 따라 달라질 수 있다는 의미이다. 이는 인간의 오랜 관념사에서 정의, 사랑, 박애, 덕 등 도덕규범이 시대와 장소 그리고 문화에 따라 그 구체적 내용이나 표현이 다양하게 나타나는 것과 동일하다. 불교의 선악론이 제시하는 제일 큰 메시지는 선악에 집착하지 말라는 것이다. 이는 선악을 공으로 보기 때문에 나오는 자연적인 결론이다. 그러나 선과 악의 구별을 부정하는 것은 결코 아니다. 오히려 지혜로운 선의 실천을 강조하고 악의 유혹을 넘는 지침이라 할 수 있을 것이다. 매 순간 상황의 변화에 따라 이에 맞는 선을 분별해 내는 지혜를 갖고 이를 실천하라는 의미이다.

공의 틀에서 선악을 보는 불교의 선악론은 자칫 선과 악에 대한 윤리적 태도를 거부하는 것으로 오해받을 수도 있다. 과거에 중국과 한국의 일부 유학자들이 불교를 비윤리적으로 보고 비난하기도 했다. 또한 대승불교의 반야 사상을 잘못 이해한 불교도들이 선악 관념 자체를 의식하지 않고 소위 무애행(無碍行)이라며 막행막식, 즉 음주 식육을 하는 등 계를 무시하는 행동을 함부로 하여 승단 내부의 질책과 사회적 비난을 초래한 사례도 있었다. 이러한 행동은 불교의 선악론에 대한 무지에서 나온 것이다.

김성철 교수는 저서 『공과 윤리』에서 공과 윤리는 결코 갈등하지 않는다고 주장한다. 교리적으로는 공 사상의 이제설(二諦說)에서 엄연히 세속적 진리를 인정하고 있으며, 논리적으로는 자타가 다르지 않기 때문에 우리는 이타적이지 않을 수가 없다는 것이다. 진정한 윤리란 공에 대한 집착이 일으킨 막행막식적 무애행이 아니고, 아상(我想)의 토대 위에서 이루어진 위선의 윤리도 아니라는 것이다. 세속적 윤리는 만물의 실상인 공성에서 필연적으로 도출되며, 공성에 대한 자각의 깊이에 부응하여 윤리의 차원도 심화된다고 본다.[7] 필자는 이러한 견해에 전적으로 동의한다.

> 무릇 나쁜 일을 하지 마라
> 좋은 일을 행하고
> 자기의 마음을 깨끗하게 하는 것
> 이것이 모든 부처님의 가르침이다

위에서 인용한 내용은 과거 일곱 분의 부처님이 공통적으로 훈계했다는 '칠불통계게(七佛通戒偈)'로서 현재까지 종파를 불문하고 게송으로 사용되고 있다. 그러면 무엇이 악이고 무엇이 선인가? 초기 경전에 '십선십악'의 내용이 구체적으로 나온다. 열 가지 악을 소개하면 다음과 같다.

(1) 살생(殺生): 생명을 죽임 (2) 투도(偸盜): 도적질 (3) 사음(邪淫): 삿된 음행 (4) 망어(妄語): 나쁜 말 (5) 양설(兩舌): 이간질 (6) 악구(惡口): 거친 말 (7) 기어(綺語): 번드레한 실속없는 말 (8) 탐욕(貪欲): 남의 것을 탐하는 마음 (9) 진에(瞋恚): 화내는 마음 (10) 사견(邪見): 삿된 견해

위 내용 중 (1)에서 (3)까지는 몸으로 짓는 악업이고, (4)에서 (7)까지는 입으로 짓는 악업, (8)부터 (10)까지는 뜻으로 짓는 악업이

---

7 _ 위의 책, p.41.

다. 신(身), 구(口), 의(意)의 세 가지 작용에 의해서 이루어지는 악업을 망라한 것이다. 열 가지 선은 여기에 부정형을 붙인 것이다. 열 가지 선을 행하지 않는 것이 바로 열 가지 악이다. 그런데 업과 윤회사상에 의하면 선인낙과이고 악인고과이다. 이러한 선악관은 불교 윤리의 실천에 제일 큰 추동력이라고 할 수 있다.

위에서 본 불교 선악론의 특징 속에 불교 윤리의 보편적 성격이 자연스럽게 나타난다. 앞에서 필자는 오웬 플래나간의 저서 『보살의 뇌: 자연화된 불교』에서 펼쳐진 불교 윤리의 보편적 성격을 제시한 바 있다. 플래나간은 탐진치 삼독을 인간의 보편적인 실재성으로 보고, 탐진치 삼독의 고통에서 벗어나고 의미 있는 삶을 살기 위한 궁극적 물음을 바로 불교의 출발점으로 보고 있다. 이렇게 불교의 선악론은 현세적, 속세적인 보편성을 가진 것이지 결코 성스럽거나 별난 것이 아니라고 생각한다.

이러한 연기에 바탕한 중도의 자비 윤리는 서구 윤리학설의 한 틀로 접근할 수 없을 것이다. 오늘날 서구 윤리학계에서 연기론에 바탕한 중도적 시각의 윤리 이론이 등장하고 있다. 앞에서 소개한 바 있는 '거시 윤리' '비판적 체계 윤리' 그리고 '체험주의 윤리' 이론 등이 대표적인 예라 하겠다.

4
윤리학과 실천 윤리의 관계

○

 이 책의 제목 '자비의 길을 찾아서'에 '자비의 정원을 가꾸는 실천 윤리'라는 부제를 붙여서 이 글을 쓰고 있다. 윤리라는 용어에는 당연히 실천이라는 명제가 포함되는데 왜 실천이라는 용어를 추가하여 사용하고 있는가? 이것은 윤리학과 실천 윤리의 관계에 대한 논의가 필요하다는 생각에서다.
 근현대의 윤리학은 흔히 '기술(記述) 윤리학' '규범 윤리학' '메타 윤리학' 세 분야로 구분된다. '기술 윤리학'은 도덕에 관한 경험과학적 탐구로서 도덕 현상을 관찰, 서술, 설명하는 것을 주된 과제로 한다. 이에 반해 규범 윤리학과 메타 윤리학 혹은 분석 윤리학은 도덕에 관한 철학적 탐구로서 철학적 윤리학이라 불린다.
 규범 윤리학은 도덕 현상을 단순히 기술하는 것이 아니라, 도덕의 근본 원리 또는 도덕 판단의 보편적 근거를 문제 삼고 그것을 정당화하고자 한다. 그리고 이를 바탕으로 이상적인 도덕 체계를 구성하고자 한다. 반면 메타 윤리학은 윤리학에 관한 학문으로서 윤리학에서 사용되는 도덕적 용어의 의미나 논리, 도덕적 추리의 방법, 도덕적 인식의 가능성, 도덕적 사실이나 속성의 존재 유무에 관하여 탐구한다. 메타 윤리학의 연구 대상은 바로 윤리학이라고 할 수 있다. 기술 윤리학과 메타 윤리학은 직접적인 규범적 평가를 삼가고, 각각 도덕에 관한 사실적 정보와 윤리학에 관한 사실적 정보의 전달을 목표로 한다.

이에 비해서 규범 윤리학은 규범적 평가와 가치판단을 통해 행위 지침을 제공하고 선택을 지도하는 것을 목표로 삼는다. 이런 점에서 규범 윤리학을 윤리학의 중심이라고 할 수 있다. 규범 윤리학의 중요 과제는 크게 세 가지 물음에서 출발한다.

첫째, 규범 윤리학은 '나는 도덕적으로 어떤 삶을 살아야 하는가?'라고 질문하고 그 대답을 구하고자 한다. 이것은 '이상적 삶의 방식'에 대한 물음으로서 '좋은 삶' 혹은 '이상적 삶'이 무엇인지에 관해 탐구한다. 이러한 규범 윤리학은 가치와 행복의 문제와 밀접하게 관련된 주제에 관심이 깊다.

둘째, 규범 윤리학은 '나는 도덕적으로 어떤 인간이 되어야 하는가?'라는 질문을 하고 그 대답을 찾는다. 이것은 '도덕적 존재(moral being)'에 대한 물음으로서 '선한 인간'이 되는 것이다. 따라서 사람을 선하게 만드는 특징이나 성품에 관해 연구한다. 이 영역을 덕 윤리(aretaic ethics)라고 한다. 아리스토텔레스의 윤리학과 현대의 덕 윤리가 이에 속한다.

세 번째 물음은 '나는 도덕적으로 무엇을 해야 하는가?'이다. 이 물음은 '도덕적 당위(moral ought)'에 관한 물음으로 '옳은 행위'를 하는 것이다. 따라서 옳고 그름의 보편적 기준이 무엇인지 탐구한다.

지금까지 기존 윤리학의 흐름과 특징을 조명해 보았다. 오늘날 '실천 윤리' 또는 '응용 윤리'에 대한 관심이 커지고 있다. 실천 윤리(응용 윤리)의 등장은 구체적인 삶의 문제에 대해 겉돌고 있는 기존 윤리학의 위기에서 출발한다. 윤리학의 근본 목적은 인간이 처하고 있는 현재의 삶을 비판적으로 성찰함으로써 올바른 삶의 방향을 설정하는 데 있다. 윤리학은 보편적인 윤리적 원리를 특정한 생활 영역과 행동 영역에 적용함으로써 하나의 구체적인 윤리학이 되는 것이다.

이렇게 바람직한 삶의 실천과 현실에 대한 비판적 반성으로 출발한 윤리학이 오늘날 구체적인 인간 삶의 문제 앞에서 맥을 못 춘다는 비판을 받고 있다. 이러한 비판은 오래전부터 제기된 내용이기도 하다. 소크라테스는 하늘의 별만 바라보고 걷다가 웅덩이에 빠졌다는 탈레스의 일화를 통해 철학의 이중성을 지적하고 있다. 전통 윤리학이 '하늘의 별'을 고찰하는 데 전념하였다면, 실천 윤리는 '발밑의 문제'를 해결하고자 한다. 즉 실천 윤리는 현실적 삶에 대한 성찰을 통해 비교적 객관적 타당성을 지닐 수 있는 도덕적 규범을 만들어 가는 실천 철학이다.

전통적으로 윤리학은 실천 철학으로 불려 왔다. 이런 오랜 전통에도 불구하고 20세기에 들어와 대부분의 윤리학자와 도덕철학자들은 현실로부터 일정 거리를 유지하면서 실천 윤리보다는 윤리학의 학문적 성격을 논하거나, 언어 철학적 시각에서 도덕 판단의 의미를 연구함으로써 메타 윤리학이라는 이론적 연구에 몰두하였다. 윤리학이 실천보다는 이론에 관심을 가진 것이다. 이론 윤리학(theoritical ethics)은 인간존재의 도덕적 차원의 다양한 전제들을 비교하고 평가하는 데 관심을 가진다. 즉 이론 윤리학은 인간 삶의 도덕적 차원이 갖는 성격과 정당성에 관심을 둔다.

우리의 삶은 끊임없이 변화하고 이 변화의 과정에서 새로운 문제가 계속 제기된다. 특히 현대사회는 과학기술의 급속한 발전과 사회구조의 변화에 따라 과거에는 제기되지 않았던 새로운 형태의 윤리적인 문제가 생겨나고 있다. 이에 따라 많은 사람이 자기 삶의 도덕적 영역이 갖는 성격과 정당성에 대해 고민하고 있다. 그들은 자신의 윤리적 신념의 일부나 혹은 그러한 신념이 전제로 하는 삶에 대해 도전해 오는 정보들로 인해 혼란에 빠지게 된다. 옳고 그름 간에 차이가 실제로 존재하는지, 그러한 차이가 있다고 할지라도 과연 우리가 무엇이 옳은지 그른지를 제대로 알 수 있는 능력이 있는지 의심하게 된다.

오늘날 실천 윤리는 현대 윤리학의 중요한 흐름이 되고 있다. 실천 윤리 분야는 단순한 응용 수준을 넘어 독자적인 연구 영역을 확보해 가고 있고, 다른 인접 학문과의 협력도 필수적이다. 생명 윤리 분야에서 유전공학과 의학의 전문 지식이 필요한 것처럼, 실천 윤리 분야에서는 여러 관련 학문 간의 상호 협력이 필요해진다. 실천 윤리라고 해서 결코 윤리 이론을 배제하는 것이 아니다. 이론이 없다고 하면, 그리고 적용해야 할 도덕법칙이 없다고 하면 도대체 무엇을 응용하고 적용할 수 있다는 말인가? 시간과 공간을 초월하는 도덕 원칙을 세우고 근거 짓는 보편적 윤리학도 항상 인간이 이성적 존재로서 올바르게 실천해야 함을 전제로 한다. 실천 윤리는 도덕적 원칙을 근거 짓는 이론적 작업을 별개의 작업으로 파악하지는 않는다. 올바른 삶, 행위의 방향 설정이라는 동일한 영역을 개별적 경우의 관점에서 측량하고, 동시에 보편적 규칙의 관점에서 탐색하는 것이 실천 윤리라고 할 수 있다.

『불교 윤리학 입문』을 쓴 피터 하비는 그의 저서 내용 중 절반 이상의 분량을 실천 윤리에 할당했는데, 이는 지극히 당연하다고 하겠다. 그는 붓다 다르마를 현대의 구체적인 사회문제를 해결하는 윤리적 방편으로 활용하고자 한 것이다. 불교의 기원과 의도에서 볼 때 해탈의 가르침인 불교는 항상 수행을 강조하는 실천적 태도에 초점을 두고 있다. 고통의 삶에서 벗어나는 일과 무관한 일에 대해 이러쿵저러쿵하는 희론(戱論)을 경계하였다. 붓다의 가르침은 중생의 고통을 치유하는 약이고 처방전이다. 그것이 바로 성스러운 네 가지 진리 사성제이다. 이렇게 붓다의 가르침은 실천에 있다.

붓다 이후 수많은 경전의 등장도 실천을 위한 방편이라 볼 수 있다. 그 방편 속에 다양한 이론이 전개된다. 그 이론은 실천을 위한 도구로써 큰 역할을 한다. 따라서 자비 윤리를 정립하고 실천하기 위해 현대의 이론 윤리학과 실천 윤리학에 대한 통합적인 시각이 필요하다. 근래 한국불교의 교단에서는 자비 실천에 대한 관심이 커지고 있다. 그러나 자비 실천을 위한 교육과 구체적 실천 방안에 대한 노력은 미흡하다. 자비 실천을 위한 실천 윤리의 과제를 구체적으로 탐색하고 실천 방법을 찾는 일이 우리 앞에 빙벽처럼 서 있다.

5
개인윤리와 사회윤리의 조화

○

　자비 실천의 과제에서 개인윤리와 사회윤리에 대한 통합적인 시각이 필요하다고 필자는 생각한다. 윤리는 전통적으로 개인의 도덕성에 초점을 두고 전개되어 왔다. 그러나 근현대에 들어서서 개인윤리의 한계점이 드러나면서 사회윤리가 등장했다.

　개인윤리적 차원은 도덕적 문제의 해결을 개인의 도덕성, 즉 개인 의지의 자유와 결단으로 다룬다. 이 경우 의지의 자유란 의지의 자율을 말하며, 결단이란 자율적 의지의 선택적 결단을 말한다. 대표적인 것이 칸트(I. Kant)의 윤리관이다. 동·서양 윤리학의 주류를 이루고 있었던 것이 개인윤리와 개인윤리학이었다. 오늘날 개인윤리는 도덕이 가지고 있는 현실적 결과와 사회적 측면을 고려하지 못한다는 점에서 문제성을 가지고 있다는 비판을 받고 있다. 그럼에도 불구하고 개인윤리는 윤리학의 근간으로서 여전히 중요하다.

　제도적 장치를 통해 사회정의를 제대로 실현하느냐의 문제는 바로 그 제도를 운영하고 제도 아래서 삶을 영위하는 사회구성원의 도덕 수준에 좌우된다. 사회구성원의 도덕 수준이 미흡하면 제도적 장치의 발전과 충실화가 가능하지 않다. 개인의 도덕성 함양은 주로 교육을 통해서 이루어진다. 따라서 개인윤리적 차원은 어떻게 도덕적인 교육 기능을 높이느냐에 초점을 맞추게 된다. 구체적으로는 가정, 학교, 종교 등 사회화 기능의 윤리화를 통해 도덕성이 함양된다. 그러나 오늘날 이들의 윤리·도덕적 기능은 점점 붕괴해 가고 있다. 이것은 동서양을 막론하고 공통적인 현상이라고 볼 수 있다.

개인윤리적 차원의 도덕성 붕괴 문제점은 매우 심각하다. 호주의 저명한 윤리 철학자인 해리 레드너(Harry Redner)는 그의 저서 *Ethical Life: The Past and Present of Ethica cultures*를 통해 개인적 차원의 윤리 의식 몰락을 분석하고 있다. 이 책은 동국대학교 윤리문화학과 박종훈 교수와 허남결 교수에 의해 번역 소개되었다. 레드너는 한 세기 전에 비해 사회적 자유 및 정치적 안정과 같은 외부의 조건들은 훨씬 더 향상되었음에도 불구하고 윤리적으로는 사태가 더욱 악화되었다는 사실을 지적하면서 논의를 시작한다.

레드너는 시간이 지날수록 사회적 차원의 윤리는 발전했을지 모르나 개인적 범주의 윤리는 부, 권력, 지위 혹은 이기적 쾌락의 추구와 같은 현실적 요구에 굴복하여 붕괴하였다고 한탄한다. 또한 사회적 복지가 사람들에게 하나의 권리로 다가옴에 따라 개인적 자선의 의미는 갈수록 축소되고 있다고 지적한다. 또한 가정에서도 사랑과 책임의 도덕적인 의미는 더 이상 찾아볼 수 없게 되었으며, 대신 법적인 의무가 그것을 대체하고 있다고 본다. 다시 말해 전통적인 의미의 가정 윤리는 정체성마저 위협받고 있는 현실이라는 주장이다.

이러한 개인윤리의 붕괴는 사회 발전과 더불어 더욱 하향될 것이 분명하고 결국 사라질 위험도 있다고 걱정한다. 또한 개인적 도덕심이 없다면 그 사회가 과연 존재할 수 있는지 반문한다. 레드너는 개인윤리의 고유 영역이 사라지면 홉스적 의미의 포스트 윤리적인 사회가 될 가능성이 크다고 우려한다. 이와 함께 윤리적인 삶이 의미 깊고 진지한 실존에 공헌하게 될 때만 개인은 자기 지향적이며 자율적인 존재로 거듭날 수 있다고 강조한다. 이 말은 윤리적인 사람이 비윤리적인 사람보다 낫다는 뜻이며, 그 이유는 이 같은 사람이야말로 전체로서 삶의 의미를 더 잘 파악할 수 있기 때문이다. 레드너는 개인의 윤리에 대한 단순한 정당화를 넘어서는 포괄적인 윤리 교육에 필요한 지식을 얻기 위해 윤리 문화들 사이의 비교 연구를 시도하고 있다.[8]

다음으로 사회윤리의 특징과 기능을 알아보자. 사회윤리는 사회구조와 기능의 도덕성에 초점을 두고 있다. 사회윤리에 관해 관심이 증대하게 된 이유는 사회 변화의 속도가 급속하고 사회구조의 복잡성이 개인의 삶과 사회와의 유기적 관계를 증대시켰다는 사실에서 찾을 수 있다. 또한 윤리학이 도구로 사용하는 사회과학이 발달했다는 점을 들 수 있다. 즉 사회의 복잡성 증대와 이에 대한 인간의 대

---

8 _ 해리 레드너, 박종훈·허남결 역 『윤리적 삶의 이해』 인간사랑, 2006, 옮긴이의 말.

처 능력 사이의 갭을 극복하는 방안을 마련하는 학문이 발달했다는 것이다. 사회윤리는 그 접근 방법에서 다음과 같은 몇 가지 특성을 지니고 있다.[9]

먼저 사회적 결과를 현실적으로 문제 삼고 추구한다. 개인윤리는 현실적인 사회의 구체적 결과와는 관계없이 개인의 순수한 내적 동기에 많은 관심을 기울인다. 이러한 '심성적 윤리'는 무력하고 자의적 내면성의 윤리가 될 위험성이 크다. 따라서 사회윤리는 개인 행위의 원인이나 사회적 문제의 원인을 규명하고 해결하는 것에 일차적 관심을 사회적 원인에 둔다.

다음으로 이러한 사회적 원인의 해결이나 제거를 사회적 정책이나 제도 또는 체제의 차원에서 추구한다. 따라서 윤리적 문제를 정치적 방법으로 다루게 된다. 또한 사회윤리는 사회적 규범과의 관련성에서 윤리적 문제를 다룬다. 개인윤리의 도덕적 규범과는 달리 사회윤리가 다루는 사회적 규범은 사회적 과정의 산물이며, 사회를 통합하고 질서를 유지하는 기능을 한다. 사회윤리학은 사회적 과정에서 사회적 규범이 형성되는 과정과 그 메커니즘을 분석하고 밝히는 데 관심을 둔다. 또한 사회의 통합과 질서유지를 위해서 사회적 규범이 가지는 기능을 규명해야 할 과제를 가진다.

그러면 사회구조의 도덕성 논의에서 구체적 대상은 무엇인가? 이것은 사회이념, 사회제도, 정책이 도덕적 사회의 비전에 얼마만큼

---

9 _ 고범서 『사회윤리학』 나남, 1993, pp. 43-54.

적합한가 하는 정치, 사회철학 및 정책 철학적 과제이다. 따라서 사회윤리학은 도덕철학, 정치, 사회철학, 정책철학 등의 통합적인 접근을 필요로 한다. '사회구조의 도덕성'을 논의할 때, 사회구조의 문제는 구체적으로 국가의 기본 체제, 정책적 차원, 사회적 관행의 차원으로 나눌 수 있다. 또한 '사회의 도덕성' 문제는 규범 윤리학에서 지칭하는 행위규범이 아닌 '제도적 규범'이라는 의미에서 사회제도의 정의 문제를 탐구하게 된다.

사회제도의 정의 문제는 사회윤리의 제일 큰 과제이다. 정의론에 큰 이정표를 제시한 존 롤스(John Rawls)가 "사상체계에서 진리가 덕목인 것처럼 정의는 사회제도의 핵심 덕목이다. 어떤 이론이 아무리 세련되고 경제적일지라도 진리가 아니면 거부되고 수정되어야 하듯이 아무리 능률적이고 잘 조직된 제도일지라도 부정의한 사회제도는 개혁되거나 폐지되어야 한다."[10]고 주장한 것은 정의 문제의 중요성을 강조한 것이다.

그러면 어떤 사회가 정의로운 사회이며 어떻게 정의로운 사회를 실현할 것인가? 이 과제는 우선 정의의 이념과 그 실천 원리에 관한 철학적 탐구가 선행되어야 한다. 다음으로 이러한 이상과 원리에 비추어 정치·경제·사회체제라는 국가의 기본적 시스템을 어떻게 조직하고 나아가 이를 사회제도 및 정책 등에 제도적인 규범으로 어떻게 반영시키느냐 하는 탐구가 이루어져야 한다. 마지막으로 사회적

---

10 _ John Rawls, *A Theory of Justice*, Harvard Uni. Press, 1971, p.3.

관행, 관습 문화적 패턴 등과 같은 '관행적 규율 체계(慣行的 規律體系, conventional practice)'가 그 사회의 구조와 사회 구성원들 사이에서 어떻게 작동되는가를 분석해야 한다.

  이 관행적 규율 체계의 문제는 한국사회에서 사회윤리적 과제로서 제일 관심을 두어야 할 영역이다. 오늘날 사회윤리학적 관심은 대부분 이데올로기, 제도, 정책적 차원에 치중되고 있다. 그러나 우리 사회의 윤리성 문제를 거론할 때는 이데올로기나 법·제도 자체의 정의성 여부를 따지는 것보다는 법·제도 자체가 모든 사람에게 공평무사하게 적용, 집행되고 있는가가 더 중요한 문제이다. 즉 우리 사회의 사회정의 문제는 법과 제도의 잘못이라는 실질적 부정의 보다 법·제도의 집행이나 운용이 공평무사하지 못한 형식적 부정의의 문제가 태반이다.

  그러나 이러한 형식적 부정의가 공직자 개개인의 도덕성 문제로 환원된다면 이것은 사회윤리학의 영역이 될 수 없다. 사회구조의 도덕성으로서 사회윤리를 정의할 때 사회구조의 범주는 위로는 국가의 기본질서로서 정치·경제·사회체제, 그리고 하위체계로서 법·제도나 공공정책뿐만 아니라 사회적 관행이나 습관, 생활양식, 문화적 패턴까지도 포함하는 포괄적 개념이다. 국가의 기본적 질서나 법·제도와 같은 사회구조는 명문화된 '제도적 규범 체계'이지만 사회적 관행이나 관습 등은 제도적 규범 체계는 아니지만 '관행적 규율 체계'라는 점에서 사회구조적 측면에서 파악되어야 한다. 즉, 비도덕적 사회구조가 비도덕적 인간을 만든다고 할 때 이 사회구조의 개념

속에는 부도덕하고 불합리한 사회적 관행이나 문화적 풍토까지 포함되는 것이다.

　이러한 사회윤리적 접근은 자비 실천의 과제를 탐색하고 실천하는 데 많은 시사점을 준다. 자비 실천은 사회구조와 제도 속에 매우 많은 과제가 있기 때문이다. 자비 실천의 과제는 개인윤리적 차원과 사회윤리적 차원의 조화로운 통합의 길에서 탐구되어야 할 것이다.

6
비도덕적 행위에 대한 이해

　자비 실천의 윤리적 토대로서 '비도덕적 행위'에 대한 이해가 필요하다. 어떤 독자들은 이를 낯설게 느낄 수도 있을 것이다. 왜냐하면 자비는 비도덕적 행위와 반대 축에 있는 것이 아닌가? 그러나 필자는 도덕적 삶의 구현에서 간과되어서는 안 될 것이 비도덕적 행위의 특성을 밝히는 일이라고 생각한다.
　도덕의 문제를 현실적으로 접근하기 위해서는 선에 관한 관심 못지않게, '악함'에 관한 관심이 요구된다. 따라서 비도덕성에 관한 연구는 도덕성에 관한 연구보다 더욱 중요한 영역이 될 수 있다. 우리의 현실은 도덕적이라기보다는 비도덕적이기 때문이다. 그런데도 비도덕적인 악함보다는 도덕적인 선함에 훨씬 많은 관심을 가져온 것은 오히려 이상하다고 하겠다.
　아리스토텔레스는 비도덕성의 유형을 '사악함'과 '나약함'의 두 가지로 분류함으로써 이에 관한 관심을 나타냈다. 그러나 최근에 이르기까지 도덕적 나약함에 대한 논의는 많이 이루어져 왔음에도 불구하고 도덕적 사악함은 무시되어 왔다.[11] 이에 대해 도덕철학자 마일로(D. Milo)는 비도덕 행위들을 유형화하고 그 특징을 분석함으로써 도덕적 삶의 평가 문제에 많은 시사점을 제공하고 있다.

마일로는 행위자가 자신의 비도덕적 행위에 대해서 그것의 도덕성을 알고 있느냐 모르고 있느냐에 따라서 비도덕성의 유형을 여섯 가지로 분류하고 있다.[12]

행위자가 자기 행동이 나쁘다는 것을 모르는 유형으로 '외골수적 사악함(perverse wickedness)' '도덕적 태만(moral negligence)' 그리고 '무도덕성(amorality)' 등의 세 유형으로 나눈다. 외골수적 사악함이란 잘못된 도덕 원리를 가지고 있기 때문에, 자신의 행위가 나쁘다고 생각하지 않고 도덕적으로 나쁜 일을 행하는 것이다. 도덕적 태만은 특정 사실에 대한 무지, 부주의, 태만의 결과로써 생겨나는 비도덕적 행위이다. 즉 어떤 종류의 행위가 나쁘다고 알면서도 자기의 행위가 이런 종류의 행위에 속하는지를 알지 못하고 있는 경우이다. 무도덕성은 전혀 도덕적 판단을 하지 않고 행하는 경우이다. 위의 유형을 보면서 12연기의 첫 출발인 무명(無明)을 상기하게 된다.

그리고 자신의 행위가 나쁘다는 것을 알고 있는 경우로 '선호적 사악함(preferential wickedness)' '도덕적 나약함(moral weakness)' '도덕적 무관심(moral indifference)'의 세 유형으로 구분한다. 선호적 사악

---

11 _ Ronald. D. Milo, *Immorality*, N.Y: Princeton Univ. Press, 1984, p.iv.
12 _ 위의 책, pp.11-12.

함은 잘못을 알고 있으면서도 다른 목적을 위해 양심의 가책 없이 도덕적 악행을 하는 경우이다. 도덕적 나약함은 도덕 행위를 실천하는 의지의 결핍에서 나온 것으로, 스스로 죄책감을 느낀다. 도덕적 무관심은 잘못을 알고 있음에도 가책이나 죄책감을 느끼지 않는 경우이다.

위의 비도덕적 유형의 특징을 도표로 분류하면 다음과 같다.[13]

행위자의 도덕적 결함 \ 행위자의 신념 상태	잘못을 알지 못함	잘못을 알고 있음
나쁜 선호	외골수의 사악함	선호적 사악함
자기통제의 결여	도덕적 태만	도덕적 나약함
도덕적 관심의 결핍	무도덕성	도덕적 무관심

위에서 본 비도덕적 유형들은 구체적으로 자비 실천의 방법을 탐구하는 데 많은 도움과 시사점을 준다. 자비의 실천을 강조하는 것보다는 비(무)자비적인 요소를 어떻게 감소시키느냐가 좀 더 구체적이고 현실적인 방법이 될 수 있기 때문이다. 또한 자비의 지혜를 함양하고 자비 수행의 방법을 탐구하는 데 많은 역할을 할 것이다.

---

13 _ 위의 책, p.234.

IV장

자비 공동체 구현의 큰길

　공동체는 현대사회에서 매우 중요한 화두이다. 틱낫한 스님은 앞으로 오실 붓다는 '공동체'로 오실 것이라고 예언한다. 현대사회의 복합적인 구조는 한 사람의 붓다로는 감당하기 어렵다는 것이다. 미래의 붓다는 공동체로 올 것이라는 예언은 현대 불교의 나아갈 길에 많은 영감을 준다. 이에 먼저 공동체의 이념, 구조적 특징 그리고 공동체의 자기조직화 기능을 살피고자 한다. 그리고 행복, 정의, 평화, 다문화사회, 그리고 민주주의 등 자비 구현의 큰길을 탐구해 볼 것이다.

1
공동체란 무엇인가

◎

　공동체는 불교의 역사에서 매우 친숙한 것이다. 세계 종교의 역사에서 불교만큼 공동체적인 성격을 가진 종교는 없을 것이다. 불교의 첫 출발은 승가, 즉 수행 공동체에서 시작했다. 계율도 청정하고 바른 수행 공동체를 유지하기 위해서 나온 것이다. 붓다는 탁월한 수행 공동체 구축자이다. 붓다는 전법의 법륜을 굴리자마자 수행 집단을 만들었다. 만약 붓다가 수행 공동체 구축에 실패했다면 오늘의 불교가 존재했을까? 불교의 승가 공동체는 세계 종교 역사상 그 역사와 기능에 있어 탁월한 역할을 하여 왔다. 틱낫한 스님은 다음번에 출현하는 부처님은 공동체로 오시리라 생각한다면서 지금의 속세 상황은 한 명의 부처로는 역부족이며 우리는 공동체여야 한다고 주장하고 있다.[1]

---

1 _ 틱낫한, 진우기 역 『오늘도 두려움 없이』 김영사, 2013, p. 167.

'자비 공동체'란 용어는 불교적 틀에서 보면 특별한 정의나 해석을 요구하지 않는 자연스러운 개념으로 보인다. 자비의 사상은 붓다의 연기법에서 생성된 자연적인 덕목이고, 공동체란 개념도 연기적 존재로서 사는 삶의 양식으로 지극히 당연한 것이다. 자비와 공동체의 관계는 일란성쌍둥이와 같다. 자비 공동체의 구체적 모습과 과제를 탐구하기 위해서는 먼저 오늘날 논의되고 있는 공동체에 대한 다양한 담론을 살펴볼 필요가 있다.

　오늘날 공동체에 대한 관심이 여러 분야에서 다양한 시각으로 높아지고 있다. 얼마 전까지 공동체는 과거의 생활을 그리워하는 향수의 대상이었다. 마치 고향을 떠난 나그네가 고향을 그리워하듯 공동체를 그리워하고 있었다. 근대화, 도시화가 진행되면서 공동체의 붕괴는 어쩔 수 없는 자연스러운 사회 변화 과정으로 인식되었으며, 공동체의 부활은 비현실적인 이상주의자의 꿈으로 생각되었다. 그러나 지난 한 세기 동안 사라져가던 공동체가 21세기의 문턱에서 되살아나고 있으며, 향수와 이상의 대상이 아니라 현실적인 희망으로 등장하고 있다. 이것은 근대화, 산업화의 틀 속에서 조건 지워진 현대인의 삶 양식이 많은 문제점을 지니고 있다는 것을 의미한다.

　공동체에 대한 관심의 등장과 함께 공동체라는 말도 매우 다양한 의미로 사용되고 있다. 사회와 공동체라는 용어가 혼용되어 공동체의 정체성이 과연 무엇인지 많은 혼란을 느끼는 것이 현실이다. 오늘날 공동체는 열린 개념이자 복합개념으로 사용되는 것 같다. 구체적인 지역 단위를 지칭하는 경우가 있는가 하면, 뜻을 함께하는 집단 이데올로기나 구성원이 공유한 특성을 의미하는 경우도 있다. 또한 공동체는 특정 현상을 지칭하는 명사적 의미보다는 집단 속성의 한 측면을 나타내는 형용사적 의미로 사용되는 경우도 많다.

먼저 공동체의 본질과 특성을 살펴보자. 공동체라는 단어가 일상적으로 제일 많이 사용되는 용어의 하나지만 이 용어만큼 비일관성과 모호성으로 시달리는 경우도 드물다. 많은 서구의 사회학자들은 2백여 년 이상에 걸쳐서 공동체라는 개념에 대해서 관심을 가져 왔지만, 오늘날에 이르기까지 만족할 만한 정의를 못 찾고 있는 것 같다. 이러한 어려움은 공동체라는 용어 안에는 '사실'과 '가치'가 함께 포함되어 있기 때문이다. 공동체는 어떠한 것인가 하는 경험적 진술과 공동체는 이러한 것이어야 한다는 규범적 진술 사이에서 혼란을 일으키는 것이다. 또한 특정한 가치의 기준에서 공동체가 지니는 사실적 측면이 선택적으로 강조되기도 한다. 이렇게 공동체라는 말에는 항상 사실과 가치라는 두 차원이 불가분하게 얽혀 있기 때문에 현실적 측면은 복합적으로 다양하게 나타난다.

공동체에 대한 혼란으로 인해 공동체의 정의가 파국의 상태에 빠진 것처럼 보이기도 한다. 그럼에도 불구하고 공동체라는 용어를 포기하지 않고 있다. 그것은 공동체라는 용어 속에서 인간의 이상을 그려 낼 수 있다는 희망을 가지고 있기 때문일 것이다. 그래서 많은 사람들은 자신의 용어로 공동체를 정의하면서 그 희망을 찾는 것인지 모른다.

그동안 많은 학자들은 다양한 접근법으로 공동체를 연구하여 왔다. 그 접근법은 다음과 같이 크게 세 범주로 정리할 수 있다. 즉 물리적 공간을 의미하는 '지리적 영역(geographic area)'과 사회관계를 나타내는 '사회적 상호작용(social interaction)' 그리고 집단의식을 나타내는 '공통의 연대(common ties)'로 요약할 수 있다. 이러한 범주 분류는 사회적 상황 변화에 따라 다양하게 나타난 공동체의 형태와 속성을 평가하는 준거 틀로 사용될 수 있을 것이다.

공동체의 이념적 기초

공동체의 이념적 기초를 찾아보는 것은 공동체를 가치론적 측면에서 살펴보는 것이다. 공동체의 개념은 동일한 지적 전통 내에서도 가치지향이나 이데올로기에 따라서 암묵적으로 정의되는 경향이 있다. 공동체의 의미가 단순히 감각을 통해서 받아들인 사실에 관한 것이라기보다는, 인간이 살아 나갈 사회의 구성에 관한 논쟁이라고 볼 때 이러한 점은 충분히 수긍이 간다.

그러면 공동체에 나타난 공통적인 이념은 무엇인가. 근대적 공동체의 이념은 서구의 정치사회 사상의 흐름에서 형성된 것이다. 공동체의 이념에 관한 서구의 사회사상과 사회적 경험의 역사를 통해 공동체적 삶의 공통적 이상이라고 생각되는 요소들을 도출해 보면 크게 셋으로 요약할 수 있겠다.[2] 첫째 완전성과 전인(全人) 사상, 둘째 평등주의 사상, 셋째 박애 정신 또는 형제애이다.

첫째의 완전성과 전인 사상을 살펴보자. 공동체 이념에 나타난 인간은 부분적이거나 단절적인 방식이 아닌 사회적 역할의 총체성 속에서 다른 사람과 만나게 되며, 공동체 내에서의 모든 상호작용은 포괄적인 유대를 통해서 이루어진다는 것이다. 그러나 근대화와 함께 진행된 노동의 분업과 도시사회의 발전에 의해 이러한 전인격적 개념은 파괴되었다. 그 결과 개개인은 개별적이고 이기적인 이해관계의 특수성에 사로잡히게 되었고, 사회적 삶은 계약적이고 일면적인 성격을 띠게 되었다. 이러한 배경하에서 박애와 공동의 정신을 구체적으로 실현하기 위한 사회조직의 공동체적 형식과 인간의 총체성이 공동체의 이념을 형성하는 데 주요한 역할을 하게 된 것이다.

둘째, 평등주의적 요소를 살펴보자. 역사적으로 볼 때 공통의 가치와 이해관계를 지닌 동질적인 공동체 내부에서 사회적인 노동의 분업이 발생하게 되면 개개인의 인격은 분절화된다. 그뿐만 아니라, 점진적인 기능의 분화에 의해서 기능적인 이해에 기초한 사회적 분업이 나타나게 된다. 그 결과 사회적 계급이 출현하게 되는 것이다.

이와 같이 공동체 내에서 사회계급과 이익집단들이 발전하게 되면 공동체적인 평등 관계의 유지는 어렵게 된다. 노동 분업의 결과에 따른 분파적 이해관계의 갈등으로 동질적인 공동체의 발전이 치

---

2 _ R. M. Kanter, *Commitment and Community; Communes and Utopia in Sociological Perspective,* Cambridge: Harvard University Press, 1972, pp. 32-54.

명적인 영향을 받게 되는 것이다. 많은 공동체주의자는 자본주의가 발전함에 따라서 개인과 사회는 분절화되었으며 이전 공동체의 가치들인 박애와 평등 및 공동 정신은 갈등과 경쟁으로 대체되어 버렸다고 보았다. 자본주의는 곧 고립화와 분리화의 과정으로 이해되며 화폐와 경쟁이 지배적으로 나타난다. 따라서 공동체 사회가 이루어지면 경제적 지배와 함께 사회계급은 사라질 것이며 또한 전문화된 기능에 얽매이는 일도 없게 될 것으로 전망했다. 이와 같은 평등의 추구에 의해 공동체는 집단으로서의 독자성과 응집성을 얻게 된다. 즉 공동체의 성원들은 자신을 하나의 공동체로서 인식하게 되며 역사에서의 자신들의 역할을 크게 의식하게 되는 것이다.

세 번째의 박애 정신 또는 형제애를 살펴보자. 사회가 우주의 자연법칙과 조화를 이루어 나갈 수 있듯이 인간들도 서로 조화를 이룰 수 있다는 것이 공동체 사상에 나타나 있다. 형제애와 조화에 대한 강조는 공동체의 내적 관계에 강한 초점을 맞춤으로써 친밀한 관계가 생활의 일상사가 된다. 외부 사회에 나타나는 고독, 소외, 분열과는 대조적으로 공동체들은 친숙한 관계와 집단에의 전적인 참여를 증진시키고자 힘쓴다. 또한 이러한 참여는 종종 공동 노력에 쏟는 열성을 상징적으로 확인하는 의식들을 통해 전달된다. 이 의식들은 공동으로 품고 있는 가치관을 표현하고 강화해 주며 하나의 공동체로 뭉치는 방법과 서로를 더욱 가깝게 느끼는 방법들을 제시한다. 이런 이유 때문에 집단적 의식은 흔히 성원들에게 공동생활의 가장 의미 깊고 중요한 측면인데, 그것은 이를 통해서 공동체 생활의 더

욱 차원 높고 초월적인 의미가 확인되기 때문이다.[3]

　위에서 서술한 세 가지 공동체의 이념들은 서구 사상사의 틀에서 볼 때 고전적인 내용들이다. 따라서 현대사회의 공동체 이념으로 거론하기에는 부적절한 측면도 있겠으나 기본 뼈대로서의 속성은 그대로 가지고 있다고 본다. 1980년대에 자유주의 사상을 비판하고 등장한 공동체주의자들의 지향 가치들은 고전적인 공동체의 기본이념을 재구성한 것으로 볼 수 있다. 공공선의 강조, 덕 윤리의 함양, 사회적 책임과 의무의 강조, 질서와 자율과의 조화, 공동체 부의 분배, 사랑의 실천과 참여 등 현대 공동체주의자들이 제시하는 덕목들은 고전적 공동체의 이념들을 구체화한 것으로 볼 수 있다.

　서구의 근대화 산업화 과정에서 생성된 공동체의 이념적 지향 가치들은 붓다 다르마의 틀에서 보면 지극히 자연스럽고 당연한 가치이다. 연기법의 뿌리에서 나오는 줄기들이기 때문이다. 이렇게 현대 공동체의 이념은 이미 자비 윤리의 품에서 부화하였다.

공동체의 구조적 특징

　앞에서 살펴본 것처럼 공동체라는 단어는 매우 다양한 차원들과 연결되어 사용되고 있다. 즉, 공동체는 지역적인 차원, 사회적 상호

---

3 _ 방영준『공동체, 생명, 가치』개미, 2011, pp. 192-196.

작용의 차원, 공동의 연대 또는 유대의 차원 등 다양한 차원과 관련성을 맺고 있다. 공동체의 개념을 정확하게 사용하기 위한 필요충분조건들을 열거한다는 것은 거의 불가능하다고 할 수 있을 만큼, 공동체는 열린 개념이다. 그럼에도 불구하고 어느 정도는 그 속성이나 특성을 파악할 수 있다. 그것은 '공유된 가치와 신념' '직접적이며 다면적인 관계' 그리고 '호혜성의 실천'을 들 수 있다.[4]

공동체의 핵심적 특징 중에서 가장 기본적인 것은 공동체의 구성원이 가치와 신념을 공유한다는 점이다. 물론 공동체는 공유한 가치와 신념의 범위와 강도에 따라 다양하게 달라진다. 예를 들면 19세기 서구 사회에 성행하던 은둔적이고, 유토피아적인 공동체에는 넓은 범위의 신념과 가치에 대해 거의 완전한 합의가 이루어졌으며, 이러한 신념과 가치는 종교적 이데올로기로 표현되고 다듬어지기도 하였다. 그러나 현대의 많은 공동체에는 일반적으로 좁은 범위에서 신념과 가치에 대해 합의하며, 한편으로 어떤 이데올로기에 맞춰 공유된 헌신적 행동을 요구하는 데에는 저항을 나타내기도 한다. 즉 공동체의 구성원들이 신념이나 가치를 공유하고 있지만 이를 이데올로기, 신화 혹은 종교적 차원으로 고양시키지 않는 집단이 많다는 뜻이다. 이렇게 현대의 공동체는 19세기의 공동체와는 달리 많은 개방성을 띠고 있으며 다원적 공동체의 성격이 강하다.

공동체의 두 번째 특징은 구성원들 사이의 관계가 직접적이어야

---

4 _ 위의 책, pp. 196-199.

하고, 이 관계들은 다면적이어야 한다는 점이다. 구성원들의 관계는 국가, 지도자, 관료, 제도, 규약 등 추상화되고 구체화된 매개에 의해서 중재되지 않을수록 직접적이다. 관계의 직접성은 공동체의 특성을 밝히는 데 매우 중요한 요소이다. 개인들이 가치와 신념을 공유한다고 하더라도 개인들은 고립된 채 살고 있기 때문에, 그들은 직접적인 거래를 하기 어려워 국가 등과 같은 어떤 대행자를 통하거나 공동체 자체의 형식적 규약, 이데올로기, 혹은 추상적 개념에 호소함으로써 공동의 목표를 추구하는 경우가 많다. 개인들의 관계가 간접적인 경우는 직접적인 경우보다 상대적으로 공동체성이 약하다. 또한 다면적인 관계를 맺은 개인들의 집단일수록 관계가 전문화되고, 하나의 영역으로 협소하게 한정된 집단보다 공동체 성격이 강하다. 이렇게 공동체 구성원들의 관계가 얼마나 직접적이고 다면적인가에 따라 공동체의 성격과 강도가 달라진다.

공동체의 세 번째 특성은 호혜성(reciprocity)이다. 공동체의 특성 중 제일 중요한 호혜성은 상호부조, 협동과 분담의 조정, 관계 및 교환의 범주를 포괄하는 용어이다. 호혜성의 체계 내에서 각 개인의 행동은 대개 단기적인 이타주의와 장기적인 자기 이익으로 부를 수 있는 것의 결합으로 나타난다. 호혜성은 단기적으로는 이타적이지만 그것들이 모두 합쳐지면 일반적으로 모든 참여자를 더 나아지게 하는 일련의 행동으로 이루어져 있다. 공동체가 지니는 호혜성의 구조와 유형을 파악함으로써 우리는 그 공동체의 특징을 파악할 수 있다.

호혜성의 구조가 변하면 공동체도 변화하며, 공동체의 변화는 사회의 변화를 의미한다. 시공을 초월하여 언제나 같은 형태로 존재하는 공동체는 없다. 공동체가 시대적 상황과 사회제도의 특성에 따라 다양한 특성을 지녀 왔음에도, 인간들이 추구하는 기본적인 기능, 즉 생존을 위한 욕구 충족과 자아를 실현하려는 개인들의 노력은 지속되어 왔다. 호혜성을 통한 사회적 결합은 계산된 것이 아니라 본능적인 것이며, 이것은 자신의 존재 가치를 추구하려는 인간의 의지이다. 공동체는 인간들의 의지를 실현하려는 활동 무대, 즉 타인과 더불어 살아가는 '삶의 장(life field)'이다. 삶의 장이란 인간의 육체적 생존과 이상 추구를 위해 타인과 상호 작용하는 물리적, 사회문화적 범주를 말한다. 삶의 장을 구성하는 가장 중요한 요소가 바로 호혜성이다.

지금까지 공동체의 구조적 특징으로 가치와 신념, 직접적이며 다면적인 관계, 호혜성을 살펴보았다. 이러한 공동체는 상대적으로 작고 안정적인 사회에서 가능하다. 거대하고 변화하는 다수의 사람들 속에서 개인 간의 관계가 직접적이거나 다면적일 수 없으며 호혜성은 큰 규모로 번성할 수 없다. 그렇다면 어떻게 현대사회에서 공동체의 이상을 구현할 것인가. 현대사회에서 공동체의 위기와 새로운 공동체를 탐색하고자 하는 과제로서 '작은 것'에 대한 소중함이 거론되는 것은 이에 기인한다.

슈마허(E. F. Scumacher)는 『작은 것이 아름답다』라는 저서로 잘 알려져 있는데, 붓다 다르마에 따른 경제 공동체를 구현하기 위해 노력하였다. 오늘날 지구촌 곳곳에서 작은 불씨가 공동체의 이상을 실천하는 데 추동력이 되는 사례가 많아지고 있는 것은 매우 반가운 현실이다.

공동체와 자기조직화

공동체 구현에서 가장 중요한 것은 사회 조직체가 '자기조직화'를 하며 이를 통해 자발적 질서 구조를 만들어 내는 것이다. 자기조직화와 자발적 질서 구현의 핵심 키워드는 '상생'이다. 상생의 형태나 방식은 다양할지라도 상생적 삶의 양식은 공동체의 근원이다. 공동체의 특징으로 앞에서 호혜성이나 상호부조를 제일 중요한 요소로 거론한 것도 그런 이유 때문이다. 여기에 공동체 실현의 첫 과제로 등장하는 것이 바로 상호윤리(mutual ethics)의 정립이다. 상호윤리관은 연기론에서 자연적으로 생겨난 윤리이다. 필자는 자비 윤리를 상호윤리의 대표적 특성으로 누누이 강조하였다.

자기조직화 이론은 상호윤리관에 바탕을 두고 있다. 붓다의 연기론을 현대 학문의 틀에서 재정립한 것이 복합체계이론이라고 소개한 바 있다. 여기서 다시 복합체계이론의 특징을 상기시켜 보면, 자기조직화 이론은 복합체계이론의 핵심 내용이다. 노벨 화학상을 수상한 프리고진(Iliya Prigogine)의 '비평형 열역학'에서 제시된 이론이다.

프리고진은 저서 『있음에서 됨으로(From Being to Becoming)』에서 그의 사상에 대한 핵심적인 논의를 제시하고 있다.[5] 그에 따르면 '있음의 세계'는 기계론적이고 결정론적이며, 뉴턴이 발전시킨 고전 역학적인 세계관이다. 이에 반해 '됨의 세계'는 진화론적, 유기체적, 비결정론적이며, 이 영역에서는 열역학과 엔트로피 법칙이 적용된다. 엔트로피 법칙은 원래 자연은 질서에서 무질서로 향하는 경향이 있다. 프리고진은 이 엔트로피 법칙을 비평형 통계역학 속에서 새롭게 발전시켜, 질서에서 무질서가 나타나는 것보다 무질서에서 질서가 나타나는 것이 더욱 일반적인 자연현상이라고 주장한다. 즉, 비평형은 혼돈으로부터 '요동'에 의해 질서를 가져온다는 것이다.

프리고진이 창안해 낸 비평형 통계역학의 핵심적인 내용은 '소산구조(消散構造, Dissipative Structure)'와 '자기조직화(Self-Organization)'에 대한 이론이다. 그에 따르면 평형으로부터 멀리 떨어진 불안정한 비평형 상태에서 미시적인 '요동(Fluctuation)'의 효과로 거시적인 안정적 구조가 나타날 수 있는데, 이때 나타나는 안정적 구조를 소산구조라 하고, 이런 과정을 자기조직화라고 칭한다. 프리고진은 자신의 비결정론적, 유기체적, 생태론적 세계관이 불교 사상과 유사하다는 점을 자신의 책에서 인정하고 있다.

자기조직화가 자발적, 자율적, 자연발생적 질서 형성이라는 것은 쉽게 상상할 수 있다. 자기조직화는 외부의 명령이나 법칙에 의

---

5 _ 일리야 프리고진, 이철수 역 『있음에서 됨으로』 민음사, 1988 참조.

한 것이 아니라, 내부 규칙의 생성에 따른 자유롭고 자율적인 구조 형성이기 때문이다. 개체의 자발성이 전체의 질서를 자연히 만들어 내는 창발적인 특징이 바로 자기조직화의 프로세스다. 이러한 자기조직화 프로세스에서는 설계와 제어의 기능을 무시한다. 설계와 제어는 기계론적 패러다임에서 나온 것이다.

자기조직화를 촉진하기 위해서는 두 가지 요소가 중요하다. 하나는 '미래 비전'의 창출이다. 자기조직화의 프로세스에서 미래는 결코 결정된 어떤 구체적인 모형이 아니다. 미래를 결정하는 것은 바로 상상력과 창조력을 구사해서 그려 보는 비전이다. 또 하나는 '요동'의 의식적인 도움과 활용이다. 요동은 자기조직화를 위한 분기점이다. 어떤 형태의 요동이 세계 진화에 필요한 것인가를 판단하는 것은 통찰력과 직관력이다.

세계를 바람직한 상태로 변화시키기 위해서는 생명적 프로세스가 지닌 자기조직화의 역학, 특히 자기조직화와 진화의 미래는 '개방계'라는 점을 이해해야 한다. 그리고 상상력과 창조력을 동원하여 풍부한 미래 비전을 그릴 뿐 아니라 동시에 현재의 세계에서 '요동'을 의식적으로 증대시켜 자기조직화를 촉진시켜야 한다.

이와 같은 자기조직화를 통해 자발적 질서가 구축된다. 자발적 질서는 미래 공동체의 핵심 키워드이다. 사회 각 영역에서 어떻게 자발적 질서를 구축하느냐는 문제는 바로 공동체의 확산 과제와 직접 연결된다. 자기조직화를 통해 형성된 자발적 질서는 외부로부터 부과되는 권위가 제공하는 질서에 비해서 견고할 뿐만 아니라, 사람들이 필요로 하는 것과 더욱 밀접한 관계를 맺고 있다. 따라서 공동체적 삶의 지향 문제는 자치 사회와 자주 관리(Self Management)가 주요 관심사로 떠오른다. 자치 사회와 자주 관리를 통해 진정한 공동체가 실현될 수 있다는 것이다. 이것은 강제적이고 권위적 성격을 지닌 국가와의 관계에서 많은 논쟁을 불러일으킨다. 공동체 지향성이 강한 아나키스트들의 국가에 대한 공격과 권위주의적 사회주의에 대한 혐오감도 이와 맥락을 같이한다.[6]

자치와 자주 관리에 대한 관심은 조직 속에서 인간의 탄력성을 어떻게 유지하느냐 하는 과제와 연결된다. 20세기를 마감하고 새로운 세기를 맞이하면서 많은 석학들이 미래 사회를 전망하였다. 미국의 미래학자 네이스비트(John Naisbitt)는 그의 저서『대조류(Megatrends)』에서 현대사회의 10대 조류 중 지방분권 사회, 자조 사회, 수평적인 네트 등을 거론하고 있다. 드러커(Peter F. Drucker)도『새로운 현실(The New Realities)』에서 새로운 다원 사회의 출현을 예언하면서 조직과 인간의 문제를 다루고 있다. 이러한 문제들은 오늘날 자비 공동체를 구현하는 과제를 창출하기 위한 초석들이다.

그러면 자기조직화를 통해 자비 공동체를 구현할 자비 윤리적 품성은 어떤 것이어야 하는가. 필자는 미국의 에릭 리우(Erick Liu)와 닉 하나우어(Nick Hanauer)가 공저한『민주주의의 정원(The Garden of Democracy)』의 내용을 소개하고자 한다. 저자들은 '기계형 지성

---

6 _ 방영준『저항과 희망, 아나키즘』이학사, 2006, p. 53.

(Machinebrain)'과 '정원형 지성(Gardenbrain)'이라는 두 사고방식을 제시하고 비교한다. 지금까지 세계는 기계형 지성에 지배당해 왔다고 하면서, 새로운 사유 방식인 정원형 지성이 필요한 때가 왔다고 주장한다.

    기계형 지성은 세계를 시계와 톱니바퀴, 영구 운동기관, 균형과 평형력으로 설명 가능한 기계 장치로 본다. 기계형 지성은 사람을 톱니바퀴를 구성하는 톱니로 보며, 통제와 불변성을 골자로 한 사고방식이다. 반면 정원형 지성은 세계를 얽히고설킨 하나의 생태계로 본다. 또한 사람을 역동적인 세계를 구성하는 독립적인 창조자로 인식한다. 정원형 지성은 개개인의 합은 전체보다 크다고 보는 전체론적인 입장을 취하며, 진화론적이다. 그리고 변화 자체를 규범이자 본질이며 기회의 보고라고 강조한다. 이는 곧 인간 사회가 번성하려면 적극적으로 정원을 가꿔야 한다는 결론으로 이어진다.[7]

    저자들은 현재를 기계론적 지성에서 벗어나 두 번째 계몽주의 시대에 접어들고 있다고 본다. 그리고 개인적으로도 집단적으로도 우리를 움직이는 힘을 설명해 주는 서사는 지난 과거의 것보다 훨씬 세련되어졌다고 주장한다. 1960년대 중반부터 생물학, 물리학, 기계공학, 인지과학, 심리학 등 전반적인 자연과학과 인문사회과학을 보는 분석 틀이 기계론적 지성의 틀에서 정원형 지성의 틀로 전환되고 있다는 것이다.

---

7 _ 에릭 리우·닉 하나우어, 김문주 역『민주주의의 정원』웅진지식하우스, 2017. pp. 28-32.

그 전환의 구체적 틀은 다음과 같다.[8]

기계론적 지성	정원형 지성
단순	→ 복잡
원자론적	→ 네트워크적
평형	→ 비평형
선형	→ 비선형
기계론적	→ 행태론적
효율적	→ 효과적
예측적	→ 적응적
독립적	→ 상호의존적
합리적	→ 비합리적 어림잡기
이기심	→ 강한 호혜
승-패	→ 승-승 또는 패-패
경쟁	→ 협력

위에서 열거한 변화의 도식은 이분법적으로 확연히 구분할 수는 없을 것이다. 그러나 거시적인 관점에서 보면 이러한 변화는 실제적이고 매우 의미 있는 상황이지만 눈에 보이지 않게 진행되는 경우가 많다. 기계형 지성에서 정원형 지성의 변화 내용을 보면 복합체계이론의 특징과 매우 유사함을 알 수 있다.

연기론을 현대적 용어로 논증한 것이 바로 복합체계이론이다. 비평형과 요동이 공동체의 생명인 자기조직화의 핵심이다. 서구의 많은 지성은 현재 진행되는 계몽의 시대는 불교 연기론의 틀에 기반하

---

8 _ 위의 책, pp.49-51.

고 있다고 주장한다. 지금, 세계 각국에서 자기조직화의 틀에서 많은 공동체 운동이 일어나고 있다. 우리 불교계에서도 이러한 공동체 운동이 이미 태동하여 활동하고 있다. 매우 기대되는 연기적 공동체 운동이다.

2
행복과 함께 가는 자비의 길

○

눈에 보이는 것이건, 눈으로 볼 수 없는 것이건
또 멀리 살건, 가까이 살건
태어났건, 태어나려 하고 있건
모든 중생이 행복하기를

위의 구절은 앞서 소개한 『자비경』의 한 구절이다. 불교와 행복의 관계는 많은 경전에 다양하게 표현되고 있다. 붓다 가르침의 큰 목표 중 하나는 '모든 중생의 행복한 삶'을 성취하는 데 있다. 달라이 라마는 저서 『종교를 넘어』의 '자비, 행복을 만들다'라는 소제목의 장에서 자비가 어떻게 자신과 타인에게 행복을 주는가를 많은 자료를 들어 강조하고 있다. 달라이 라마는 그가 교유하고 있는 많은 석학, 예를 들면 인지심리학자, 신경생물학자, 사회학자 등 다양한 분야 석학과의 대화와 연구 내용을 인용하면서 자비의 행복 창조력을 강조하고 있다.

달라이 라마와 교유한 오웬 플래나간은 그의 저서 『보살의 뇌』에서 불교적 삶과 행복과의 관계에 대해 많은 지면을 할애하고 있다. 그는 아리스토텔레스의 행복론인 '에우다이모니아(eudaimonia, 행복)'란 용어를 빌려 불교의 행복론을 '붓다적 에우다이모니아'로 일컫는다. 불교는 무엇인가를 어떻게 인식할 수 있게 되는가에 대한 인식론이며, 동시에 덕과 악덕은 무엇이고 어떻게 사는 것이 최선인가를 묻는 윤리학 이론이라고 주장한다. 그리고 지혜와 덕, 마음챙김 등 수행의 실천적 삶이 바로 행복한 삶을 가져온다고 본다. 그 행복이 바로 붓다적 에우다이모니아이다.

자비와 행복의 관계를 살피기 위해, 먼저 행복이 무엇인가에 대해 생각해 보자. 행복이라는 단어는 일상적으로 제일 많이 사용되는 말이지만 또한 제일 애매한 용어이며, 매우 다양하게 사용되어 그 개념을 정의하기가 어렵다. 예를 들면 1985년도판 『펭귄 심리학사전(Penguin Dictionary of Psychology)』은 아무런 해명도 없이 'happiness'라는 단어를 수록하지 않고 있다. 행복을 정의하는 데 어려운 점은 우리 모두 행복이 무엇인지 직관적으로 알고 있으며, 너무 자명한 것이므로 정의가 필요치 않다는 것이다.

행복 연구에 관심을 가진 많은 학자들은, 행복은 행복과 관련된 모든 구체적인 사례가 마치 한 식구처럼 서로 연관된 개념으로 보고 있다. 행복의 개념은 강조점에 따라 다양하게 범주화할 수 있다. 즉 주관주의, 객관주의, 절충주의 등으로 유형화하기도 하고, 또한 '상태로서의 행복' '활동으로서의 행복' 그리고 '관계로서의 행복'으로 유형화하기도 한다.

　필자는 행복을 세 가지 유형으로 나눌 수 있다고 생각한다. 불교의 행복론도 예외가 아니다. 이 세 가지 유형은 '생존적 행복' '관계적 행복' 그리고 '실존적 행복'이다.[9]

　첫 번째, '생존적 행복'은 생존적 요구가 충족되었을 때 느끼는 만족감이다. 인간은 생물적 욕구가 충족되지 않으면 생명을 유지할 수가 없다. 생존적 욕구는 식욕, 수면욕, 성욕, 유희적 요구, 신체적 운동의 욕구 등 동물과 인간이 함께 가지고 있는 본능적 욕구라 할 수 있다. 이러한 생존적 욕구의 본능은 쾌락으로 규정할 수 있다. 쾌락은 부단히 자극을 요하는 신경 생리적 조직의 자극 욕구가 채워지지 않는 데서 생기는 긴장이 제거됨으로써 주어지는 만족감이다. 이러한 만족감은 '신경 생리적 경제 원리'의 기제에 의해서 어떤 한계를 넘으면 얼마 안 가서 자극력의 효과가 상실된다. 자극력이 반복되면서 더 큰 자극을 요구하게 된다. 쾌락이 지니는 이와 같은 특징은 쾌락이 인간의 행복을 위해서 할 수 있는 역할의 한계를 말해 준다.

　현대사회는 계속 쾌락의 자극을 확대함으로써 인간을 쾌락의 노예로 만들고 있다. 여기서 붓다의 가르침과 불교의 욕망론에 관한 중요성이 제기된다. 생존적 행복은 욕망을 관리하는 지혜가 없으면 결코 이루어질 수 없다. 붓다의 가르침은 욕망의 지혜를 기르는 데

---

[9] _ 방영준 『공동체, 생명, 가치』 pp. 81-87.

많은 부분을 할애하고 있다. 상응부 경전 1:63 「갈애」에서 욕망의 무서움을 다음과 같이 설하고 있다.

> 세상은 갈애로 말미암아 인도되고
> 갈애로 말미암아 괴로움을 받는다.
> 갈애야말로
> 모든 것을 예속시킨다.

붓다의 네 가지 성제, 즉 사성제에는 욕망이란 말은 나오지 않는다. 갈애라는 단어가 욕망을 대체한다. 갈애는 '목마름'을 뜻하는 말이다. 붓다가 욕망이란 용어 대신에 갈애를 택한 것은 무엇을 의미하는가? 그것은 붓다가 욕망 자체를 부정하는 사람이 아님을 말해준다. 욕망 자체는 붓다에게 무기(無記)이다. 무기는 선악을 가리기 이전의 상태라는 말이다. 식욕 등 본능적 욕구에서 나오는 욕망은 자연스러운 것이다. 문제는 이러한 욕망을 관리하는 지혜이다.

갈애는 지나친 욕망이라고 할 수 있다. 갈애를 없애고 관리하는 것이 멸성제, 즉 '고의 소멸'이다. 고의 소멸은 열반의 길로 가는 고귀한 길이다. 열반은 비할 데 없는 큰 행복을 준다. 그러나 이것은 결코 쉬운 일이 아니다. 갈애가 채워지기 어려운 것은 '바다가 강물을 삼키는 것과 같다'고 한다. 보통 우리는 일상의 행복을 꿈꾼다. 욕망의 소멸은 불가능할지도 모른다. 욕망은 분모의 성격을 지니고 있다. 분모가 적으면 전체는 커진다. 욕망을 줄이는 것은 분모를 줄이는 것이고 동시에 행복의 양은 커진다. 따라서 '채움'보다는 '비움'을 통한 행복의 길이 제시된다.

비움을 통한 행복의 길이 바로 자비행이다. 자비행은 채움을 통해서 이루어질 수 없다. 그리고 비움의 자비행은 자신에게도 큰 행복을 가져다준다. 이를 증명하는 많은 연구는 행복에 관한 저서에서 수없이 나타난다.

두 번째 행복 유형이 '관계적 행복'이다. 인간은 구체적 삶을 살아가면서 다양한 관계를 맺고 있으며, 이것이 차지하는 행복의 비중도 매우 크다. 즉 가족 간의 관계, 친구 간의 관계, 직장 동료 간의 관계, 남녀 간의 애정 관계, 개인과 조직체 간의 관계 등이 인간의 행복에서 차지하는 비율은 엄청나게 높다. 관계적 행복과 제일 밀접한 관련을 맺는 것이 '덕의 윤리'이다. 덕 윤리는 인간이 살아오면서 가장 오래되고 친숙한 윤리 자체라 할 수 있다. 인간은 가정에서부터 시작하여 다양한 형태의 공동체 속에서 살아왔고, 그러한 공동체 속에서 삶을 영위할 수 있는 능력과 지혜가 바로 덕이다.

공자와 아리스토텔레스가 제시한 덕목들은 거의가 관계의 덕목이다. 오늘날 '행복 만들기' 또는 '행복 지수 높이기' 유의 책이 유행하는데 제일 많이 차지하는 것이 관계에 관한 지혜이다. 불교에서 '관계의 윤리'와 '관계적 행복'의 당위는 연기론과 무아 사상에서 자연스럽게 우러나온다.

무아의 개념은 '나'와 '나의 삶'이 타인과의 연계성 속에서 드러난다는 것을 함축한다. 따라서 나라는 존재의 존엄성은 타인에 대한 존엄성을 인정하는 데서 출발한다. 나라는 존재의 유지와 발전은 타인과의 상호적이고 보완적인 관계를 떠나서는 불가능하다. 이러한 연기론적 존재의 모습은 결코 형이상학적인 것이 아니라 매일 매일의 일상생활 속에서 나타난다.

붓다의 연기법에서 생성된 윤리를 조애너 메이시(Joanna Macy)는 그의 저서 *Mutual Causality in Buddhism & General Systems Theory*에서 '상호윤리(Mutual Ethics)'라고 표현한다. 상호윤리는 모든 존재와 현상을 의존적 상호 발생으로 보는 데서 출발한다. 따라서 자아는 자신이 경험하는 세계와 경험을 해석하는 코드 사이의 상호작용으로 형성된다. 상호윤리의 규범과 가치들은 개인적인 행복과 사회적인 변화 사이에 깊은 상호의존 관계가 있음을 말한다. 다른 존재에 대한 깊은 배려 속에서 자기의 이익을 확장하는 상호윤리는 바로 자비 윤리의 별칭이다.

마지막으로 '실존적 행복'과 붓다의 가르침의 관계를 살펴보자. 실존적 행복은 실존적 욕구에서 오는 행복이다. 실존적 욕구는 가치의 위계질서를 주장하는 학자들에 의해 제일 높은 가치로 분류되는 것들이다. 실존으로서의 삶은 인간에게 고유한 정신적 가능성을 실현하고자 하는 삶이다. 즉, 이성적 욕구, 심미적 욕구, 사랑의 욕구, 자유의 욕구, 창조적 욕구, 종교적 욕구 등이 실존적 욕구의 충족을 추구하고 실현하는 요소이다. 이러한 실존적 욕구를 지향하는 가치는 지속성이 높고, 비분할적이며, 다른 가치로부터 독립성이 높고, 또한 가치 감정의 만족도가 매우 강하므로 높은 가치로 평가된다.

실존적 행복을 추구하는 철학자와 성직자는 수없이 많다. 아리스토텔레스가 말한 행복 '에우다이모니아'도 실존적 용어와 연관된 용어이다. 또한 중세의 많은 철학자와 성직자들은 신에 대한 믿음과 헌신을 진정한 행복으로 보았다. 폴 틸리히(Paul Tillich)는 최고의 행복을 'blessedness' 즉, 신의 축복으로 보고 있다. 반면에 불교는 스스로의 힘으로 열반과 해탈을 통해 최고의 행복에 도달할 수 있다고 한다. 탐욕, 분노, 어리석음에서 벗어나 팔정도를 통한 해탈을 말하고 있다.

현대 문명의 위기를 개탄하는 많은 철학자들은 실존적 욕구의 상실 또는 약화를 거론하고 있다. 나아가 정신적 부흥과 새로운 종교 개혁을 이야기하기도 하고, 교육의 문제점을 제기하기도 한다. 필자는 실존적 행복의 높이에 현기증을 느낀다. 행복은 사소한 일상성 속에서 순간적으로 오는 경우도 많으며, 그 순간을 중히 여기면서 사는 것이 보통 사람들의 삶이 아닌가 생각되기 때문이다. 그런데 불교 경전에 나타난 내용을 보면 붓다의 행복관은 생존적 행복, 관계적 행복, 실존적 행복을 다 함께 중히 여기고 있다. 이를 중도적 행복관이라 표현할 수 있겠다.

중도적 행복관이 구체적으로 표현된 것이 『숫타니파타』의 『행복경』이다.

『행복경』에 나타난 '고귀한 행복'의 내용 일부는 다음과 같다.[10]

---

10 _ 대한불교조계종 불교성전편찬추진위원회 편 『불교성전』 조계종출판사, 2021, pp. 382-385.

* 적절한 곳에서 살며 공덕을 쌓으며 자신을 바르게 정립하는 것
* 많이 배우고 기술을 익히며 계행을 지키고 고운 말을 하는 것
* 부모를 봉양하고 배우자와 자식을 돌보며 생업에 충실한 것
* 존경하고 겸손하며 만족할 줄 알고 시시각각 가르침을 듣는 것
* 인내하고 순응하며 출가자를 만나고 때맞춰 법을 담론하는 것
* 감각기관을 단속하고 청정범행을 닦으며 사성제를 보고 열반을 실현하는 것
* 세상사에 부딪혀 마음이 흔들리지 않고 슬픔 없고 티끌 없이 안온한 것.

중아함 『상가라경』의 내용을 보면 행복으로 가는 불교의 책무가 잘 나타나 있다.[11] 붓다가 사밧티 기원정사에 계실 때, 상가바라라는 바라문 청년이, 불교 수행자는 '혼자만의 행복'을 추구하는 것이 아니냐고 질문하자 이렇게 답한다.

"……그리하여 그들도 번뇌를 멸진시키고 마음의 평화로움을 얻었다. 그리고 다시 그들은 다른 사람을 위해 가르침을 펴고, 그 가르침을 받은 사람은 다시 다른 사람을 위해 가르침을 펴서 그 숫자가 수천수만에 이르렀다. 나와 나의 제자들이 이와 같은 길을 간다면 이를 혼자만의 행복을 위한 길을 간다고 하겠느냐, 만인을 위한 행복의

---

11 _ 홍사성 『한 권으로 읽는 아함경』 불교시대사, 2011, pp.118-119.

길을 간다고 하겠느냐?"

상가바라는 붓다의 이 질문에 '만인을 위한 행복의 길'을 가는 것이라 답한다. 만인을 위한 행복의 길이 바로 앞에서 언급한 바 있는 '4무량심' 즉, 네 가지 한량없는 마음이다. 자무량심은 모든 생명 있는 존재들이 행복하기를 바라는 마음이고, 비무량심은 모든 생명 있는 존재들이 고통에서 벗어나기를 바라는 마음이며, 희무량심은 모든 존재가 이익과 즐거움을 누리기를 바라는 마음이고, 사무량심은 평등으로 차별하지 않는 마음, 누구에게나 똑같이 대하는 마음이다. 4무량심 중에 한 가지만 갖추어도 자비 윤리는 많은 행복을 베풀어 준다.

3
정의와 함께 가는 자비의 길

○

자비는 모든 보편적 덕목의 총화라고 할 수 있다. 앞서 소개한 펠드먼(Feldman)과 쿠이겐(Kuyken)의 자비에 대한 정의를 다시 되새겨 보자.

자비에는 고통과 비애와 비통에 대한 다면적인 반응과 함께 친절, 공감, 관대함, 수용 등이 포함된다. 또한 용기와 인내와 평정이라는 실들이 골고루 사용되어 짜인 옷감이 바로 자비이다. 이렇게 자비는 인간으로 살아가면서 느끼는 고통의 보편성을 인식하는 마음의 지향이다. 더 나아가 그 고통을 친절과 공감과 평정과 인내로 만날 수 있는 역량이다. 그리고 우리 자신의 경험을 지향하지만, 타인의 경험으로까지 역량을 확대시킨다.

자비의 개념은 시간적, 공간적인 연기의 조건에 따라 다양하게 표현할 수 있다. 그만큼 자비의 정의는 개방적이다. 자비는 인간의 다양한 마음이 지닌 요소의 조합과 통합적인 성격을 지니고 있다. 가치론적인 틀에서 볼 때 포괄성과 지속성이 매우 높은 가치 체계가 자비이다. 그야말로 자비는 모든 덕목의 토대이며 으뜸이다.

그런데 이 자비의 덕목이 정의와 충돌된다는 이론이 서구의 윤리학계에 계속 제기되어 왔다. 앞서 소개한 플래나간도 자비 사상에 공평성으로서의 정의가 과소 평가된다고 주장한다.[12] 미국의 여성 윤리학자들이 주장한 '배려의 윤리'와 정의와의 관계에 대한 논쟁도 맥락을 같이한다. 달라이 라마는 『종교를 넘어』라는 저서의 '정의로운 자비'라는 장에서 자비와 정의의 관계를 다루고 있다.[13]

달라이 라마는 많은 사람이 용서를 의미하는 자비의 원리와 잘못한 사람의 처벌을 요구하는 정의의 실천 사이에 심각한 갈등이 있는 것으로 안다고 말한다. 자비의 원리보다는 정의나 공평의 원리가 우선되어야 하고, 자비의 윤리는 희생의 윤리에 불과하며, 부정의의 만연을 막을 수 없다고 주장한다는 것이다. 이러한 의견에 대해 달라이 라마는 적극적인 반대 의사를 표명한다. 자비는 결코 잘못된 행동이나 부당함에 항복하는 것을 의미하지 않는다고 한다. 자비는 허약함이나 수동적 태도를 장려하기보다는 용기와 강인한 기질을 요구한다고 강조한다. 마하트마 간디, 마더 테레사, 넬슨 만델라, 마틴 루서 킹 목사 등 여러 사례를 들면서 '자비로운 정의' 또는 '정의로운 자비'를 설파한다. 대표적인 예로 비폭력 운동을 들고 있다. 사람의 마음을 변화시키는 것은 분노나 미움에서 나온 폭력이 아니라

12 _ 오웬 플래나간, 앞의 책, p. 387.
13 _ 달라이 라마, 앞의 책, pp. 88-106.

자비의 배려를 통해 가능하다고 주장한다. 정의 실현의 토대가 바로 자비라는 것이다. 또한 자비의 핵심은 '행위'가 아닌 '행위자'에 있다고 한다. 자비는 잘못된 행위를 비난하고 이를 개선하기 위해 적극 노력하지만, 잘못된 행위를 한 사람을 용서할 것을 주문한다. 달라이 라마의 말을 직접 인용해 보자.

용서는 자비로운 태도의 필요 덕목입니다. 그러나 쉽사리 잘못 이해되는 덕목이기도 합니다. 용서한다는 것은 잊는다는 뜻이 아닙니다. 어쨌든 이미 행해진 잘못을 잊는다면 용서하는 것이 남아 있지 않을 것입니다. 내가 말하고자 하는 것은 잘못된 행위를 다루는 방법을 찾아야 한다는 것입니다.[14]

이렇게 달라이 라마는 정의의 원리와, 자비와 용서의 실천 사이에는 충돌이 없다고 강조하면서, 정의의 개념은 그 자체가 바로 자비에 바탕을 두고 있다고 거듭 주장한다.

자비 윤리의 실천과 정의의 관계를 현대의 인문사회과학적 틀에서 접근하여 살펴볼 필요가 있다. 근현대의 정의론은 '재분배 패러다임'이 주류를 이룬다. 재분배 패러다임은 산업혁명 시대의 공장 생산, 규제되지 않은 시장, 부의 집중 등 자본주의 체제의 문제점에 큰 관심을 가진다. 계급론적 정치와 연관된 재분배 패러다임은 정의

---

14 _ 위의 책, p. 102.

를 자원·기회·재화의 공정한 할당을 보장하고자 한다. 이러한 접근법은 아직도 상당한 호소력을 가지고 있다. 자본 축적 양식에서 주요한 변환이 있음에도 불구하고, 재화의 공정한 분배는 여전히 심각한 주제이다. 이와 같은 현상은 전 지구적 현상으로 확산되고 있다. 이러한 분위기 속에서 사회정의 운동이 재분배의 언어로 장식되고 있는 것은 놀라운 일이 아니다. 그럼에도 불구하고 재분배 패러다임은 오늘날 많은 도전을 받고 있다. 대표적인 것이 '인정(recognition) 패러다임'이다. 인정 패러다임은 기존의 경제 중심적인 사회적 상상을 문화주의적 사회 관점으로 대체했다고 볼 수 있다.

1980년대까지만 해도 한국사회의 정의는 분배 및 재분배의 관점을 강조하는 마르크스주의 정치경제학을 중심으로 논의되었다. 그러나 1990년대 이후 본격화되기 시작한 포스트모더니즘 논쟁, 정신분석학, 문화 연구, 다문화주의 담론의 등장은 경제적 관점을 강조하는 재분배 패러다임에 의문을 품기 시작했다. 또한 문화적 차원의 부정의를 다층적으로 분석하고 있다. 다문화주의, 젠더 혐오, 성소수자 인권 등이 관심 주제로 등장한 것이다. 현대 정의론은 백가쟁명의 시대로 접어들고 있고 정의의 주제는 더욱 다양해질 것이 분명하다.

필자는 유럽 계몽주의의 전통에서 약간 비켜서서 비서구 사회, 특히 인도의 지성사에서 출현한 광범위한 아이디어를 활용하는 아마르티아 센(Amartya Sen)의 이론에 깊은 관심을 가지고 있다. 센은 인도 출신으로 불평등과 빈곤 연구의 권위자이자 후생경제학의 거목으로 아시아 최초로 노벨경제학상을 수상하였다. 그는 빈곤, 기아, 불평등, 복지 등 약자를 위한 현실적 문제에 관심을 갖고 경제학에서 윤리와 철학의 문제를 복원하여 '경제학계의 양심'으로 불리기도 한다. 센은 유럽 계몽주의의 주류 정의론에 결별을 고했다.

정의란 무엇인가? 정의로운 사회는 어떤 사회인가? 어떠한 사회가 공정한 사회를 구현하는가? 이러한 질문에 대한 대답은 홉스, 로크, 루소, 칸트로부터 오늘날 롤스, 노직, 고티에, 드워킨에 이르기까지 서구의 이론가들이 점령해 왔다. 센은 이러한 주류 정의론을 비판하고 완전한 정의와 완벽하게 공정한 제도에 골몰하는 '선험적 제도주의'의 문제점을 지적한다. 나아가서 사회적 현실을 직시하여 가치판단의 복수성을 인정하고 비교 접근을 통해 부정의를 제거해 가는 방식으로 정의를 촉진하자고 제안한다.

센은 롤스가 '정의론'에서 해결책으로 제시하는 '선험적 제도주의'가 완벽한 정의와 제도에만 집착할 뿐, 실제 사회에 대해서는 무관심하다고 비판하면서 비교론적이고 실천 지향적인 이론을 전개한다. 정의를 정의하는 기준은 다원적일 수밖에 없으며 부정의를 제거하고 방지할 완전한 제도의 구축은 불가능하다고 보기 때문이다. 그러므로 완벽한 정의를 추구하기보다는 사회적 현실을 직시하며 실현 가능한 선택지들을 비교해야 한다는 것이다.

분배의 문제에서도 '기본 가치'를 정해진 지표로 삼을 것이 아니라 개개인의 실제 역량에 주목할 것을 강조한다. 자원이 동일하게 주어져도 그것을 활용하여 달성할 가능성의 정도가 개인마다 다르기 때문이다. '전체주의적' 형식을 취하는 '표준적' 정의론이 체계적 완전성을 전제하는 반면, 센의 비교 접근법은 불완전성을 받아들인다. 끊임없이 불완전할 수밖에 없는 현실 세계에서 무엇이 완전한 정의이고 무엇이 완벽하게 공정한 제도인지 판별하는 '이론'은 필요하지도 충분하지도 않기 때문이다. 그래서 센은 비교 접근이라는 방법을 제시할 뿐 특정한 원리를 고수하거나 고정적인 리스트를 작성하지 않고 복잡한 수식어도 사용하지 않는다. 이러한 점에서 센의 이론은 기존의 편협한 이론을 대체해야 할 실천적 아이디어를 풍부하게 제공한다.

필자는 자비의 실천 윤리를 탐구하면서 아마르티아 센의 아이디어에 깊은 영감을 받았다. 붓다의 사상에 대해 깊이 이해하고 있는 센은 기원전 6세기 인도의 석가모니가 주장한 내용들이 유럽 계몽주의를 대표하는 사상가들의 비판적 저작들과 매우 친화력이 높다고 본다. 필자는 센의 저서『정의의 아이디어(The Idea of Justice)』[15]를 읽으면서 그의 정의론을 '연기적 정의론'으로 명명하고 싶은 충동을 느꼈다. 산스끄리뜨어와 고전 독해에 능한 아마르티아 센의 붓다에 관한 내용을 인용해 본다.

종종 나 자신도 이유가 궁금해지지만, 나는 석가모니의 사상을 처음 접한 순간부터 석가모니에게 깊은 감동을 받았다. 내가 처음 석가

---

15 _ 아마르티아 센, 이규원 역『정의의 아이디어』지식의 날개, 2019 참조.

모니의 사상을 접하게 된 계기는 할아버지가 읽어 보라고 건네준 석가모니에 대한 간략한 이야기가 담긴 책을 통해서였다. 기억을 더듬어 보면 내 나이가 열한 살이나 열두 살이었던 그때, 당시의 나에게는 석가모니가 내세우는 논리의 명확성과 더불어—그것도 아난, 수보리 등 자신의 제자들만이 아니라 도처의 모든 이가— 쉽게 접근할 수 있을 친밀성이 충격적이고 인상 깊게 다가왔다. 나에게 석가모니는 강력한 힘을 지닌 남녀 신들과는 달리, 우리 인간의 일상적 고민을 똑같이 가진 인간으로 느껴지기도 했다. 석가모니는 젊은 시절 깨달음을 얻기 위해 히말라야산맥 기슭의 궁전을 떠나던 무렵 죽음을 면할 수 없는 인간의 운명, 병에 걸리고 늙어 무력해지는 모습을 보면서 특히 감화를 받았다. 그가 번민했던 이런 고민은 지금의 우리가 떠안고 살아가는 고민과 다르지 않았다.[16]

센의 정의론은 붓다의 깨달음과 지혜를 오늘의 의미로 재해석하는 길잡이 역할을 할 것으로 기대한다.

붓다 가르침의 실천행인 팔정도 중 정의와 제일 가까운 개념이 정명(正命)이다. 물론 정업을 비롯하여 다른 덕목들도 정의론과 관련이 있지만 현대사회의 틀에서 볼 때 제일 가까운 개념으로 볼 수 있다. 정명은 '올바른 생계'를 의미한다. 이미 소개한 불교 실천 윤리에 관해 많은 연구를 한 피터 하비는 정명을 '불교 경제 윤리'의 핵심 가

---

16 _ 아마르티아 센, 정미나 역 『세상은 여전히 불평등하다』 21세기북스, 2018, p.24.

치로 내세우면서 각종 경전을 바탕으로 도덕적인 생업, 부의 사용, 보시, 통치자의 경제 윤리, 분배 정의 그리고 사원 경제까지 다루고 있다.

   정의는 인간이 존엄하게 살아갈 수 있게 하는 제일 중요한 사회적 도구이다. 한 개인이 다양한 외부의 유혹을 극복하면서 자신의 삶을 지킬 수 있는 내면의 나침판이 바로 존엄이다. 이것은 사회로 확대되어 사회윤리적 차원의 과제로 이어진다. 정의는 바로 이러한 문제의식에서 나온 것이다. 인간이 존엄하게 살기를 계속 추구하는 한 정의의 문제는 시간과 공간에 따라 다양하게 제기될 것이다. 인간과 모든 중생을 존엄하게 만드는 센의 정의론은 바로 연기론에서 파생한 자비 윤리이다.

4
평화와 함께 가는 자비의 길

○

　필자는 이미 제2장에서 불교 윤리와 자비에 대한 많은 학자의 논의를 살펴보면서 박이문 교수의 저서 『자비의 윤리학』의 내용을 다룬 바 있다. 여기서 다시 한번 살펴보고자 하는 것은 박 교수가 자비를 보편적 윤리의 최고 덕목으로 선택한 이유를 다시 생각해 보려는 것이다. 달라이 라마는 『종교를 넘어』에서 자비를 모든 종교의 벽을 뛰어넘는 보편적 덕목으로 선택하고 있다. 그런데 불교도가 아닌 것처럼 생각되는 박 교수가 자비를 보편적 윤리로 보고 있다는 점이 특이하다면 특이한 점이다.

　박 교수의 자비에 대한 의견을 요약해 보자. 남의 고통을 의식하고 함께 괴로워하는 마음 자세가 바로 자비이다. 자비는 우선 나 자신만도 아니고 자기중심적인 것도 아니고 남들과 함께 느끼는 마음씨다. 이런 점에서 자비의 덕은 박애나 인의 덕과 다를 바 없다. 왜냐하면 모든 덕은 한결같이 남들과 함께 느끼는 마음씨에 바탕을 두고 있기 때문이다. 그러나 박애와 인의 덕이 남에게 좋다고 믿어지는 일을 적극적으로 하겠다는 마음씨라면, 자비의 덕은 남들에게 좋고 나쁜 것이 무엇인지 몰라도 우선 남들의 어려운 사정, 남들의 고통을 함께 느끼는 마음씨이다. 박애와 인의 덕이 호의의 심성이라면 자비의 덕은 측은하게 여기는 마음씨이다. 호의는 남들의 고통을 전제로 하지 않는다. 반면 자비는 남들의 고통을 전제로 한다. 이렇게 남의 고통을 전제로 하는 자비야말로 제일 보편적 덕목이 될 수 있다고 주장한다.[17]

필자가 박이문 교수의 자비 윤리를 다시 거론한 것은 갈등 해결과 평화의 길을 자비에서 찾고 있다고 생각하기 때문이다. 박이문 교수의 붓다 다르마에 대한 이해에 대해 일정 부분 이의를 제기하지만, 자비를 보편 윤리의 제일 중요한 덕목으로 제시한 이유에 대해서는 전적으로 동의한다. 불교의 많은 경전에서는 탐욕, 증오, 어리석음 등 모든 해로운 행위의 뿌리가 갈등이라고 설한다. 또한 사변적 내지는 확고부동한 견해, 교조적 억측, 다른 의견에 대한 부정적 집착 등에 관한 병폐 등을 지적하고 있다. 갈등을 부채질하는 왜곡된 인식은 또 다른 미망으로 본다.

평화의 문제는 결국 갈등 해결의 문제라고 할 수 있다. 일반적으로 불교는 평화의 종교로 평가된다. 불교의 전파 과정에서 기독교나 이슬람교의 예에서 나타난 성전(聖戰)의 개념은 없다. 자비와 비폭

---

17 _ 박이문 『자비의 윤리학』 pp. 183-184.

력은 불교의 대명사였다. 근현대에 와서 예외적인 사례가 있기는 하다. 일본제국주의에 협조한 일본불교, 불교국인 스리랑카 등의 민족 갈등 등 여러 사례를 거론할 수 있으나 그것은 반성하고 참회해야 할 예외적인 경우이다.

오늘날 평화는 자유, 평등, 정의와 함께 사회가 지향해야 할 핵심 가치이다. 그러나 평화라는 용어는 그 사용 맥락에 따라 다양한 의미를 담고 있다. 평화의 다양한 개념 정의와 이론을 간추려 보면 다음과 같이 정리할 수 있다. 즉 평화는 개인, 집단, 국가 간의 상호 유익한 조화로운 관계에서 전쟁과 폭력의 부재로 정의된다. 1999년 '평화 문화에 대한 선언'과 '실행 계획'이 UN 결의안으로 채택되면서 전쟁의 문화를 평화의 문화로 대체하는 방향이 제시되었다. 이러한 평화 문화 구현의 핵심 동력이 바로 자비이다.

불교의 가르침은 탐욕, 성냄, 어리석음과 관련된 내면 상태의 산물로 보는 '폭력'을 철저히 거부한다. 공격성은 자아에 대한 잘못된 믿음과 그 자아를 보호하려는 욕망에서 발생하는 것으로 본다. 이 자아에 대한 강력한 개념과 이에 따라붙는 내 소유물, 내 나라, 내 인종과 같은 구분심은 이방인 또는 타인들에 경계심과 적대감을 유발한다. 붓다 다르마의 목표는 자아의 개념과 이로 인해 갈등을 일으키는 두려움과 적대감을 해체하는 것이다.

피터 하비의 저서 『불교 윤리학 입문』에서는 '전쟁과 평화'라는 독립된 장을 마련하여 갈등의 원인에 관해 다양하게 분석하고 이 갈등을 해결하기 위한 경전 내용을 구체적으로 소개하고 있다. 또한 현대 세계에서 평화를 위한 불교도의 평화 활동도 소개한다. 나아가 불교의 전통이 갈등 해결에 필요한 강력한 원천을 지니고 있음에도 불구하고, 그 실천에 대한 문제점도 함께 거론하고 있다.[18]

중생에 대한 자비심의 실천은 중생에게 폭력을 행사하여 고통을 주지 말고, 생명을 빼앗지 않는 것이 제일 중요하다. 붓다는 일상생활에서 늘 일어나는 무익한 살생이나 폭력에 대한 공포와 혐오를 강조하셨다. 일찍이 붓다는 희생제를 올리는 바라문을 교화시켰고, 전쟁을 계획하는 왕이나 대신을 간곡하게 만류하기도 했다. 경전에 표현된 붓다의 폭력에 대한 두려움과 평화에 대한 소망을 보자.

죽이려고 투쟁하는 사람들을 보라. 무기를 손에 들고 다른 이를 치려고 하는 데에서 두려움이 시작되었다. 내가 겁에 질려 폭력을 멀리 떠나게 된 그 충격을 말하리라.

물이 말라가는 연못의 물고기처럼 사람들이 두려움에 떨며, 서로가 서로의 목숨을 노리고 있는 광경을 보고 서늘한 공포가 내게 일어났다.

—『숫타니파타』935-936

모든 생명은 폭력에 떨고 모든 생명은 죽음을 겁낸다. 그들을 나와 똑같다고 생각해서 결코 죽여서는 안 된다. 죽게 해서는 안 된다.

---

18 _ 피터 하비『불교 윤리학 입문』pp. 439-517.

모든 이는 폭력에 떤다. 모든 생명은 자신의 생명을 사랑한다. 자신이 그러하니 남을 죽여서는 안 된다.

—『담마파다』120-129

저들은 나와 똑같고 저들도 나를 똑같다고 생각하여, 나의 입장으로 바꿔 생각해서 결코 다른 생명을 죽여서는 안 된다. 또한 다른 사람을 죽게 해서도 안 된다.

—『숫다니파타』706

위의 경전에서 보듯 '내 입장으로 바꿔 생각하라'는 것이 붓다의 평화 철칙이다. 폭력에 대해서뿐만 아니다. 누군가의 괴로움이나 불행도 그것이 내게 일어났을 경우를 생각해 본다면 진실로 자애심이 길러질 것이다. 이것이 바로 평화의 문화를 정립하는 출발점이다. 평화의 개념은 인간의 행동에 영향을 미치는 가치와 정체성에 주목하고 있다. 이는 개인적 차원의 밑바탕에서부터 평화를 증진하는 잠재력을 키울 수 있다는 희망을 뜻한다. 이 희망의 원천이 바로 자비이다.

붓다의 '내 입장으로 바꿔 생각하라'는 평화 철칙은 칸트의 정언명령을 상기시킨다. 칸트가 도덕법칙으로 제시한 정언명령은 자기 인격이든 타인의 인격이든 모든 경우에서 인간을 결코 수단으로 취급하지 말고 언제나 목적으로 대우하도록 행동하라는 것이다. 자유는 자기중심적인 행동을 억제하고 타인을 위해 베푸는 도덕적인 착한 행실을 했을 때 실현된다고 칸트는 말한다. 착한 행실은 입장에 따라 변한다. 만약 같은 입장에 섰다면 누구나 똑같이 행동하리라고 추측될 만한 행위를 해야 한다고 칸트는 주장한다. 따라서 칸트의 도덕법칙은 항상 보편적인 법칙이 됨직한 원리를 따라서만 행동하라는 것이다.

 붓다의 가르침은 이러한 보편적인 길인 중도의 지혜를 통해 밝혀지고 실천된다. 이것이 바로 자비와 함께 가는 평화의 길이다.

5
다문화사회와 함께 가는 자비의 길

○

　오늘날 다문화라는 용어는 지구촌의 중요한 화두로 등장하여 다양한 형태로 논의되고 있다. 다문화사회 문제는 교육에서부터 기업경영과 국가 정책에 이르기까지 중요한 쟁점이 되고 있다. 지구촌 곳곳에서 다문화사회의 갈등이 증폭되고 있는데 이러한 현상은 한국사회도 예외가 아니다.
　지구촌이 하나 되는 세계화의 틀 속에서 다문화사회의 도래는 필연적이다. 이와 함께 다문화주의와 공동체적 관계의 문제점이 드러난다. 다문화주의(multi-cuturalism)는 중앙집권적 단일 지배 문화에 순응하던 시대의 종언과 더불어 다양한 주변부 문화들에 대한 조명과 이해 및 공존을 주장하는 사조이다.
　이러한 다문화주의는 1970년대 캐나다와 호주에서 시작하여 1980년대에는 미국사회에서 가장 중요한 사회적 담론으로 등장했다. 다문화주의는 정치적, 경제적, 사회적, 문화적, 언어적 불평등을 시정하는 일종의 국민 통합 혹은 사회통합의 이데올로기로서 구체적인 정책을 유도해 내는 지도 원리로 작용하고 있다. 오늘날 한국 사회에서도 다문화주의는 선한 용어로 유행되고 있고, 초·중등 교육과정에도 중요한 요소를 차지한다.

그러나 다문화주의의 실패 사례가 지구촌 곳곳에서 발생하고 있다. 이 글을 쓰고 있는 지금도 프랑스는 다문화 정책의 실패로 격렬한 혼돈에 빠져 있다. 2023년 6월 27일 프랑스에서 교통 검문을 피해 달아나던 알제리계 10대 소년이 경찰의 총격에 숨진 사건으로 격렬한 시위가 계속되었다. 이와 유사한 사건이 빈번히 일어나고 있는 게 현실이다. 그동안 프랑스는 다문화사회의 전형적인 모범 사례로 거론되어 왔기에 더 충격적이다.

지구촌 곳곳에서 다문화사회의 균열과 갈등이 심각하게 나타나고 있다. 폐쇄적 민족주의와 부족주의가 되살아나고 있다는 우려도 깊어지고 있다. 그 대표적인 폐해가 조너선 색스(Jonathan Sacks)가 지은 *The Home We Build Together*에 잘 나타나 있다.[19] 2005년 7월 7일 런던 중심가의 연쇄 폭탄테러로 50명 이상이 사망하고 700명이 부상을 당한 충격적인 사건이 있었다. 그런데 이러한 테러를 한 무슬림 청년은 해외의 알카에다 조직원이 아니라 영국에서 태어나 교육을 받은 청년이었다. 이 사태는 다양한 인종, 종교 집단의 문화를 인정하겠다는 다문화주의 정책의 적실성에 대한 논란을 불러일

---

19 _ 조너선 색스, 서대경 역 『사회의 재창조』 말글빛냄, 2009 참조.

으켰다. 이러한 예는 많은 나라에서 발생하고 있다.

색스는 전체주의, 민족주의에 대한 반감으로 다문화주의가 등장하였지만, 정체성 약화로 오히려 사회통합이 아니라 분리를 야기했다고 주장한다. 그는 다문화사회를 '호텔로서의 사회'로 비유하고 호텔 투숙객의 생활 행태를 예로 들고 있다. 즉 격리된 다문화사회일 뿐이지 '다문화적 공동체'는 되지 못한다는 것이다. 한국은 이주 노동자, 결혼 이민자, 외국 유학생 등의 숫자가 급격히 늘어나면서 이미 다문화사회로 진입하고 있다. 그러므로 다문화주의의 실패에 대한 사례는 우리에게 큰 교훈이 될 것이다.

다문화사회의 갈등 문제는 '정체성'의 문제와 연결된다. 정체성 개념은 '변화 속의 영속성'과 '다양성 속의 단일성'이라는 두 가지 요소를 가지고 있다. 정체성의 핵심은 공간과 시간의 변화 등 자기를 구성하는 외적 요소들의 다양한 변화에도 불구하고 스스로를 하나이며 영속적인 개체로 인식하는 개인 및 집단 차원 자의식의 존재를 의미한다. 이것이 구체적 행위와 연결될 때 정체성이라 표현할 수 있다. 개인 차원에서 자아 정체성을 이야기할 수 있고, 집단 차원에서는 민족(국가) 정체성을 대표적으로 들 수 있다.

정체성의 출발점은 자아 중심성에 있다. 이 자아 중심성의 강도에 따라 다양한 형태의 정체성이 나타난다. 그리고 자아 중심성은 타자의 만남에 어떻게 반응하느냐에 여러 형태로 나타나게 된다. 다문화 및 세계화 사회는 타자와의 만남의 광장이 확장되는 사회이다. 세계화와 다문화사회의 환경에서 성장하는 자아는 다른 자아로부터 자신의 생활권이 위협받을 수도 있고, 동시에 보장받을 수도 있는 과정 속에 생활하고 있다는 것을 자각해야 한다. 따라서 자신의 자아는 타자와 공생할 수 있는 정신적 여백을 내장하고 있어야 한다. 즉 끊임없이 타자로부터 자신의 생활권을 보장받으면서, 그 타자와의 만남을 통해 자신이 성숙할 수 있다는 자아의 태도가 필요하다. 이러한 자아의식을 '공생적 정체성'이라고 표현할 수 있다. '열린 정체성'이라는 표현을 사용해도 무방하다.

위에서 살펴보았듯이 문화 간의 소통과 상호 존중을 내세운 다문화주의는 사회통합에 순기능을 할 것으로 기대되었지만 오히려 사회통합의 저해 원인으로 등장할 가능성도 함께 있다는 것을 알 수 있다. 즉, 다문화주의는 공동의 사회적 목표 안에서 개인을 하나로 묶어주던 도덕적 유대의 끈에 손상을 입힐 수 있다. 아울러 국가를 하나의 공동체로 인식하는 국가 정체성도 약화된다. 정체성은 진공 상태를 두려워한다. 우리는 누구이며, 사회 속에서 어떤 역할을 맡고 있는지, 또한 어느 집단에 소속되어 있는지 알아야 할 필요성을 느낀다. 사람은 '미지의 존재 상태'에 있는 것을 두려워한다. 인류 역사 대부분의 기간에 사람들은 출생에 의해 정체성의 한계가 결정되어 왔다. 그러나 오늘날 지리적, 사회적, 직업적 유동성의 다양화로 인해 정체성을 한계 지우는 기존의 제약이 무너졌다. 이러한 다양성과 불확실성 가득한 조건 탓으로 굳건한 토대 위에서 자아 감각을 뿌리내리기가 어려워졌다. 이제 현대의 사람들은 외로운 여행자가 되었다.

근대성의 특징은 구성원이 가지고 있는 정체성을 위기 상태로 이끌 가능성이 많다. 이에 대한 반응으로 사회 구성원이 인종적 정체성, 지역적 정체성 또는 종교적 정체성 등 과거의 향수로 도피하면서 자기의 정체성을 확인하는 경우가 많아진다. 이러한 현상을 색스는 '부족으로의 회귀'로 표현하고 있다.[20] 그렇다고 해서 다문화주의가 폐기의 대상이 되는 것은 결코 아니다. 다문화사회 이전으로 돌아가는 길은 없고 또한 불가능하다. 오직 다문화주의를 넘어서는 길만이 있을 뿐이다. 각 집단의 가치관과 문화를 존중하면서 다문화주의를 한 차원 뛰어넘는 공동체적 연대의 사회를 어떻게 만들어 가느냐가 중요하다.

다문화 가정의 급증, 다양한 외국인의 국내 유입 등 우리나라도 인종적 다문화사회의 문턱에 들어서고 있다. 따라서 단순히 그들의 문화를 인정하고 존중해 주는 차원을 넘어 함께 사는 새로운 보금자리 같은 집을 만들어 주어야 할 것이다. 그러나 우리의 현실은 그렇지 않다. 한국사회의 폐쇄적인 민족 정체성은 경제적 우월주의와 결합하여 서구의 문화는 선호하고 서구인과 이룬 다문화 가정에 대해서는 호감을 느끼지만, 동남아 등 경제 후진국 사람과 이룬 다문화 가정에 대해서는 차별적인 태도를 취하는 이중적 자세를 가지고 있는 사례도 적지 않다.

이러한 경향이 지속될 때 색스가 지적한 대로 '부족에의 회귀' 현

---

[20] _ 위의 책, p.175.

상이 일어나 사회통합의 큰 장애로 등장할 수 있을 것이다. 다문화 사회의 공동체화를 실천하고 있는 좋은 사례 중 하나가, 어느 지방 자치단체에서 실시하는 결혼 이주여성에게 '친정엄마 맺어주기' 운동이다. 이 운동은 한국 어머니의 적극적인 참여 속에서 정겹고 아름다운 많은 사연을 전하고 있다.

하지만 이러한 개인의 덕성에 바탕한 다문화 공동체를 만드는 것은 많은 한계를 지니고 있다. 가족이나 이웃 등 소규모 공동체에서는 덕과 배려의 덕목을 기대할 수 있으나 더 큰 '거래의 사회'에서 이를 실천하는 것은 쉽지 않다. 오늘날 사회는 근대적 국가와 세계화라는 거대 공동체로 확대되어 버렸기 때문이다. 이제 행위자의 덕목과 더불어 '행위' 자체에 주목하는 규범도 중요성이 커졌다. 공동체적 윤리는 자유주의적 윤리가 가진 삭막함에 대한 저항에서 비롯되었지만, 우리의 세계가 모르는 사람끼리의 삭막한 관계가 확대되고 있음을 부인할 수 없다.

따라서 시민사회적 윤리의 중요성이 제기된다. 시민사회는 계약적 성격이 강하다. 구성원이 자유롭고 평등하게 계약하고, 합의한 계약을 얼마나 잘 지키느냐가 문제이다. 그리고 그 계약을 지킴으로써 공동체 구성원의 삶의 질이 얼마나 향상되느냐 하는 것도 중요하다. 여기서 정의 윤리의 중요성이 제기된다. 정의의 윤리는 탈문화적인 성격이 강하며, 내용으로서의 도덕 개념이 아니라 형식과 절차로서 도덕 개념의 성격이 강하다고 할 수 있다. 앞 절에서 '자비로운 정의'와 '정의로운 자비'가 함께 가는 길에 대해 살펴보았다. 마찬

가지로 공동체 윤리의 핵심 가치인 덕과 배려는 정의와 건강한 긴장 관계를 형성하는 동반자적 관계이다.

다문화사회는 인류 진화의 선한 과정이라고 생각된다. 그런데 지금 지구촌 곳곳에서 이에 역행하는 움직임이 일어나고 타자에 대한 분별심이 미움과 차별로 변하기도 한다. 참으로 붓다의 지혜와 자비가 절실한 사회이다. 앞 절에서 살핀 평화와 함께 가는 자비의 길이 바로 다문화사회와 함께 가는 자비의 길이다. 불교는 다문화사회의 문제점을 해결할 큰 정신적 자산을 가지고 있다. 그만큼 불교와 불자의 역할과 책임이 크다 하겠다.

6
민주주의와 함께 가는 자비의 길

　　지금까지 자비 공동체를 구현하는 큰길로 행복, 정의, 평화, 다문화사회를 지향 가치로 제시하였다. 이러한 지향 가치들은 민주주의로 향하는 지향 가치와 그대로 연결된다. 자비 없이 민주주의 사회는 이루어질 수 없고, 또한 민주주의 없이 자비 사회는 구현될 수 없다. 자비와 민주주의 관계는 '깨달음의 사회화'라는 명제와 밀접한 관계가 있다.

　　민주주의만큼 인문사회과학과 정치적 일상에서 중요한 주제로 떠오른 것도 없을 것이다. 민주주의는 개념 조작만 하면 누구나 들고 다닐 수 있는 '여행용 가방'이라는 평가도 받는다. 노예제에 기초를 둔 고대 그리스 사회에서 남성 시민들의 '직접 지배' 형태로 시작된 민주주의는, 자본주의 사회의 출현과 함께 봉건제에 대항하는 이데올로기로 등장한 이래, 모든 사람이 동의하는 이상과 이념으로 자리 잡았다.

일반적으로 민주주의는 인간 존엄성, 자유와 평등 및 이들의 상호 조화를 근본이념으로 한다. 운영 원리로 정치 참여, 대의제도, 다수결 등을 들 수 있다. 그러나 사회 변화에 따라 이러한 근본이념과 운영 원리에 다양한 시각과 강조점이 등장하고 있다. 이와 함께 각기 '참민주주의'라고 주장하는 많은 경쟁적 모델이 등장한다. 오늘날의 민주주의는 합의된 단일한 정형이 없는 실정이다.

현대의민주주의는 지금까지 인류가 만든 가장 바람직한 정치 형태로 평가받으면서도 동시에 민주주의에 대한 위기도 중요한 담론으로 등장하고 있다. 민주주의는 결코 어떤 곳에서도 완전한 형태로 실현된 적이 없으며 불완전에서 완전으로 나아가는 과정에 있는 이념이기 때문이다. 매우 까탈스러운 아가씨에 비유될 수 있는 민주주의는 온실에서 자라는 식물처럼 알맞은 토양과 주변 환경이 갖추어진 곳에서 그 꽃을 피울 수 있다. 한 나라에서 민주주의가 성장하려면 문화, 경제, 역사, 안보 등 여러 조건의 성숙이 함께 필요하다.

여러 조건 중에서 제일 중요한 것이 바로 정치 공동체 구성원의 민주적 인성과 삶의 양식이다. 윌리엄스(T. T. Williams)의 글을 인용하면 다음과 같다.[21]

인간의 마음은 민주주의의 첫 번째 집이다. 거기에서 우리는 묻는다. 우리는 공정할 수 있는가? 우리는 너그러울 수 있는가?. 우리

---

21 _ 파커 J. 파머, 김찬호 역 『비통한 자들을 위한 정치학』 글항아리, 2013, 서문.

는 단지 생각만이 아니라 전(全) 존재로 경청할 수 있는가? 그리고 의견보다는 관심을 줄 수 있는가? 살아 있는 민주주의를 추구하기 위해 용기 있게, 끊임없이, 절대로 포기하지 않고, 동료 시민을 신뢰하겠다고 결심할 수 있는가?

민주주의 성패의 핵심은 바로 'by the people'이다. 시민이 지닌 정치 문화의 수준에 따라 민주주의 운영은 다양하게 나타난다. 쉴즈(Edward A. Shils)는 민주주의를 가능케 하는 정치·문화적 조건을 다음과 같이 제시한다.[22] 즉, 씨족이나 촌락을 초월하는 국민 의식, 공공업무에 대한 국민의 관심, 정부의 정통성에 대한 신념과 합의, 인간 존엄성에 대한 의식과 개인의 권리 의무에 대한 의식, 정치적 가치와 제도에 대한 국민적 합의, 자기의 역할과 사명에 대한 과대망상을 억제하는 일반화된 상식 등이다. 위의 조건을 생각해 보면 한국의 정치 현실의 원인이 자명해진다.

민주주의 발전과 마음의 관계 틀을 적용하여 미국의 민주주의를 통렬하게 진단하고 그 대안을 모색하는 책을 소개하고자 한다. 한국의 정치 현실과 다르지 않기 때문이다. 미국 학자 파커 파머(Parker J. Palmer)가 저술한 *Healing the Heart of Democracy*이다. 이 책은 『비통한 자들을 위한 정치학』이라는 제목으로 국내에서 번역되었다. 아마도 민주주의의 몰락에 분노하고 비통해하는 사람을 대변한다는

---

[22] _ E. A. Shils, *The Political Development of the New States*, Hague: Mouton, 1964, p. 34.

의미로 보인다.[23] 이 책은 미국의 민주주의 문제점을 다양하게 진단하면서 찢어진 민주주의의 직물을 다시 짜기 위해 민주적 인성과 성찰 능력 그리고 불의의 정치에 대응하는 용기를 어떻게 기르느냐에 초점을 두고 있다.

민주주의와 불교는 매우 친화력이 높다. 붓다가 출생한 나라는 공화정의 성격이 강한 나라로 추정된다. 또한 불교의 승단 조직과 운영은 어느 종교에 비교할 수 없을 정도로 민주주의적 요소를 많이 찾아볼 수 있다. 민주주의는 궁극적으로 '바람직한 정치 공동체'를 만드는 원칙과 실천이라고 할 수 있다. 이러한 바람직한 공동체를 정확히 나타내는 불교 경전 『유행경』의 내용을 보면 붓다의 정치관이 얼마나 민주적인가를 선명하게 보여주고 있다.

붓다 재세 시 중인도에서 가장 강력한 나라인 마가다국의 아자타삿투 왕은 작지만 강한 부족국가 밧지국을 침략하고자 하였다. 그는 전쟁에 앞서 대신 우사를 기원정사에 보내 붓다께 의견을 구한다.

"밧지국을 공격하고 싶은데 우리가 이기겠습니까?"

붓다는 바로 대답하는 대신 옆에 있는 아난에게 질문한다.

"아난아, 밧지국 사람들이 자주 모여 의논하여 정사를 결정한다고 들었느냐?"

아난이 답한다.

"예, 부처님. 그렇게 들었습니다."

23_ 파커 J. 파머, 앞의 책 참조.

"아난아, 그렇다면 그 나라는 날이 갈수록 왕성하여 오래도록 안온할 것이니 빼앗거나 해치지 못할 것이다."

이 질문을 비롯하여 붓다가 던진 7가지 질문을 바탕으로 만들어진 것이 바로 유명한 '칠불쇠법(七不衰法)'이다. 이 칠불쇠법을 현대적 의미와 용어로 해석하면 다음과 같이 정리해 볼 수 있을 것이다.

* 의견이 다른 사람들이 자주 소통하고 공감하고 있는가?
* 공직자들이 서로 화합하여 국민을 섬기고 있는가?
* 모든 사람이 법과 규칙을 지키고 예를 따르는가?
* 부모에게 효도하고 스승과 어른을 대접하는가?
* 조상을 숭배하고 바람직한 전통문화를 보존, 계승하는가?
* 가정이 행복하고 가정 윤리가 제대로 준수되는가?
* 윤리와 정신문화에 대한 이해가 높은가?

붓다는 칠불쇠법의 설법을 마치고 왕사성에 흩어져 있던 제자들을 불러 이와 결이 비슷한 유형의 질문을 던져 불교 공동체가 쇠퇴하지 않을 7가지 조건을 제시한다. 그리고 제자들과 작별한 뒤 여든의 노구를 이끌고 쿠시나가라까지 열반의 여정을 떠난다.

칠불쇠법은 민주주의 근간인 공화주의자로서 붓다의 체취가 강하게 느껴진다. 공화주의는 개인의 사적 권리보다는 시민으로서 갖춰야 할 덕을 강조한다. 시민들이 덕을 가지고 정치활동에 적극적으로 참여하고, 이 과정에서 공공선에 대한 헌신 속에서 개인의 자유를 실현하는 것이 중요하다고 본다. 그것은 민주주의가 일련의 절차적 제도적 장치만으로는 제대로 작동하고 발전하기 어렵다는 문제의식에서 비롯된 것으로, 적극적 시민으로서 정치 참여와 선출된 공직자의 사회적 도덕적 책임 윤리를 강조한다. 자유주의가 경쟁의 논리에 비중을 둔다면 공화주의는 참여의 윤리를 보다 강조한다.

그러면 자비 윤리는 민주주의 구현과 구체적으로 어떤 관계가 있는가. 민주주의의 성패는 구성원의 민주적 인성과 생활양식에 의해 크게 좌우된다. 자비 윤리는 바로 민주적 인성과 생활양식의 토대이다. 불교 윤리에 대한 논쟁을 개관하면서 자비가 가진 상호윤리적 성격을 밝힌 바 있다. 상호윤리는 열린 자세의 덕목에 바탕을 둔다. 자비의 윤리는 도덕적 진리에 대한 절대적 확신을 하지 않고, 또한 타인의 윤리적 행위에 대해 독단적 판단을 삼가고 신중하게 연민을 가지고 접근한다.

이러한 자세는 타인에게 적용될 뿐만 아니라 자신에게도 적용된다. 이와 같은 자비 윤리는 갈등이 잦은 삶의 현장에서 매우 중요한 역할을 한다. 민주적 인성과 생활양식은 바로 중도적 삶과 연결된다. 중도적 삶은 민주주의 발전의 핵심 요건으로, 중도적 삶의 구체적 실천인 자비 윤리는 갈등의 바다를 항해하는 민주주의의 나침판 역할을 한다.

자비의 상호윤리를 민주주의의 핵심 가치로 주장한 에릭 리우(Eric Liu)와 닉 하나우어(Nick Hanaue)의 저서 『민주주의 정원(The Gardens of Democracy)』을 보자. 이 책의 저자들은 연기론에 입각한 자비 윤리를 통해 민주주의 정원을 가꾸자고 주장한다. 연기론이나 자비라는 용어를 사용하지는 않지만, 내용은 연기의 자비 정치를 내세운다. 저서의 첫 장은 '씨앗 뿌리기'인데 여기서는 '정원형 지성'과 '기계형 지성'을 대비하면서 오늘날의 민주주의를 살리기 위해서는 정원형 지성이 필요하다고 주장한다.[24] 이 정원형 지성이 바로 연기적 사유이다. 정원형 지성을 설명하는 이론 틀이 바로 복합체계이론의 내용이다. 연기법을 현대 학문체계 관점에서 기술한 것이 바로 복합체계이론임을 여러 차례 강조한 바 있다. 저자들은 정원형 지성, 즉 연기법과 여기서 생성된 자비 윤리로 민주주의를 발전시켜야 한다고 결론을 내린 것이다.

하지만 불교의 오랜 역사 속에서 불교와 정치의 관계는 부정적인 요소가 있었다는 점을 명심할 필요가 있다. 대표적인 사례가 일본이다. 프랑스 불교학자 폴 드미에빌은 저서『불교와 전쟁』에서 다음과 같이 적고 있다.

> 불교는 봉건 체제일 뿐만 아니라 사회 그 자체다. 종파들과 황실 사이에서, 종파들과 봉건 영주들 사이에서, 종파들과 종파들의 무력 충돌은 다반사로 있었고, 이들은 손에 손을 잡고 전쟁터에 뛰어 들어가고 있었다.

---

24 _ 에릭 리우, 닉 하나우어, 앞의 책, pp. 28-33.

11세기 일본의 승병 세력은 매우 컸으며 그 폐해도 많았다. 일본 불교가 제2차 세계대전의 와중에서 종교적 동원을 통해 군국주의 확장에 힘을 보탰다는 것은 일면 자연스러운 것이기도 하다.[25] 국가와의 관계 속에서 불교의 많은 치부가 숨어 있다는 것이 명백한 만큼, 불교가 민주주의 발전에 어떻게 기여할 것인가의 문제는 매우 간단치 않은 주제다. 민주주의 정원을 잘 가꿀 수 있는 비옥한 토양을 만들고, 적당한 일조량과 물을 공급하려면 모든 과정에 자비의 역할이 필수적이라는 사실은 새삼 더 강조할 필요가 없다.

---

25 _ 베르나르 포르, 김수정 역『불교란 무엇이 아닌가』그린비출판사, 2014, pp. 149-150.

V장

자비 수행과 실천 방향

　이 장에서는 자비 수행과 실천의 첫 출발로서 자비 실천의 방편 그리고 자비 실천의 길라잡이 역할을 할 수 있는 나침판을 소개하고자 한다. 그리고 자비와 깨달음의 관계를 다루면서 자비 체험의 문제를 다양한 각도에서 접근한다. 나아가 자비 수행과 자비 방사, 그리고 자비 명상의 특징과 유형을 살핀다. 이어서 현대의 도덕교육론을 자비 실천과 연결시키는 탐구를 한다.

1
자비 실천의 첫 출발

○

　자비 수행과 실천을 위한 첫 출발로 두 가지를 생각해 보았다. 첫 번째는 자비 실천과 방편의 관계에 대한 통찰이며, 두 번째는 자비 수행과 실천의 길라잡이 역할을 할 수 있는 고전적인 경전과 현대적인 지침서 소개이다.
　방편(方便)은 자비 실천의 매우 중요한 화두이다. 방편, 즉 산스끄리뜨어 '우빠야(upaya)'는 어떤 목적을 이루는 방법, 수단을 가리킨다. 방편은 초기 논장인 『아비달마구사론』 등에 등장하지만 크게 주목받지 못했다. 그러나 대승불교의 보살 중생구제 서원과 연결되면서 주요 과제로 등장하였다. 중생구제라는 목적하에 대승 경전에는 다양한 방편론이 제기된다. 『유마경』 『화엄경』 『법화경』 등과 같은 주요 경전과 『해심밀경』과 『성유식론』 등 주요 논서들에 언급된 이후 다양한 의미의 방편론이 거론되어 왔다.
　중생제도에 목적을 둔 대승불교에서는 설법하는 장소와 상대에 따라 갖가지 방편이 설명되고, 경전에 따로 '방편품'을 두는 경우도 많다.『묘법연화경』의 방편품은 유명하다. 또한 방편을 중시하여 보살의 실천 덕목인 육바라밀에 더하여 '방편 바라밀'이 설정되기도 한다. 방편은 중생의 근기에 따라 때와 장소에 맞게 방법과 수단을 편리하게 쓴다. 붓다의 방편은 중생의 근기에 따라 다양하기 때문에 '천만 방편'이라 한다.

　이러한 방편은 잘못 사용하면 위험성이 크다. 깨치지 못한 사람이 방편을 쓰면 술수가 되기 쉽기 때문이다. 또한 방편은 상대방이 방편인 줄 모르게 사용되어야 한다. 만약 방편인 줄 알면 그 방편은 술수가 될 가능성이 높다. 방편은 진실한 목적을 전제로 한 도구라야 그 가치를 인정받는다. 진실에 들어가는 길이 열려 있지 않으면 방편이 아니다. 지혜와 방편은 동전의 양면과 같다.『유마경』에서는 "방편이 없는 지혜는 얽힘이며, 방편이 있는 지혜는 풀림이요, 지혜가 있는 방편은 풀림이다."라고 표현하고 있다. 붓다의 대기설법(對機說法), 차제설법(次第說法)은 지혜 방편의 대표적인 예이다.

　진리와 방편의 관계는 진제와 속제의 관계로도 볼 수 있다. 진제는 궁극적 진리이고 세속제는 시공간이 변하고 새로운 과학이 등장하면 그 내용도 변한다. 현대사회는 인류 역사상 최고의 격변기에 놓여 있다. 종래의 방편 틀로는 접근할 수 없는 다양한 문제들이 밀려오고 있다. 따라서 붓다의 지혜에 바탕한 다양한 방편들에 대한 탐구가 요구된다. 지혜는 '색즉시공'을 아는 것이고 자비는 '공즉시색'을 아는 것이다.

다음으로 자비 수행과 실천의 길라잡이 역할을 할 수 있는『입보리행론』과 조안 할리팩스(Joan Halifax) 선사의 활동과 그의 저서를 소개한다. 먼저『입보리행론』을 살펴본다.

> 허공이 남아 있는 한
> 그리고 살아 있는 존재가 남아 있는 한
> 저 역시 여기 남아서
> 세상의 고통을 해소하게 하소서

위 구절은『입보리행론』3장에 나온다. 다람살라에서 오랫동안 수행한 청전 스님이 번역한『입보리행론』을 참조하였다.[1] 입보리행은 보살행에 들어가는 길라잡이 역할을 하는 제일 중요한 경전이라 할 수 있다. 이 경전은 7~8세기경 인도 나란다대학에서 대승 사상을 선양한 중관학자 샨티데바 스님이 지은 것이다. 샨티데바 스님은 남인도 사우라아슈트라국의 왕자로 태어나 왕위 계승 전날 밤 왕궁을 몰래 나와 나란다대학에 가서 비구가 되었다. 나란다사(대학)의 전통인 큰스님들이 경을 외우는 법회에서 대승의 모든 것이 결집된『입보리행론』을 설하였다고 한다.

이『입보리행론』은 한국불교에서는 거의 관심 밖의 경전이었다가 티베트불교와 달라이 라마 존자에 대한 관심이 높아지면서 소개되

---

1 _ 산티데바, 청전 스님 역『입보리행론』담앤북스, 2010, pp. 4-9.

었다. 대승불교의 씨앗인 보리심과 보살행의 실천에서 대승 사상의 요점을 일목요연하게 표현한 경전이라는 평가를 받고 있다. 내용은 10개의 장으로 나누어지는데 제1장, 제2장, 제3장은 속제와 진제로 보리심을 일으켜야 하는 것이고 제4장, 제5장, 제6장은 일깨운 보리심을 잘 지키는 것이며 제7장, 제8장, 제9장은 지켜온 보리심을 향상시키는 것으로 구성되어 있다. 마지막 제10장은 보리심을 이웃에 되돌리는 회향과 대원력을 발하는 기원으로 끝나고 있다.

티베트 망명정부가 자리한 다람살라에서는 달라이 라마 스님이 집전하는 법회의 시작과 끝에 다음 구절을 모든 참가자가 함께 독송한다.

보리심의 귀한 보석이여
보리심을 아직 일깨우지 않은 이들을 일깨우고
보리심을 일으킨 이는 기울지 않도록 하며
보리심은 항상 위로 증장할지어다

이 논서를 읽을 때 유의할 점은 머리로 읽지 말고 꼭 입으로 소리 내어 읽기를 권한다고 한다. 특히 제2장 1절부터 제3장 22절까지는 입으로 읽기를 강하게 권장한다. 말로 하는 자비행이 아니라 온몸으로 하는 자비 실천을 암시하는 듯하다.

두 번째로 조안 할리팩스 선사가 쓴 저서 *Standing At The Edge*를 소개한다. 이 책은 『연민은 어떻게 삶을 고통에서 구하는가』라는 제목으로 국내에서 출판되었다.[2] 조안 할리팩스 선사는 세계적인 의료 인류학자로서 50년 넘게 현장 봉사와 수행을 한 스님이다. 1970년대에 숭산 스님의 제자였고 그 후 틱낫한 스님으로부터 법등(法燈)을 전수하였다. 불교 사회운동을 위한 '우파야 연구소 및 젠 센터'를 설립하여 50여 년 넘게 참여불교의 길을 걷고 있다. 또한 죽음을 앞둔 환자들을 보살피는 임상 역량을 개발하기 위해 의료 전문가를 훈련시키는 '죽음과 함께하는 삶' 프로젝트의 창안자이기도 하다.

이 책의 주요 내용은 '벼랑 끝 상태(edge states)'와 '자비'의 관계이다. 이타심, 공감, 진정성, 존중, 참여라는 다섯 가지 인간적 자질로 내용이 구성되어 있는데, 이것을 벼랑 끝 상태로 보고 있다. 이 다섯 가지 자질은 인간 삶을 유익하게 해 주는 마음의 자산이다. 이러한 유익한 자질들은 높은 절벽 벼랑 끝에서 존재한다고 한다. 그만큼 다섯 가지 덕목을 유지하고 실천하는 데 장애가 많다는 것이다. 만약 절벽 벼랑에서 발을 헛디딜 경우, 우리는 고통의 수렁으로 떨어져 벼랑 끝 상태의 유해한 측면인 해롭고도 혼란스러운 늪 속에 빠져버릴 수도 있다. 이렇게 다섯 가지 자질로 구성된 벼랑 끝 상태는 긍정적 측면과 부정적 측면이 함께하는 양가적 특징을 지니고 있다.[3]

조안 할리팩스 선사는 오랜 자비 봉사 체험을 통해 벼랑 끝 상태

---

2 _ 조안 할리팩스, 김정숙·진우기 역『연민은 어떻게 삶을 고통에서 구하는가』불광출판사, 2022 참조.
3 _ 위의 책, pp.37-38.

의 여러 사례를 구체적으로 제시하고 있다. 소외계층과 약자를 위해 헌신적인 사회봉사를 하다가 소진되어 중도 하차한 사례가 많이 등장한다. 우리 주변에서도 많이 발견할 수 있다. 다섯 가지 벼랑 끝 상태의 양가적 특징을 구체적으로 살펴보면 다음과 같다.

'이타심'이 '병적 이타심'으로 바뀔 수 있다. 타인을 위해 봉사하는 마음은 사회와 자연계의 행복에 필수적이다. 그러나 때로는 겉으로는 이타적으로 보이는 행동이 자신을 해하거나 봉사하는 사람들을 해하거나 봉사하는 기관을 해할 위험도 동시에 있다는 주장이다.

'공감'은 '공감 스트레스'로 변할 수 있다고 한다. 타인의 고통을 감지할 수 있을 때, 그 공감을 통해 우리는 타인과 좀 더 가까워질 수 있고, 그들에게 봉사하고자 하는 영감을 얻을 수 있으며, 더 나아가 세상에 대한 이해를 넓힐 수도 있다. 그러나 타인의 고통에 지나치게 감정이입되어 자신과 너무 동일시한다면, 우리 자신이 피해를 당하고 아무런 행동도 할 수 없게 무력화될 수 있다. 이러한 현상은 사회봉사의 현장에서 자주 볼 수 있다고 한다.

'진정성'은 강한 도덕적 원칙이 있음을 말한다. 그러나 자신이 알고 있는 진정성, 정의, 선행에 대한 감각을 위반하는 행동에 관여하게 되거나 그런 행동을 목격하면 '도덕적 고통'이 따르게 된다고 한다. 이러한 도덕적 고통은 자신을 도덕적으로 소진시키는 결과를 가져올 위험성이 크며, 나아가 자신을 무력화시키는 결과를 초래할 수 있다는 것이다.

'존중'은 우리가 존재와 사물을 평가하고 가치 있게 만드는 방법이다. 그러나 존중의 가치관과 예의의 원칙에 혼돈과 갈등을 겪으면 자신과 타인을 경시할 위험성이 있다. 이때 존중은 '무시'라는 해로운 늪에 빠져 사라져 버릴 수 있다. 이러한 사례는 우리의 일상사에서 흔히 볼 수 있는 경우이다.

'참여'는 우리에게 삶의 목적과 의미를 부여할 수 있으며, 그 일이 다른 사람들을 위한 것일 때 특히 그러하다. 하지만 과로, 유해한 직장 환경, 효율성 부족이 계속되면 '소진(burn out)'으로 이어질 수 있고, 이것은 물리적이고 정신적인 붕괴를 일으킬 위험성이 있다. 적극적인 참여 봉사자가 어느 날 냉소자로 변한 경우가 그것이다.

지금까지 벼랑 끝 상태의 양가적인 특징들을 살펴보았다. 우리는 타인을 도와주고, 타인의 처지에 공감하며, 도덕적 원칙을 지키고, 타인을 존중하며, 맡은 일에 최선을 다할 수 있다. 그러나 이런 과정에서 많은 고통과 부작용을 초래할 가능성도 크다. 어떻게 해야 이런 고통에 빠지지 않을 수 있을까. 어떻게 해야 통찰력을 가지고 위험을 극복할 수 있을까. 조안 할리팩스 선사는 바로 '자비'에서 그 해답을 찾고 있다. 벼랑 끝에 서서 고통으로 추락할 위험에 처했을 때, 자비는 우리가 땅을 단단히 딛고 서서 마음을 활짝 열어 두도록 하는 가장 강력한 수단이라고 강조한다. 조안 할리팩스의 글을 직접 인용해 보자.[4]

어린 네팔 소녀가 화상 치료를 받으며 울부짖는 소리를 들었을 때,

---

4 _ 위의 책, p.321.

자비는 내가 공감에 바탕을 두면서 공감 스트레스에서 벗어나도록 도와주었다. 전쟁, 인종차별, 성차별, 환경 악화라는 제도적 폭력에 직면했을 때, 자비는 나의 가치관을 일깨워 주었다. 또한 만성적인 분노에 빠지지 않고 진정성을 바탕으로 행동할 수 있도록 도와주었다. 수년간 죽어가는 사람들과 함께하는 동안, 또한 최고 보안 교도소에서 자원봉사를 하는 동안, 자비는 내가 소진되는 것을 막아 주었다. 자비는 가장 힘든 시기에 나의 가장 큰 지원군이었다. 내 삶은 연민에 의해 고양되었을 뿐만 아니라, 내가 봉사해 온 그 사람들도 혜택을 받았을 것이다.

자비는 타인의 고통에 대한 진정한 관심과 그들을 행복하게 하고자 하는 욕구라고 정의할 수 있다. 분리된 자아가 없다는 것을 깨달을 때, 모든 존재와 사물이 연결되어 있음을 깨달았을 때 우리의 자비심은 힘을 얻는다. 조안 할리팩스 선사는 자비심 함양을 위해 자비에 대하여 과학적인 연구를 하고, 불교 스승에게 지도받았다. 동시에 치열한 자비 실천의 체험을 바탕으로 자비 수행 방법을 다양하게 제시하고 있다. 일상의 삶 속에서 자비를 실천하기 위해 주의를 모으기, 의도를 상기하기, 자신에게 조율한 후 타인에게 조율하기, 무엇이 도움이 될지 숙고하기, 참여한 후 상호작용 끝내기 등 구체적인 방안을 제시한다. 또한 '육바라밀'을 강조한다. 보시(報施), 지계(持戒), 인욕(忍辱), 정진(精進), 선정(禪定), 반야(般若)로 구성되는 여섯 개의 바라밀은 다른 모든 바라밀을 품고 있다. 육바라밀은 사랑이 충만하고, 용기 있으며, 지혜로운 마음을 개발하는 강력한 지침이다. 이러한 자비심을 개발하는 것은 바로 자비로운 사회를 만들기 위해서이고, 바라밀은 곧 자유로 가는 길이다. 선사는 우리에게 이렇게 질문한다.

"두려움 없고, 지혜로우며, 자비 어린 마음을 깨달은 보살의 정신을 구현해 보지 않겠는가? 벼랑 끝에 서서 전체를 바라보지 않겠는가? 지금 바로 하지 않겠는가?"[5]

연꽃은 진흙탕 속에서 피는 것이리라. 진흙탕 속에서 어떻게 연꽃을 피울 것인가? 벼랑 끝에서 떨어지지 않도록 '자비의 근력'을 어떻게 키워야 할 것인가? 자비 실천을 위한 중도의 지혜가 무엇인지 큰 화두로 다가온다.

---

5 _ 위의 책, p.351.

2
자비와 깨달음의 관계

○

불교는 지혜와 자비라는 두 바퀴로 움직이는 수레라고 할 수 있다. 붓다의 지혜를 통해 깨달음을 이루고, 연기법의 지혜에서 우러나오는 자비를 통해 중생을 구제하는 것이다. 즉 위로는 깨달음을 구하고(상구보리), 아래로 중생을 교화한다(하화중생). 깨달음과 자비의 관계는 불교 교리의 전개 과정에서 다양하게 나타나고 있다.

초기불교 시기에는 기본적으로 깨달음이 먼저이고, 그다음에 자비행이 뒤따랐다고 할 수 있다. 붓다의 연기법을 깨닫지 못하면 진정한 자비행을 할 수 없다고 생각하기 때문이다. 그러나 깨달음과 자비의 서열은 결코 고정된 것이 아니다. 붓다는 정각을 이루기 전 보살이었을 때 닦은 자비행의 공덕으로 붓다가 되었음을 경전은 전하고 있다. 그 구체적 내용은 붓다의 전생을 그린『본생경』에 잘 나타나 있다. 이를 보면 중생에 대한 무량한 자비행이 결국 붓다의 깨달음을 가져왔다. 이것은 자비의 실천이 선행되지 않고는 최상의 깨달음을 위한 지혜가 완성되지 않는다는 의미이기도 하다.

　또한 불교의 시작은 붓다의 자비행에서 출발하였다. 붓다가 성도 후 전법을 망설였다가 마음을 바꾼 것은 바로 중생에 대한 자비심의 발로였다. 붓다의 깨달음은 지혜에서 비롯된 것이지만 붓다의 가르침, 즉 불교는 자비에서 출발한 것이다.

　그럼에도 불구하고 자비는 깨달음의 지혜에 비해 상대적으로 낮은 위치에 있었다. 초기불교 경전에서 지혜가 깨달음에 이르는 길의 필수 불가결한 요소로 확립되었지만, 자비는 그 위상이 높지 않았다. 대승불교 초기에도 지혜(반야)의 요소가 여전히 핵심적인 위치에 있었고 자비는 지혜의 보조적 성격이 강했다. 자비가 불교의 수행도에서 높은 위상을 확보하게 된 것은 초기에 발아되어 대승 보살 사상의 전개 속에서 이루어졌다.

　지혜와 자비 사상은 불교 교리에서 서로 상보적인 축이다. 그러나 두 사상이 항상 조화로운 것은 아니고 긴장 관계에 놓인 측면도 있다. 이것은 초기불교에서뿐만 아니라 대승불교에서도 지속되고 있다. 공(空)과 자비의 양립은 대승불교에서 새롭게 부여된 과제라고 할 수 있다. 또한 지혜와 자비의 긴장 관계는 불교 교리 발전에 큰 촉매 역할을 할 수 있는 요소이다.

　우리 사회는 정글의 법칙이 지배하는 아수라가 되어 가고 있다. 너 나 할 것 없이 도덕성 회복에 대한 목청을 돋우고 있으나, 마치 찢어진 거미줄을 손가락으로 수리하려는 것과 같아 보인다. 이러한 아수라 같은 현실은 왜 생기는가? 바로 지구촌의 인간이 탐(貪), 진(瞋),

치(痴)의 늪, 즉 탐욕과 분노 그리고 어리석음의 바퀴에서 헤어나지 못했기 때문이다. 여기서 불교의 역할과 기능은 자명해진다. 붓다 사상의 근원은 모든 존재가 행복하게 살아가고, 행복하게 살아갈 터전, 즉 '정토'를 만드는 것이다. 상구보리를 통해 지극한 행복을 얻고, 하화중생을 통해 바른 정토를 만드는 것이다.

상구보리와 하화중생이 함께 이루어진 세계가 바로 열반의 세계이다. 상구보리는 깨달음의 수행을 통해 이루어지고, 하화중생은 자비 수행을 통해 이루어진다. 열반의 세계로 가기 위해서는 깨달음과 자비의 두 바퀴가 필요하다. 바퀴 하나가 고장 나면 수레는 움직일 수 없다. 그래서 깨달음과 자비는 둘이면서 하나이다. 그리고 이 바퀴를 움직이는 에너지가 바로 수행이다. 그러면 깨달음과 자비는 어떤 관계를 맺으며 하나가 되는가? 먼저 깨달음에 대한 논의를 살펴보고, 자비와의 관계를 알아보자.

많은 경에 깨달음과 수행 단계에 관하여 다양한 견해가 있다. 그 대표적인 것이 『설일체유부(說一切有部)』의 교학에서 말하는 깨달음이다. 여기서는 깨달음에 이르는 수행 과정을 9단계로 나누고 있다. 여러 견해를 참작하여 필자는 깨달음을 세 단계로 나누어 보고자 한다. 1단계 '인지적(認知的) 깨달음', 2단계 '수행적(修行的) 깨달음', 3단계 '전일적(全一的) 깨달음'으로 유형화하였다. 그러면 이 세 단계의 깨달음 특징은 무엇이며 자비와는 어떠한 관계가 있는가?

1단계 깨달음은 붓다의 사상을 이해하고 공감하는 것이다. 무엇을 깨달았느냐에 대한 이론은 다양할 수 있다. 필자는 붓다의 핵심

사상인 '연기법'과 여기에서 나오는 '무아(無我)'와 '공(空)'의 사상을 이해하는 것이 깨달음의 첫걸음이라고 생각한다. 이를 통칭하여 중도로 표현할 수 있다. 이를 '인지적인 깨달음'이라 명명한다. 이것은 열반의 세계로 여행하는 지도를 얻은 단계라고 볼 수 있다. 이러한 인식론적 깨달음에서 자비의 씨앗이 뿌려지고 싹이 트게 된다.

인지적 깨달음의 핵심 대상인 연기법은 모든 존재와 현상을 '의존적 상호 발생(dependent co-arising)의 관계에 있다고 규정한다. 나와 타인과의 관계, 집단과 집단과의 관계, 나와 자연계와의 관계, 생물체와 생물체의 관계 등 이 세상의 삼라만상은 상호의존적 관계에 있으며, 이 관계에서 새로운 관계도 형성된다. 따라서 모든 존재와 현상은 하나의 그물코 안에 연결되어 있다. 물과 해가 없으면 우리가 존재할 수 없고, 인간의 사회성이라는 것도 한 그물코에 있기 때문이다. 여기서 자비의 토대가 형성되며 동체대비(同體大悲) 사상의 출발점이 된다.

2단계 깨달음은 머리로 이해하는 수준을 넘어 가슴으로 품고 느끼면서 이를 실천하고자 하는 강한 욕구와 의지를 행동으로 연결하는 단계이다. 이를 '수행적 깨달음' 또는 '체험적 깨달음'이라 표현한다. 열반으로 향하는 수행의 여행길을 떠나는 것이다. 수행적 깨달음은 자비의 나무가 잘 자랄 수 있도록 비료를 주고, 꽃을 피우고 열매를 맺을 수 있도록 노력하는 단계이다.

우리가 속계에서 실천해야 할 것이 바로 이 수행적 깨달음이다. 삼라만상이 연기적 관계라는 인지적 측면을 넘어서서, 연기법을 자비행으로 실천하고자 하는 열정과 욕구를 구체적 행위로 나타내는 것이다. 이에 모든 '고(苦)'의 근원이고 불행한 삶의 원천인 탐, 진, 치의 뿌리를 뽑기 위한 치열한 수행 과정이 요구된다. 이 수행의 길라잡이 역할을 하는 것이 바로 '팔정도'이다. 또한 참선, 주력, 기도, 간경 등 다양한 수행 방법들은 모두 수행적 깨달음을 위한 것이다. 이 글은 바로 수행적 깨달음의 과정에서 '자비 체험'과 '자비 수행'의 중요성을 강조하는 데 목적이 있다.

3단계 깨달음은 열반의 경지에 이른 깨달음을 일컫는다. 이러한 깨달음의 경지에 이르면 번뇌로부터 해방되고 자유스럽다. 깨달은 자는 탐욕, 분노, 어리석은 생각 없는 진공(眞空)에서 묘유(妙有)를 즐길 것이다. 그는 팔정도(八正道)를 생활화하고 내면화하여 의식적 노력 없이 자연스럽게 실천하게 된다. 나와 남의 구분이 없으니 그 자비심은 헤아릴 수 없이 높고 깊고 넓은 무량 자비이다. 자비의 숲이 온 산을 덮고 있는 형상이다. 이것이 '아뇩다라삼먁삼보리' 즉 '무상정등정각(無上正等正覺)'의 경지이고 붓다의 경지다. 이러한 경지의 깨달음은 깨달음 자체도 없는 것이리라. 이를 '전일적 깨달음'이라 표현하고자 한다. 전일적 깨달음의 단계에서 비로소 열반과 깨달음이 일치되고 자비와 깨달음이 하나가 된다.

필자는 깨달음을 위와 같이 세 단계로 구분하였지만, 하나의 방편으로 제시한 것이지 결코 고착화하려는 의도는 없다. 세 단계의 관계는 매우 역동적인 것으로 서로 교류하고 삼투압 작용을 하는 상호적 관계가 있다고 본다. 많은 사람이 깨달음을 초월적이고 신비적인 무엇으로 보는 이유 중의 하나는 전일적 깨달음을 깨달음의 표상으로 보고 있기 때문이다. 그러나 이러한 전일적 깨달음과 무량 자비를 일반인에게 지표로 제시한다면 불교는 우리에게서 멀어지고 사념적인 종교로 평가받을 위험성이 있다고 본다. 지혜로운 많은 방편이 요구되는 분야이다.

　위에서 기술한 바와 같이, 깨달음의 첫 출발은 연기법을 이해하고, 공감하는 것이다. 그러면 동체대비의 자비 씨앗이 뿌려진다. 그리고 자비의 실천과 수행을 통해 더 높은 수준의 깨달음으로 나아가면서 전일적 깨달음, 즉 열반의 경지로 가는 것이다. 깨달음, 자비, 수행의 관계를 하나의 도표로 제시하면 다음과 같이 표현해 볼 수 있다.

자비와 깨달음의 관계

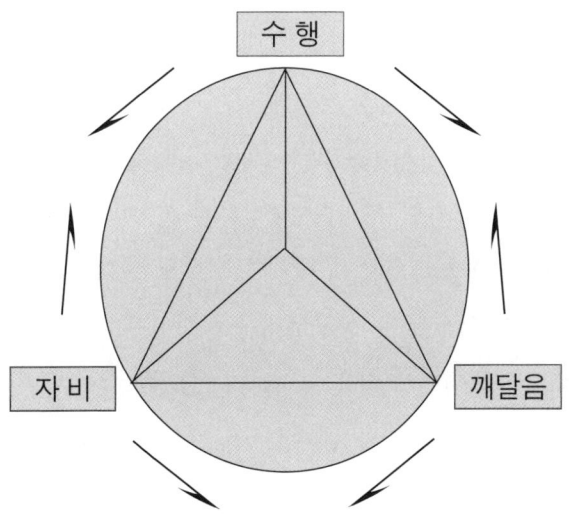

앞의 도표는 '원'으로 그려진 열반의 공간에 깨달음과 자비, 그리고 수행이 세 꼭짓점을 이룬 '삼각형'이 들어 있다. 이 원과 삼각형은 서로 환류하는 상호의존적인 관계를 맺고 있다. 즉 자비, 깨달음, 수행은 열반의 바다에서 원융무애(圓融无涯)의 관계에 있다.

깨달음과 자비의 관계를 극적으로 표현한 것이 심우도(尋牛圖)라고 생각한다. 심우도는 12세기경 중국 북송의 선종 계통 스님 곽암과 보명이 만들어 전래되었다. 자신의 본성(소)을 찾기를 서원하는 심우(尋牛), 깊은 마음속으로 들어가 소의 발자국을 발견하는 견적(見跡), 발자국을 따라가 소를 발견하는 견우(見牛), 도망가기 쉬운 소를 단단히 붙드는 작업을 하는 득우(得牛), 소의 코에 코뚜레를 하여 길들이는 목우(牧牛), 소를 타고 마음의 고향인 자기 자신으로 돌아가는 기우귀가(騎牛歸家), 집에 와 보니 소는 간데없고 자신만 남았다는 망우존인(忘牛存人), 소가 사라진 뒤 자기 자신도 잊어버리는 인우구망(人牛俱妄), 텅 빈 속에 자연 그대로의 모습이 비치는 반본환원(返本還源), 마지막으로 시정 거리에 들어가 중생을 제도하는 입전수수(入廛垂手)로 이루어진 10단계의 그림이다. 불교의 궁극적인 목적이 중생의 고통을 없애는 것임을 상징화한 선화(禪畵)이다.

중국 선종의 전통에서 전해 내려온 심우도를 보면서 자비의 중요성을 새삼 절감하게 된다. 상구보리를 하화중생보다 위에 두었다는 비판을 받는 선종이기에 더욱 그러하다. 심우도에서 보면 자비는 깨달음의 열매이다. 심우도와 함께 『보리도차제론(菩提道次第論)』도 살펴볼 필요가 있다. 『보리도차제론』은 티베트불교 종파의 하나인 겔

룩파를 창시한 쫑카빠(1357~1419) 대사가 지은 것으로 흔히 『람림(Lamrim)』으로 불린다. 여기에서는 수행자를 하, 중, 상 삼사(三士) 3단계로 나누고 각 단계에 수행해야 할 방법을 제시하고 있다.

첫 단계는 하사도(下士道)로서 세속적인 가르침을 따라 삼악도를 벗어나 인간이나 천상에 태어나는 길이다. 두 번째 단계는 중사도(中士道)로서 번뇌를 끊고 열반을 얻고자 하는 '출리심'의 성취에 있다. 세 번째 단계는 상사도(上士道)로서 대보리심을 발하여 보살행을 행하는 길이다. 『보리도차제론』에서도 수행의 최고 단계를 자비로 설정하고 있다.

앞의 글에서 자비의 세 가지 유형, 즉 삼연자비(三緣慈悲)를 살펴보았다. 이를 다시 되새겨보고자 한다. 삼연자비 중에서 제일 높은 단계는 '무연(無緣) 자비'이다. 다음은 '법연(法緣) 자비'로서 현상세계의 제법을 무심으로 여실하게 널리 비추는 자비이다. 마지막은 '중생연(衆生緣) 자비'로서 아공(我空)에 입각하여 일체중생을 나와 하나로 느끼면서 중생을 이롭게 하는 것이다. 무연 자비는 진리를 무심으로 관하되 평등한 어느 하나에 치우치지 않는 중도의 자비로서 중생연 자비와 법연 자비를 완성하는 것이다. 중생의 세계에서 법연 자비와 무연 자비는 참으로 아득하게 보인다. 실천 윤리적 측면에서 자비는 중생연 자비에서 출발하고 중심이 되는 것이리라. 그리고 중생연 자비의 실천은 바로 수행적 깨달음으로 전일적 깨달음으로 가는 징검다리의 역할을 할 것이다. 중생연 자비는 자비 실천의 출발이자 제일 중요한 토대이다.

3
자비의 체험과 방사(放射)

○

 자비 수행을 제대로 실천하기 위해서는 반드시 자비를 체감하는 단계가 필요하다. 도덕교육 이론에서는 도덕교육의 영역을 '인지적(認知的) 영역' '정의적(情意的) 영역' '행동적(行動的) 영역'으로 나누면서 도덕적 지식, 도덕 감정, 도덕적 행위가 통합되게 하여야 한다고 주장한다. 그리고 이 세 영역은 독립적인 성격보다는 서로 영향을 미치면서 상호의존하는 관계이다.

 이러한 도덕교육 이론을 자비의 실천에 대입해 본다면 자비의 체험은 '인지적 영역'과 '정의적 영역'이 합쳐진 과정이다. 다시 말해서 먼저 연기법을 이해하고 공감한 후(인지적 영역), 이를 가슴으로 품고 자비의 진동을 느낄 때(정의적 영역) 자비의 체험이 일어난다. 먼저 인지적 영역의 측면에서 자비를 보자. 가치를 연구하는 많은 학자는 다양한 '가치의 위계'를 제시하고 있다.[6] 가치의 위계가 높을수록 그 가치는 통합적, 포괄적이고, 지속성과 만족성이 높다. 자비는 연기법이라는 위대하고 웅대한 토대 위에서 출발하고 있다. 이런 면에서 자비는 최고의 위계를 차지하는 가치이다. 대개의 윤리적 덕목이 정서적·감정적 요소인 파토스(pathos)에서 기인하는 경우가 많은데, 자비는 만물의 존재 양식인 연기법이라는 에토스(ethos)에서 출발한다.

자비는 사랑, 배려, 겸양, 절제, 용기 등 일반적인 윤리적 덕목을 포괄하고 통합하는 덕목이다. 그렇기 때문에 추상성이 매우 높다. 이 추상성을 일상에서 구체적으로 구현하는 방법을 찾아야 한다. 즉 자비를 우리의 일상에서 친근하게 체험하는 것이다. 그러기 위해서는 연기법과 이의 줄기인 무아 그리고 공을 이해하고 공감해야 한다. 이것이 바로 인식론적 깨달음인데 결코 쉬운 일이 아니다. 붓다 스스로도 '연기법이 알기도 어렵고, 깨닫기도 어렵고, 생각하기도 어렵다. 차라리 침묵을 지키는 게 좋지 않겠나.' 하고 고뇌할 정도였다. 불교에 대한 깊은 이해가 없는 상태에서 연기, 무아, 공을 이해하려면 상당한 지적 학습과 스승이 필요하다.

따라서 인식론적 깨달음에 도달하기 위해서는 많은 가시밭길을 지나야 한다. '나' 혹은 '자아'라는 것에서 벗어나기가 어려울 뿐 아니라, 수십 개의 껍질로 겹겹이 싸여 있는데 이를 어떻게 쉽게 깨 버릴 수 있는가. 게다가 오늘날의 근대 문명은 개인주의와 이성이라는 틀

---

6 _ 가치는 상호 간에 위계질서를 가지고 있으며, 그 질서에 의해서 하나의 가치가 다른 가치보다 높고 혹은 낮다는 사실에서 전체적 가치 영역에 고유한 질서가 있다고 본다. Max Scheler가 대표적 주창자이다.

에서 생성된 것이니 연기법을 사유한다는 것이 결코 쉬운 일은 아니다.

다행히도 연기론을 현대과학으로 설명하는 이론이 많이 등장하고 있다. 대표적인 것이 '복합체계이론(complexity system theory)'으로서 카오스 이론, 양자역학, 자기조직화(self organization) 등 현대 첨단 과학에 토대를 둔 이론이다. 복합체계이론은 21세기의 새로운 패러다임으로 관심을 끌고 있는데 그 이론의 뼈대가 바로 연기법이다. '비평형열역학' 이론으로 노벨화학상을 받은 프리고진(Iliya Prigogine)도 자신의 이론이 불교의 사유 방식과 유사하다고 고백한 바 있다. 『자기조직하는 우주(The Self-Organizing Universe)』라는 유명한 저서를 낸 에리히 얀치(Erich Jantsch)는 자신의 연구 결과가 연기법과 동일함을 알고 열렬한 불교 신자가 되었다. 이제 우리는 연기법을 현대과학 이론과 다양한 학문을 통해 인지적 깨달음에 다가갈 기회를 얻게 된 것이다.

또한 '인지 윤리학'과 연관시켜 연기법과 자비 인식의 문제를 논의해 볼 필요도 있다. 인지 윤리학은 도덕적 판단에서 개개인의 윤리적 인지 능력을 강조하는 이론이다. 사회구조와 인간관계가 간단한 전근대사회는 도덕적 판단과 평가를 하는 데 큰 어려움이 없었다. 그러나 현대사회는 구조의 다양성과 복합성으로 인해 도덕적 판단과 평가를 하기 위해서는 윤리학적인 인식 능력이 필수적이다. 더구나 오늘날 도덕적 관계는 사람과 사람과의 관계를 넘어 사람과 자연과의 관계에까지 확장되고 있어 윤리적 인식 능력의 필요성이 더욱 증대되고 있다.

　윤리학적인 인식 능력이 많다고 해서 윤리적인 사람이 되는 것은 물론 아니다. 경영학을 학문으로서 열심히 하는 것과 회사를 잘 운영하는 것은 다른 문제이다. 그러나 잘 안다는 것과 올바로 실천한다는 것이 별개의 문제라 하더라도 대상을 명료하게 보고, 정확하게 판단하는 사람이 옳고 바르게 실천할 가능성이 높은 것은 사실이다. 그러므로 인지 윤리학적인 측면에서 볼 때, 자비 행위의 근거가 무엇이며, 자비의 규칙은 무엇이며, 자비 행위에 대한 판단은 어떻게 해야 하는지에 대한 인식 능력이 매우 중요하다. 그래야만 자비의 의미가 우리에게 가깝게 다가올 수 있을 것이다. 세상과 중생의 삶을 바르게 지혜롭게 바라보는 '여실지견(如實知見)'이 강조되는 연유이다.

　인식론적 깨달음에 이르렀다고 스스로 생각한다 하더라도 이를 지속시키는 것은 결코 쉬운 일이 아니다. 그 깨달음을 유지하고 깨달음의 신선도를 높이기 위하여 법문을 듣고, 경전을 보고, 자비의 염송을 하는 등 끊임없는 확인 과정을 거쳐야 한다. 자비의 출발점인 붓다의 지혜와 가르침에 대한 이해와 공감을 높이기 위한 노력의 중요성은 아무리 강조해도 지나치지 않다.

　다음으로 정의적 측면에서 자비의 체험 문제를 생각해 보자. 연기론을 인지적으로 이해하고 공감했으나 그렇다고 해서 이것을 가슴으로 느끼고 자비행의 강한 의지를 갖게 되는 것은 아니다. 즉 인지적 단계에서 정의적 단계로 넘어서기는 결코 쉬운 일이 아니다.

'머리'에서 '가슴'으로 가는 길이 매우 험난하기 때문이다. 우리는 일상생활에서 잘못인 줄 알면서도 잘못된 행위를 하는 경우가 꽤 있다. 이를 도덕적 나약함(moral weakness) 또는 도덕적 무관심(moral indifference)이라고 표현한다.[7] 도덕적 나약함과 무관심을 극복하기 위해서는 스스로 많은 노력이 필요하다.

인지적 능력을 정의적 영역, 행동적 영역으로 확대 연결시키고자 하는 윤리 이론으로 '체험주의 윤리학'[8]이라는 것이 있다. 이론의 주된 논지는 우리의 도덕적 사고가 신체적, 물리적 차원의 경험으로부터 비롯된 '은유적' 사고의 산물이라는 것이다. 이와 함께 체험을 통해 도덕적 상상력과 정서를 확장해야 한다는 도덕교육의 과제를 제기한다. 이러한 체험주의 윤리학이 자비의 체험 문제에 많은 시사점을 준다.

일반 사람들에게 자비라는 용어는 '선한 동기'와 '자기희생'이라는 무거운 짐이 담겨 있는 덕목으로 느끼는 경우가 많다. 그래서 스스로 체험에서 비롯된 자비행을 하기가 어렵다. 이러한 문제를 극복하기 위해 자비 행위를 위한 '체험 학습'이 필요하다. 체험은 타인의 입장을 이해할 수 있는 감정이입적 상상력을 계발하는 것이다. 봉사활동이 체험 학습의 대표적인 사례다. 오늘날 도덕교육자들은 봉사

---

7 _ 방영준 『공동체, 생명, 가치』 p. 26.
8 _ 체험주의 윤리학은 윤리학의 핵심 목표가 보편적 도덕 원리의 탐구가 아니라 '도덕적 이해(moral understanding)'가 된다고 주장하면서, 인지에 대한 경험적 해명을 토대로 도덕적 사고의 본성과 구조를 밝히고자 한다.

활동 학습이 지닌 교육적 중요성에 많은 관심을 가지고 있다. 그 이유는 종래의 교육 방법이 주로 학생들의 인지적 활동에 국한됨으로써, 도덕교육의 포괄적 목적을 구현하지 못했다는 자기반성 때문이다. 최근에 미국 도덕교육의 양대 산맥이라고 할 수 있는 '인격 교육(character education)'과 '배려를 위한 교육(education of caring)' 운동 모두 봉사활동을 도덕교육의 중요한 수단으로 활용할 것을 강력하게 권고하고 있다.

불교의 실천 윤리로서 보살행은 가장 핵심적인 요소이다. 특히 대승불교에서는 더욱 그러하다. 오늘날 자비의 실천, 즉 보살행이 구체적으로 나타나는 것 중 대표적인 것이 사회봉사이다. 자비를 체험하고 자비 수행으로 나아가기 위해서 봉사 체험은 아무리 강조해도 지나치지 않다. 제도적, 의무적인 계기에서 시작한 사회봉사의 과정 속에서 그 가치와 의미를 체험한 후, 이를 통해 삶의 가치와 행복을 느끼는 사람들의 사례를 우리 주변에서 많이 찾을 수 있다.

또한 자비 실천은 한국불교가 지닌 일부 기복적 요소를 자비 불교로 전환하는 촉매의 역할을 할 가능성이 있다. 물론 '기복(祈福)'이라는 행위는 붓다의 교리에서 볼 때 있을 수 없다. 불교는 스스로의 수행 과정을 통해 열반의 경지, 즉 부처가 되는 것이다. 그 수행 과정에서 '작복(作福)'이 있고 이것이 스스로에게 복을 가져오게 하는 원인이 된다. 복을 짓는 것도 수행이다. 이를 '작복적 수행'이라 표현할 수 있다. 그러나 자기 존재에 대한 두려움과 나약함을 가진 일반인들은 기복을 통하여 불교를 만나고 붓다를 만날 가능성이 높다. 따라서 불교가 전파되고 제도화되는 과정에서 기복이 불교와 인연을 맺게 하는 하나의 수단, 즉 방편의 역할을 했다고 본다. 그런데 이 방편이 목적으로 변질되는 것이 큰 문제이다. 그렇다면 기복에서 작복으로 이끌면서 자비를 이끌어내는 지혜를 모으고, 이를 구체화하는 여러 방안을 모색해야 할 것이다. 또한 기복적 기도에서 작복적, 수행적 기도로 변화시키는 것이 매우 중요하다. 기도는 아심(我心)을 버리고 '하심(下心)'으로 참회하고 탐, 진, 치를 벗어나기를 소망하는 숭고한 행위이기 때문이다.

여기서 필자는 도덕적 행위의 정당화에 관한 여러 이론 중에서 '자기 이익설'[9]을 자비 체험과 연관시켜 소개할 필요를 느낀다. 일상생활에서 '이기적(selfish)'이라는 말과 '자기 이익(self-interested)'이란 말은 행위의 동기에 적용할 때, 같은 의미가 아니다. 이기적 행동과 달리 자기 이익을 위해 행동하는 것은 반드시 타인의 희생을 대가로 하는 것이 아니고, 불공정하거나 남을 해치게 하는 경우도 아니다. 오늘날 실용주의적 입장을 취하는 사람들에게는 윤리 도덕적 행위가 삶의 성공을 위한 필수적 도구로 간주되기도 한다. 미국의 경우 '성공 윤리학'이라는 이름으로 도덕적 덕목들이 결코 의무적인 것이 아니라 삶에 성공과 행복을 가져오는 유용한 도구라는 인식이 있다. 이를 증명하는 여러 가지 통계적 사례를 찾아볼 수 있다.[10]

---

9 _ 자기 이익설은 도덕적 행위가 종국적으로 자기 자신의 이익을 증진시킨다는 것이다. 일찍이 플라톤이 『국가론』에서 자기 이익설을 강조하였다.
10 _ 타인에 대한 배려와 공감 능력이 성공의 제일 큰 요소라는 각종 통계가 많이 나

자기 이익설과 관련해서 볼 때, 많은 경전에 표현되어 있듯이 자비는 자리이타(自利利他)의 행위이다. 즉, 나도 좋고 너도 좋고, 그래서 세상을 좋게 만드는 것이 자비의 기능이다. 여기서 제기되는 제일 큰 주제는 무엇을 자기 인생의 제일 큰 자기 이익으로 설정하느냐의 문제이다. 무엇이 자기 삶의 최대 이익이 되고 삶을 행복하게 만들어 주는 것인가? 여기에 붓다의 가르침이 큰 지혜의 빛이 될 것이다. 붓다의 지혜로 작복의 목표와 그 대상을 확대해 간다면, 바로 자기 이익의 추구가 자비와 열반의 경지로 갈 수 있는 통로가 된다. 다양한 윤리학 이론에서 그 당위성으로 인해 확고한 지위를 차지하고 있는 이론으로 '자아실현설'[11]이 있다. 붓다의 지혜와 자비심을 통해 자기의 이익을 자아실현으로 연결할 수 있다.

자비와 자기 이익의 관계와 관련된 책 한 권을 소개한다. *Survival of the Friendliest*라는 저서로 진화인류학, 심리학을 전공한 학자 브라이언 헤어(Brian Hare)와 버네사 우즈(Vanessa Woods)의 공동 저술이다. 국내에서는 『다정한 것이 살아남는다』라는 제목으로 출간되었다. 이 책의 키워드는 '다정함'과 '협력'으로, 분노와 혐오의 시대를 넘어 희망의 가능성을 제시해 준다는 평가를 받고 있다.[12] 동시에 문제점도 거론되고 있다.

와 있다.

11 _ 자아실현설은 인간이 실현해야 할 궁극적 목적은 도덕적 완전성을 성취하여 인간의 본질을 완성하는 데 있다고 본다.

12 _ 브라이언 헤어 외 1인, 이민아 역 『다정한 것이 살아남는다』 디플롯, 2021 참조.

늑대는 멸종 위기에 있는데 같은 조상을 둔 개는 왜 개체 수를 늘려 나갈 수 있었을까? 신체적으로 우수한 네안데르탈인이 아니라 호모 사피엔스가 끝까지 생존한 까닭은 무엇인가? 이러한 질문에서 나아가 진화라는 게임에서 승리하는 이상적 방법은 협력을 꽃피울 수 있게 친화력을 극대화하는 것이라고 주장한다.[13] 우리가 알고 있는 '적자생존'은 다윈의 생각에서 나온 것이 아니라 다윈의 이론을 왜곡한 다윈 이후의 생물학자에 의해 나온 것이다. 자연은 피도 눈물도 없는 생존 투쟁의 장이 아니다. 저자는 생존의 필수 요건은 친화력으로 '최적자'가 아니라 다정한 것이 살아남는다는 주장을 펼친다. 친화력은 협력하고 소통하는 능력이다. 이 능력은 호모 사피엔스에게서 가장 잘 드러나는데, 개에서도 이 능력을 발견할 수 있다. 많은 실험과 연구 사례를 동원하여 그 의견을 견고하게 뒷받침하고 있다.

친화력은 모든 '가축화'된 종에서 공통으로 나타나는 특질이다. 늑대는 가축화되지 않았지만 개는 스스로 가축화되었다. 사람이 개를 가축화시킨 것이 아니다. 사람도 스스로 가축화된 존재이다. 친화력이 높은 호모 사피엔스는 사회적 연결망을 확장하면서 공통의 사회 규범을 만들고 집단 정체성을 형성하고 집단 내 타인을 하나의 '가족'으로 결속시킨다.

여기서 생각할 또 하나의 문제는 친화력의 이면에 자리 잡은 공격성과 혐오이다. 자기 집단에 대한 친화력 상승은 다른 집단의 구성

---

13 _ 위의 책, p. 20.

원에게는 배타성을 강화하는 역할을 한다. 마치 개가 자신의 주인이 아닌 다른 사람을 보면 짖는 경우와 같다. 자신의 집단, 가족에 위협이 되는 외집단이 등장하면 친화력이 있던 자리에 공격성과 혐오감이 일어난다는 것이다. 그래서 "우리는 지구상에서 가장 관용적인 동시에 가장 무자비한 종이다."라고 표현하고 있다.[14]

역설적으로 인간이 지니는 잔인성과 폭력성은 가축화의 부산물이다. 자기 가축화의 범주 안에 있는 구성원에게는 따뜻한 배려와 공감이 있지만, 동시에 '우리 집단' 외에는 열등하고 사악한 늑대 무리라고 여기는 마음도 있다는 것이다. 현재 진행 중인 인류의 비극은 다른 집단과 종에 대한 혐오와 폭력에서 생겨난 것이 태반이다. 인간은 자기 가축화를 통해 지구에서 가장 성공적인 종이 될 수 있었지만, 동시에 가장 끔찍하고 해악을 끼치는 존재가 되고 있다. 지금 이 아름다운 지구별이 자기 가축화된 인간에 의해 파멸되어 가고 있고 타인을 비인간화하는 수사가 넘친다.

이렇게 자기 가축화가 현생인류를 번성케 한 큰 원인이지만 이제는 지구촌의 큰 장애로 등장하고 있다. 이를 구제할 수 있는 것이 바로 자비이다. 자비는 중생의 고통과 비애에 대한 다면적인 반응에서 출발한다. 자비는 공감, 동감, 친절, 용기, 인내, 평정 등 다양한 실로 짜인 옷감이라고 할 수 있다. 자비의 옷감을 구성하는 실에는 자기 가축화가 가져온 인간 덕목도 많이 포함되어 있다.

---

14 _ 위의 책, p. 32.

자비 수행에서 가장 큰 비중을 차지하는 것이 자비심 방사(放射)이다. 방사는 자비심의 대상과 그 영역을 확대해 가는 것이다. 즉, 자비를 보편화하는 것이다. 친한 사람, 친한 집단, 친한 종에게 한정되는 미덕은 다른 사람, 다른 집단, 다른 종에게는 큰 위험으로 작용할 위험성이 크다. 지금 한국사회는 팬덤(fandom)이라는 용어가 문화 영역에서 정치 영역에 이르기까지 광범위하게 사용되고 있다. 이 용어는 특정한 인물이나 분야를 열정적으로 좋아한다는 의미인데, 여기서도 자기 가축화 현상이 지니는 부작용이 나타나고 있다. 팬덤 현상은 생산적인 측면이 많은 문화 현상임에도 불구하고, 예를 들기 민망할 정도의 미움과 혐오의 용어가 곳곳에서 난무하고 있다. 현생 인류를 번성케 한 자기 가축화, 이제는 그 벽을 뛰어넘어야 지구별을 구할 수 있을 것이다.

『화엄경』의 「보현행원품」에는 "보현행으로 보리를 이루겠다(以普賢行悟菩提)"는 서원이 나온다. 필자가 자비에 대해 관심을 가지는 것은 위의 서원에서 볼 수 있듯이 깨달음에서 자비행이 나오기도 하지만, 자비 수행을 통해서 깨달음으로 갈 수 있다는 믿음 때문이다. 도덕교육 이론에서 보면 앞에서 살펴본 '자비 체험'은 인지적 영역과 정의적 영역이 합쳐진 과정인 데 비해, '자비 수행'은 정의적 영역과 행동적 영역을 통합시키는 단계이다. 정의적 영역과 행동적 영역은 서로 환류적 관계, 즉 피드백(feed back) 관계에 있다.

자비 수행의 길라잡이 역할을 하는 경전이 『자비경』이다. 『자비경』은 불교의 가장 초기 경진 『숫타니파타(Sutta-Nipata)』에 포함된 경전으로 전해진다. 앞의 제1장에서 '자비경의 내용과 특징'을 다룬 바 있듯이 10편의 게송으로 된 『자비경』은 그 내용이 너무 넓고 깊다. 오늘날의 윤리적 덕목을 모두 포괄하고 있어서 윤리학을 전공한 필자로서 놀라움과 감동을 느낀다.

필자는 자비가 가치의 위계 중 최고의 위치를 차지한다고 기술한 바 있다. 『자비경』을 주해한 붓다락키타 스님도 자비를 '보편적'이고, '비이기적'이며 '일체를 포용하는 사랑'으로 표현한다. 스님은 자비의 기능을 세 가지 측면에서 제시하고 있다. 첫째, 자비는 인간 삶을 유익하고도 도량이 넓고 당당한 나무처럼 해주는 역할을 한다. 둘째, 명상의 기능을 지니고 있어서 정신적 개화를 가져오며 그 결과 우리의 삶 전체가 만인에게 기쁨의 원천이 된다. 셋째, 일체를 포용하는 정신적 사랑의 결실을 맺어 사회 전체에 강력한 영향력을 미치고, 자신은 저 높은 초월적 깨달음의 경지에까지 이르게 된다. 붓다락키타 스님이 제시한 자비의 기능을 요약하자면, 자비와 깨달음은 일란성쌍둥이로서 열반의 세계로 인도하는 수레바퀴 역할을 한다는 것이다.

붓다락키타 스님은 자비 수행을 거목의 성장에 비유한다. 자비의 씨를 뿌리고 싹이 트고, 나무가 잘 자라게 비료를 주고, 전지도 해주며, 그 결과 자비의 나무가 튼튼하게 자라나 아름답고 향기로운 꽃으로 덮이게 된다는 것이다. 필자가 앞에서 분류한 깨달음의 세 단계와 스님이 분류한 자비의 세 단계가 서로 짝을 이룬다. 즉 자비의 씨를 뿌리는 단계가 '인식론적 깨달음'의 자비이고, 나무를 튼튼하게 키우는 과정이 '수행적 깨달음'의 자비이며, 아름다운 꽃과 향기로 가득 찬 숲이 바로 '전일적 깨달음'의 자비이다.

스님은 '자비 윤리'와 '자비 심리학'이라는 현대적 용어를 사용하면서 다양한 자비 수행법을 제시한다. 즉 자비 수행을 통해 자신의 마음속에 있는 노여움, 원한, 공격성 같은 오염물뿐만 아니라 남의 마음에 있는 오염물까지 다 제거해 준다고 강조한다. 오늘날 마음 수행 또는 명상 수행에 등장하는 내용이다. 최근 유행되고 있는 '긍정 심리학'[15] 이론과 근래 관심을 끌고 있는 행복에 관한 지혜가 모두 다 들어 있다.

자비 수행에서 자비심의 '방사(放射)'는 매우 중요한 주제이다. 방사는 자비심의 대상과 그 영역을 확대해 가는 것이다. 즉 자비의 원을 확장시키는 것이다. 앞에서 소개했듯이 '다정한 것이 살아남는다.' 하지만 자기 내 집단에 대한 다정함으로 인해 많은 타 집단의 사람을 배제했다. 가족과 친구, 부족을 향한 편협한 다정함이, 더 넓은 집단과 사람을 위한 보편적 공감으로 확장될 수 있을까? 지금 지구촌의 생태적 환경은 최대의 위기에 처해 있다. 그 원인이 바로 인간이다. 인간이 편협한 다정함에서 벗어나지 못하면 지구촌은 멸망할 가능성이 높다. 편협한 다정함을 넘어서는 새로운 형질의 인간이 탄생할 것인가. 이것은 자비를 얼마나 보편화시킬 수 있느냐에 좌우될

---

15 _ 미국심리학회 회장을 역임한 Martin Seligman이 대표적인 주창자로서, 인간의 강점과 재능을 함양하고, 행복을 증진하기 위한 심리학의 중요성을 강조하면서, 인간의 행복과 긍정적 성품에 대한 연구가 급격히 증가하였다.

것이다. 따라서 욕계, 색계, 무색계에 이르는 이 세상의 모든 존재들을 향하여 가없는 자비심을 방사하기 위한 구체적인 자비 수행과 실천 방법이 인류에게 절실한 화두로 떠올랐다.

길버트는 자비심을 계발하는 불교와 진화론적 접근의 핵심에 두 가지 원칙이 있다고 주장한다.[16] 첫째 인종, 성별, 문화, 경제 환경, 종교적 신념 등 많은 것으로 구분하고 있음에도 불구하고 우리는 하나로 연결되어 있다는 사실이다. 두 번째 원칙은 우리의 삶이 얼마나 상호 간에 연결되어 있는지, 그리고 타인의 삶과 얼마나 엮여 있는지 '알아차리는' 것이다. 우리는 여러 측면에서 타인에게 의지하고 있는지 거의 생각하지 않는다. 길버트는 자비의 원을 확장하는 원동력을 사무량심으로 삼아 타인을 위한 균형 잡힌 자비 훈련의 틀을 제시하고 있다. 구체적인 방법으로 '염원하기' '녹이기' '동등하기' 등 다양한 훈련법을 소개하고 있다.[17] 자비 수행법은 각자가 처한 공간과 시간에 따라 달라질 것이다. 나에서부터 출발하여 가정, 직장, 사회, 국가, 지구촌, 우주 자연의 영역으로 확대, 방사하면서 자비 수행을 구체적으로 어떻게 실천할 것인가는 각자가 계발해야 한다.

자비 수행과 함께 생각해 볼 문제가 자비와 계(戒)의 관계이다. 불교의 수행 체계는 계(戒), 정(定), 혜(慧)의 삼학(三學) 체계로 이루어진다. 그러나 한국불교가 깨달음에 치중하면서 계의 중요성에 대한 인식이 약화하지 않았나 하는 우려도 있다. 기실 깨달은 자는 계라

---

16 _ 폴 길버트 외, 조현주 외 공역 『마음챙김과 자비』 학지사, 2020, pp. 386-388.
17 _ 위의 책, pp. 388-395.

는 굴레를 벗어나는 자유인이라는 인식도 얼마간 있을 것이다. 계의 많은 내용은 자비를 실천하기 위한 것이다. 나는 계를 지키는 청정한 불자의 모습을 거룩하고 아름다운 모습이라고 본다. 계에서 벗어난 자비 수행은 결코 자비 수행이 아니다. 계·정·혜는 분리되어 있는 것이 아니라 서로 연결되어 있는 한 덩어리이다. 전통적인 계율을 오늘날 어떻게 해석하고 적용하느냐에 대한 논의는 다른 차원의 문제다. 공 사상과 계라는 규범은 갈등하지 않는다. 공 사상의 이제설에서 표현되었듯이 세속적인 윤리는 진제로 가는 다리의 역할을 하는 것이다. 공에 대한 철저한 자각에서 진정한 자비 윤리가 생기는 것이리라.

4
자비 명상의 특징과 유형

○

　근래에 자비 명상이라는 용어를 많이 사용하고 있다. 특히 티베트불교가 소개되고 조명되면서 자비 명상이라는 용어가 자주 등장하고 관련 책도 출판되고 있다. 또한 심리치료에서도 많이 거론된다. 그러면 자비 수행과 자비 명상은 어떤 관계를 가지고 있는가. 이런저런 틀로 구분해 볼 수 있겠지만 크게 보아 자비 명상은 자비 수행의 한 종류로 보아도 무방하다.

　자비 명상은 일반적인 불교의 명상과는 어떤 관계가 있는가? 국내에 소개된 여러 자비 명상에 관한 책을 보면서 느낀 점은 기본적으로 동일하면서도 자비심을 고양하는 데 많은 관심을 갖는다는 것이다. 그리고 자비 명상은 실천 윤리적인 측면이 강하다고 볼 수 있다. 이러한 자비 명상은 초기불교에서부터 현대 불교에 이르기까지 다양한 형태로 전개되고 발달하여 왔다.

초기불교(부파불교 포함)에서는 자비 수행과 자비 명상이 같은 맥락으로 사용되었다. 초기불교의 자비 수행은 자애와 연민의 느낌 고양, 공덕행의 실천, 공동체의 화합을 위한 신구의(身口意) 세 가지 업(業)의 청정, 선정 수행법으로서의 자비 수행, 사무량심으로 범천에 이르는 길 등이 제시되고 있다. 상좌부(테라와다)의 자비 수행은 『청정도론』에서 크게 두 유형으로 정리할 수 있다. 첫째는 모든 수행의 예비 단계로서 자비 수행을 보편적 수행 방법의 하나로 제시한 것이다. 두 번째는 선정(사마타) 수행으로서의 자비 수행이다. 구체적으로 사무량심의 실천이다. 초기불교의 자비 수행은 수행법으로서 독자적인 위치를 차지하였다기보다는 깨달음으로 가는 보조적인 역할이 크지 않았나 하는 느낌이다. 자비 수행이 독자적 위치를 갖추기 시작한 것은 대승불교의 등장 이후다.

특히 인도 대승의 전통을 이어받은 티베트불교에서 자비 수행이 모든 수행의 기초가 되었다. 티베트불교의 자비 수행은 크게 세 가지 전통을 바탕으로 전개된다. 첫째, 샨티데바(685~783)의 『입보리행론』이다. 여기서는 대승 보살사상의 핵심을 보리심에 둔다. 보리심을 깨달음으로 가는 제일 중요한 길로 보는 것이다. 둘째, 아띠샤(982~1054)의 『보리도등론』이다. 깨달음을 서원하는 원보리심을 세우고, 이를 실천하는 행보리심을 일으켜야 한다고 강조한다. 이 역시 보리심을 깨달음의 원천으로 본다. 셋째, 쫑카빠(1357~1419)의 『보리도차제론』이다. 쫑카빠는 티베트불교 겔룩파의 개조로서 소승과 대승의 차이를 보살의 보리심에서 찾고 있다. 서원과 비(悲)를 강조하면서 보리심을 일으키는 방법을 체계적으로 제시한다.

이러한 전통을 이어받아 티베트불교에서는 보리심을 개발하는 여러 가지 자비 수행의 방법을 제시하고 있다. 대표적인 것이 똥렌(주고받음 수행), 관세음보살 자비 진언, 관세음보살 구루 요가 등이다. 오늘날 달라이 라마와 그의 제자 등에 의해 자비 수행과 자비 명상의 방법이 많이 소개되고 있다. 필자는 오래전에 번역 출판된 라마 예서 툽텐이 해설한 『달라이 라마의 자비 명상법』을 지금도 애독하고 있다.[18] 이 책은 관세음보살 구루 명상법을 구체적으로 설명한 내용이다. 관세음보살을 구루(스승)로 삼아 대자비와 대지혜의 삶으로 가기 위한 수행법이다. 나의 몸과 마음이 관세음보살의 몸과 마음과 하나 될 때까지 관세음보살의 에너지를 나의 가슴 차크라로 흡수하는 명상법이다. 관세음보살을 실제 스승의 모습으로 '시각화'하는 것이 중요하다. 나 자신이 관세음보살의 자비 그 자체임을 깨닫기까지 솜처럼 부드러운 자비와 칼 같은 공성을 통찰하는 명상법이다. 소년 시절부터 관세음보살을 습관적으로 염송해 왔던 필자는 관세음 구루 명상법을 통해 많은 진동을 느꼈다.

이어서 선불교의 자비 수행에 대해 살펴보자. 선불교는 중국 대승불교의 대표적인 종파로 볼 수 있고 한국불교도 그 맥락을 같이한다. 이 장의 두 번째 주제로 '자비와 깨달음의 관계'를 다루면서 한국불교가 상구보리를 위에 두고 자비 실천에는 미흡하지 않았나 하는

---

[18] 라마 예서 툽텐 해설, 박윤정 역 『달라이 라마의 자비명상법』 정신세계사, 2005 참고.

안타까움을 표한 바 있다. 미산 스님은 한국 선불교가 단순히 깨달음에만 치중한 것이 아니라 자비를 중시하면서 무연자비의 실천을 강조한 여러 사례를 제시하고 있다. 또한 자신이 직접 개발한 프로그램인 '하트 스마일 명상'을 소개하고 있다.[19] 오늘날 한국불교는 종래의 '깨달음' 위주의 수행으로부터 자비 수행과 자비 실천의 방향으로 전환되고 있다고 생각한다. 현재 한국불교의 현장에서 많은 불자가 자비의 실천에 큰 노력을 기울이고 있어서 참으로 반갑다.

자비 명상은 서구에서 심리학과 심리 임상치료의 중요한 과제로 등장하고 있다. 현대적인 자비 명상의 방법은 오히려 서구에서 계발되고 있다고 볼 수 있을 지경이다. 또한 '자비의 과학화'라는 용어가 심리학 계열에서 사용되고 있다. 이것은 자비를 임상에 적용하는 과정에서 생겨난 용어이다. 서구의 전통적인 심리치료는 프로이트 학파의 이론에 바탕을 두고 있었다. 프로이트 학파의 초기 정신역동은 인간성의 어두운 면, 즉 성과 폭력성 등에 초점을 두었는데 이에 대한 비판도 적지 않았다. 이와 함께 심리치료사들은 자비의 개념과 잠재성을 새롭게 인식하고 새로운 임상 치료법을 구축하기 시작했다. 이러한 현상을 자비가 과학적으로 수용된 것이라고 한다. 특히 달라이 라마와 가깝게 지냈던 많은 신경과학자가 자비를 수련했을 때 뇌에서 일어난 현상들을 연구하면서 심리치료에 많은 영감을 주었다.

---

19 _ 미산 외 지음 『자비, 깨달음의 씨앗인가 열매인가』 운주사, 2015, pp. 189-196.

자비의 개념과 그 기능에 관한 연구는 심리학에서 선구적으로 연구되었다. 자비 연구는 윤리 도덕의 영역에서 중요한 과제로 등장하였지만, 심리학 연구자들만큼 치밀하지는 못했다는 느낌이 든다. 자비에 대한 심리학적, 심리치료적 분야의 초석을 세운 학자가 폴 길버트(Paul Gilbert)이다. 길버트는 동료들과 '자비 마음 재단(The Compassionate Mind Foundation)'을 설립하고, 불교 심리학, 진화론과 신경과학의 관점에서 자비를 개념화하여 자비로운 마음 훈련(compassionate mind training)을 개발하였다. 그는 『자비 초점 치료(Compassion Focused Thraphy, CFT)』 『마음챙김과 자비(Mindfulness Compassion)』 등의 저서를 발간하였다. 『마음챙김과 자비』는 남아프리카 출신으로 티베트에서 승려 생활을 하고 애버딘대학의 명예교수로서 마음챙김과 명상 지도를 하는 초덴(Choden)과 함께 저술하였다. 이 책의 내용을 보면 '자비의 과학화'라는 용어가 실감 난다. 불교의 마음에 대한 통찰을 진화심리학, 신경과학적 관점에서 설명하고 자비로운 마음을 계발하기 위한 수행법과 구체적인 훈련들을 제시하고 있다. 또한 길버트가 찬사와 함께 추천한 데니스 터치(Dennis Tirch) 외 2인이 쓴『자비의 과학(The ACT Pratitioner's Guide to Science of Compassion)』의 내용을 보면 자비의 과학화라는 용어를 쓸 만하다고 생각된다. 자비의 정의와 진화적 뿌리, 자비와 심리적 유연성 등 이론적 부분에서부터 구체적 임상 사례와 자비 훈련법 등을 제시하고 평가하고 있다. 자비를 직관적이고 당위적인 것으로 접근한 사례에 익숙한 필자는 위의 책들을 통해서 많은 배움을 얻었다.

자비는 우리 인류가 진화해 오면서 나타난 최고의 덕목이다. 따뜻함과 배려, 감정이입, 수용, 마음챙김, 사회적 연대 등이 자비의 덕목 안에 촘촘히 짜여 있다. 이러한 자비를 마음으로 고통받는 사람을 위한 대표적인 약재로 사용하고자 하는 것이 바로 '수용 전념 치료(ACT: Acceptance and Commitment Theraphy)'와 '자비 초점 치료'이다. 수용 전념 치료와 자비 초점 치료는 상호 밀접한 관계에 있다고 한다. 국내의 많은 심리학자와 심리치료사들도 자비를 주축으로 하는 임상 치료에 많은 관심을 가지고 참여하고 있다. 또한 자비 명상 센터나 자비 수행 센터를 운영하는 스님들이 이 치료법을 원용하고 있다.

　자비의 과학화라는 용어에 거부감을 느낄 수도 있고, 그 개념이 혼란스러울 수도 있다. 그러나 필자는 자비의 과학화는 자비 수행과 자비 실천에 대한 구체적이고 치밀한 프로그램을 표현하는 상징으로 사용해도 무방하다고 생각한다. 『자비의 과학』의 마지막 부분에 실린 '앞으로의 방향'이라는 소제목의 문장을 소개하면서 이 단락을 마무리한다.

　자비는 모든 생명체 사이의 상호 연결에 대한 진심 어린 인식에서 나온 것이다. 우리가 당면한 고통에 대해 무언가를 하기 위해 움직이기 시작할 때, 자연스럽게 서로를 지지하고 동지애를 느끼며 협력한다. 우리의 진화 역사의 이 시점에서 우리가 저자이든, 독자이든 아니면 연구자이든 간에 우리 사이의 거리는 이전보다 훨씬 더 가까워졌다. 우리 공동체와 수많은 동료 여행자들의 네트워크는 점점 더 밀접하게 결합되어 있다. 우리가 당신과 함께 이 여행을 공유했듯이, 우리와 함께 당신의 여행을 공유할 수 있기를 바란다. 우리는 모두 인류애로 연결되어 있는데, 그것은 우리 모두가 행복하게 되고, 잘 지내고, 특히 커다란 도전 앞에서 평화와 기쁨을 찾기를 바란다는 것을 알며 친절함 속에서 쉬는 것이다.

그것이 가능해지며 당신의 자비로운 마음에 사용할 수 있게 되기를 바란다. 자비와 웰빙을 함양하는 당신과 당신의 내담자 주변에 조성되기 바란다. 그리고 보살핌을 받기 위해 당신에게 온 사람과 당신의 소중한 사람 그리고 당신 자신과 더불어 당신의 지혜와 힘 그리고 전념 행동을 공유하며 늘 풍요로워지길 바란다.[20]

20 _ 데니스 터치 외 2인 『자비의 과학』 불광출판사, 2018, pp. 443-444.

5
현대 도덕교육론과 자비 교육

필자는 자비 수행의 중요성을 강조한 조안 할리팩스 선사의 '절벽 벼랑 끝 상태'의 양가적인 특징을 살피면서, 켄 윌버가 『통합불교(Integral Buddhism)』라는 저서에서 거론한 '그림자 작업'을 연상했다.[21] 그림자란 우리 의식 구조와 상태를 구성하는 요소 중에서 우리에게 부정적인 영향을 미치는 요소들을 말한다. 이러한 부정적인 요소들은 인간의 무의식에 침잠되어 내려온 것이다.

켄 윌버의 '그림자 작업'을 이해하기 위해서는 그의 '통합명상(integral meditation)'을 이해할 필요가 있다. 그에 따르면, 전통적인 명상법은 '깨어남(waking up)의 길'이었다. 그러나 깨어남의 길을 통해 깨달음을 얻는 사람들 중에는 인격적으로 미성숙한 사람도 적지 않았다. 영적인 문제에 관심이 많으면서도 인격적, 도덕적으로 결핍된

---

21 _ 켄 윌버, 김철수 역 『켄 윌버의 통합불교』 김영사, 2022, pp. 122-130.

사례가 적지 않았다는 것이다. 단적인 예로 많은 나치(Nazi)들도 요가와 명상 수행에 정통했다고 한다. '세계와 하나' 되는 영적 경험을 했을지 몰라도, 세상 속에서 여전히 미성숙한 상태로 남아 있거나, 제 역할을 다하지 못했거나, 심지어 병적인 모습까지 보인다는 것이다. 미국에 간 동양의 수행승 중에서도 이러한 사례가 있었다고 주장한다.

이와 같은 현상은 인간을 전체적이며 전반적으로 성숙한 존재로 만들어 주는 '성장(glowing up)의 길'로 가는 수행법이 부족했기 때문이라고 진단한다. 깨어남의 단계는 있었지만, 성장의 단계는 부족했다는 것이다. 수행자 중에는 깨달음을 앞세우면서 개인적, 감정적으로 해결하지 못한 과제를 회피하거나, 기본적인 욕구나 감정, 그리고 인격의 발달 과제를 아무것도 아닌 것처럼 무시해 버리는 '영적 최면'에 빠지는 경우도 있다고 말한다. 누구나 자신의 내면에 어두운 그림자가 있다. 이러한 어두운 그림자를 밖으로 끄집어내어 햇볕에 말리는 자기 성찰과 자기 성장의 노력이 반드시 필요하다. 일반적으로 동양의 전통적인 수행과 종교는 개인 성장의 길에 대한 이해가 부족하고, 서양은 깨달음과 영적인 영역에 소홀했다고 본다.

켄 윌버는 깨달음의 길과 성장의 길의 통합을 강조한다. 성장의 길을 가는 명상은 최근 서구의 발달심리학자들에 의해 시작되었다. 발달심리학자들이 제시하는 다양한 성장 발달 단계는 매우 닮은 꼴이다. 성장 발달 이론은 현대 인격 교육에 나침판 역할을 하고 있지만, 발달심리학자들에 의해 제시된 성장 단계의 모형에는 깨달음이나 깨우침, 지고의 정체성 같은 단계는 없다. 발달심리학자들은 성장의 방법을 가르쳐주지만 깨어남의 방법은 알려 주지 못한다는 것이다. 따라서 서양식의 접근법에서는 '해탈'이나 '열반' 같은 지고의 깨달음을 대부분 찾을 수 없다. 이에 깨달음과 성장의 길을 통합하는 통합적 접근이 등장하였고 이 접근은 다양한 인문, 의료, 상담, 교육 분야에 적용되고 있다. 켄 윌버는 이 통합적 접근법이야말로 오늘날 영적인 길에 적용할 수 있는 '내일의 종교(religion of tomorrow)'라고 주장한다.[22]

필자는 켄 윌버의 의견에 전적으로 동의하지는 않는다. 불교 수행 교육에서도 인격 성장에 관한 내용이 적지 않기 때문이다. 또한 발달심리학자들의 이론에 초월적 자아 등 깨달음의 분위기를 풍기는 용어를 사용한 경우도 꽤 많다. 깨달음의 길과 성장의 길을 이분법적으로 본 견해는 많은 비판을 초래할 수 있다. 그럼에도 불구하고 켄 윌버의 주장은 자비 실천에 많은 교훈과 시사점을 준다. 그것이 자비 실천과 관련하여 현대의 도덕교육론을 소개하고자 하는 이유이다.

필자는 앞서 기술한 '자비와 깨달음의 관계' '자비의 체험' 그리고 '자비의 방사' 등의 글에서 현대의 도덕교육 발달론을 통합하여 원용하였다. 여기서는 현대 도덕교육론에 대한 좀 더 자세한 내용을 소개하고자 한다. 현대의 도덕교육론은 발달심리학자들에 의해 주도

---

[22] _ 켄 윌버, 김명권 외 2인 역 『켄 윌버의 통합명상』 김영사, 2020, pp.6-10.

되었다. 도덕교육론은 목표, 기준, 방법 등에 따라 다양한 이론이 있기에 자비 실천에 적합한 도덕교육론이 무엇인가에 대한 많은 숙고가 필요하다. 그리고 현대의 도덕교육론은 서구, 특히 미국에서 생성되고 실험된 것이고, 그 대상이 교실 안의 학생이었다는 점에서 보편적인 자비 실천의 장에 적합한지도 생각해 볼 문제이다.

필자는 이런 여러 문제를 고려하면서 '인지적' '정의(감정)적' '행동적' 접근이라는 세 분야를 통합한 도덕교육론을 자비의 실천 교육과 접목하고자 했다. 도덕교육 이론은 미국의 통합적 인격 교육을 주창한 리코나(Thomas Licona)의 이론이다. 우리나라 교육 현장에서 가장 많이 사용되고 있으며, 도덕성의 통합적 측면들을 모색하는 데 용이한 측면이 있다. 그리고 교실이라는 공간을 떠나 실제 삶의 현장에서도 유효한 이론이다. 그러나 인지적, 정의적, 행동적 접근은 어디까지나 각각의 이론이 주안점으로 내세우는 영역에 따른 편의상의 분류이다. 예를 들면 인지적 접근이라고 해서 전적으로 인지적 영역만을 강조하는 이론은 아니다. 그리고 세 영역은 상호 중첩되는 경우도 많다. 먼저 세 영역의 특징을 살펴보자.

먼저 인지적 접근을 보자. 교육의 주요 목적 중의 하나가 지식과 이해 능력의 배양에 있다는 점에서 교육은 하나의 강력한 인지적 차원을 지니고 있다. 전통적으로 강조됐던 교육의 가장 중요한 요소들은 지식, 이해, 비판이라고 할 수 있는데, 인지적 접근은 이 모든 요소를 강조하고 있다. 이와 함께 구체적으로 인지적 도덕교육을 어떻게 실천할 것이냐에 대해서는 많은 이론이 제기되고 있다. 인지주의

자(cognitivist)들은 인지적 영역뿐만 아니라 정의적 영역을 포괄해야만 한다는 사실을 경시하지는 않지만, 정의적 변화를 가져오는 최상의 방법은 인지적 교육 과정 활용을 통해 가능한 것이라고 믿는다. 인지주의 교육론자들은 전통적인 도덕교육의 방법들이 실패한 가장 큰 까닭은 도덕적 문제들과 도덕성에 대한 분석의 어려움을 간과했기 때문이라고 한다. 즉, 인지적 영역에서의 진지한 훈련이 학교에서 체계적으로 이루어지지 않았다는 것이다.

인지적 도덕교육의 방법으로 '가치분석(vaule analisis)' '인지발달 접근(cognitive-developmental approach)' 등 다양한 방법이 등장하였다. 이해와 도덕적 추론에 초점을 두고 있는 인지적 접근은 교육의 본질적인 측면을 잘 강조하고 있다. 그러나 합리성에 바탕을 둔 이 접근은 정의적, 혹은 행동적 영역에 충분한 관심을 두지 않았다는 점에서 비판받아 왔다. 도덕적 행동이 단순히 이해나 지식의 산물이 아니기에, 많은 요인의 복합적 결과를 인정하는 데 실패할 위험성이 크다는 것이다.

두 번째로 정의(감정)적 접근법을 살펴보자. 인지적 접근에 대하여 불만을 느끼는 학자들은 인간의 정의적 차원을 중시하는 이론들을 발전시켰다. 정의적 접근법은 학생들을 도덕적 추론이나 도덕적 분석에 일방적으로 예속시키는 것이 아니라, 학생들로 하여금 그들의 정서, 감정, 태도 그리고 개인적 선호를 추구하도록 권장하는 데 초점을 두고 있다. 이러한 정의적 접근의 대표적인 것으로 '가치명료화(value clarification)'와 '고려 모델(consideration model)' 이론이 있다.

가치 명료화는 사람들이 삶의 다양한 영역에서 자신의 목적과 방향, 그리고 가치를 명료화하고 실현하도록 돕는 접근법이다. 즉, 자신의 가치를 명료화하고 이에 따라 살아갈 수 있도록 함으로써 가치가 명확하지 않아서 부딪히는 문제들을 피하고 의미 있는 삶을 살 수 있도록 돕는 것이다. 이러한 가치 명료화 접근은 가치의 개인적 속성을 강조하고 가치는 인간 경험의 개별적 차원을 나타낸다. 그러므로 개인들이 가치를 결정하며 가치가 개인의 경향이나 선호를 드러내는 것이다. 가치 명료화 지지자들은 가치의 절대성을 거부하면서 특정한 가치 덕목보다는 가치화 과정(valuing process) 자체를 중시하였다. 가치를 전수되거나 가르쳐지는 것이 아니라 학습되는 것으로 본다.

고려 모델은 도덕교육이 규칙이나 금지 사항에 대한 분석의 문제가 아니라 자아와 타인들에 관련된 문제라는 시각이다. 따라서 고려 모델 접근법은 인간의 삶의 양식에 초점을 두고 있다. 도덕교육은 자아나 타인들에 대한 두려움과 불신으로부터 인간을 해방시켜 주는 것이며, 그들에게 사랑을 주고받을 수 있는 능력을 키워 주는 것이다. 따라서 도덕교육을 사랑과 감정이입, 그리고 타인들에 대한 적극적인 고려에 초점을 두는 전인교육으로 본다.

정의적 접근 교육론에 대한 평가는 매우 다양하다. 정의적 접근은 도덕적 지식과 판단이 행동으로 나타날 가능성을 높여 주는 역할을 한다. 그러나 정의적 영역은 인지적 영역과는 달리 그 성과를 측정하고 가시화하는 데 어려움이 있다는 비판을 받고 있다. 가치 명료화 이론에 대한 비판은 미국에서 성행하는 인격 교육론자들이 주도하고 있다. 가치 명료화가 학생들로 하여금 가치에 대하여 독립적이고 비판적인 사고를 하게 한다는 본래의 취지와는 달리, 도덕적 정당화와 단순한 합리화를 구분 못 하는 도덕적 문맹을 만들고 있다고 주장한다. 고려 모델 또한 비판받고 있다. 대표적인 예로 고려 모델에서는 도덕적 동기화의 가장 중요한 원인으로 쾌락과 즐거움을 들고 있는데, 쾌락이나 즐거움이 과연 무엇을 의미하는지 미흡하다는 것이다.

세 번째 행동적 접근을 보자. 인지적 접근이나 정의적 접근에서도 도덕교육의 궁극적 목표가 학생들의 행동에 영향을 주려는 것이라는 점을 인정하고 있다. 이처럼 모든 도덕교육 이론이 어느 정도 행동을 강조하고 있지만, 특히 행동의 요소들에 강조점을 두고 있는 도덕 이론을 보자. 행동적 접근의 대표적인 이론이 '사회 행위 접근(Social Action Approach)'이다. 여기서 도덕교육은 환경적 능력이 뛰어난 적극적 시민을 양성하는 것으로 본다. 환경적 능력이란 환경에 특수한 결과를 낳게 하는 행동으로 세 가지 능력을 제시한다. 즉, 신체적 능력, 인간관계의 능력, 시민으로서의 능력이다. 사회행위 접근은 주로 환경적 능력의 마지막 범주인 시민으로서의 능력(civic competence) 발달에 관심을 두었다. 도덕적 갈등을 일으키는 각 당사자의 권리 사이에서 자신이 무엇을 할 것인가에 대하여 심사숙고하는 사람이 도덕적 행위자이다. 도덕적 행위자는 사회적, 정치적,

경제적 상황에서 시민으로서 지녀야 할 행동 규범과 능력이 요구된다. 이것은 민주사회의 시민으로서 공공 생활의 영역에서 바람직한 역할을 모색하는 것이다. 그러나 사회 행위 접근은 행동에 대한 지나친 강조가 인위적으로 조작될 위험성이 있으며, 충분한 도덕적 추론이 결여된 단순한 행동으로 이끌 수 있다는 비판을 받는다. 학교 현장과 사회구조에 따라 교육적 효과가 좌우된다는 비판도 받고 있다.

오늘날 도덕교육은 위의 세 영역을 통합하고자 하는 다양한 시도가 진행되고 있다. 도덕적으로 성숙한 인간을 육성하기 위한 교육은 통합적이고, 포괄적이며, 다차원적인 형태로 이루어져야 함은 지극히 자연스러운 현상이다. 그러나 이 세 가지 접근 틀의 상호 보완적인 측면을 살리고, 각각이 지닌 장점을 건설적인 방향으로 통합한 이론이 무엇인가는 계속 탐구해야 할 과제이다. 도덕교육이 존재하는 한 이 논쟁은 계속될 것이다. 그리고 통합 도덕교육의 양상은 교육 현장의 구조와 기능에 따라 다양한 형태로 진행될 것이다.

지금까지 자비 수행과 실천을 위해 원용할 수 있는 현대 도덕교육 이론을 거칠게나마 살펴보았다. 현대 도덕교육 이론의 기본 틀은 점진적인 교육론에 바탕을 두고 있다. 현대 교육 방법론과 유사한 불교 교육 방법론으로는 초기불교와 남방 테라와다불교의 교육 이론을 들 수 있다. 대표적인 것이 붓다고사(Buddhaghosa)가 편찬한 『청정도론』에 나타난 교육 방법론이다. 대략 5세기경에 편찬된 『청정도론』에서는 불교의 점교적(漸敎的)인 교육론이 촘촘하게 진술되어 있다. 붓다 재세 시에는 각자의 성격이나 성장 배경 등을 고려하여 쉬운 내용부터 어려운 교설에 이르기까지 점진적인 교육 방법을 사용하였다. 단번에 깨달음을 얻는 돈오(頓悟)의 교육 방법은 붓다 재세시의 교육 방법이 아니었다.

『청정도론』은 붓다 가르침의 기본 체계인 계, 정, 혜의 세 틀을 바탕으로, 전체 23장으로 구성되어 있다. 1장과 2장은 계청정(戒淸淨)으로 계에 해당하고, 3장부터 13장까지는 심청정(心淸淨)으로 정에 해당하며, 14장부터 23장까지는 혜에 해당하는 것으로 견청정(見淸淨)이다. 견청정은 혜(慧), 즉 통찰지를 어떻게 닦을 것인가에 중점을 두고 있다. 이 견청정이『청정도론』의 불교 교육론 핵심이다. 견청정은 의심을 극복하는 청정, 도와 도 아님에 대한 청정, 도 닦음에 대한 청정으로 이루어진다.

『청정도론』은 일곱 단계의 점진적 수행 체계를 제시하고 있는데, 이것이 7청정이다. 계를 지킴으로써 도덕적으로 성숙한 인간이 되고, 그것을 바탕으로 사마타 수행에 의해 흔들리지 않는 굳건한 마음을 유지한다. 나아가 위빠사나의 통찰지로 존재의 본질뿐만 아니라 무상, 무아를 깨달아 지(知)와 견(見)에 의한 청정을 이루어 해탈의 경지에 이르는 것이다.

이러한『청정도론』에 나타난 점교적 수행 체계는 현대 도덕교육론의 내용과 유사한 점이 많다. 앞서 소개한『켄 윌버의 통합 명상』에서 '성장의 길'의 소홀함에 대한 비판을 넘어설 수 있다. 자신의 박사학위 논문을 확장해『불교교육론』을 저술한 이송곤 박사는『청정도론』이 가지고 있는 교육학적인 의미를 서술하고 있다.[23] 『청정도론』에 현대 발달심리학자들이 주장하는 이론들이 곳곳에 펼쳐져 있다고 주장한다. 앞서 소개한 『보리도차제론』도 체계적, 점진적 수행론으로 맥락을 같이한다고 볼 수 있다. 김성철 교수는 저서 『체계불학』을 통해 불교 윤리와 교육의 체계화를 위해 『보리도차제론』의 중요성을 강조하고 있다.[24]

이상에서 살펴본 바와 같이 현대의 도덕교육론과 불교 교육론은 많은 유사점을 가지고 있다. 그러므로 자비의 실천 윤리에서 현대 도덕교육론의 다양한 교육 방법론을 원용하여 적용할 수 있다. 교육 대상과 장소에 따라 구체적인 자비 교육의 프로그램에 대한 탐구가 절실하다.

---

23 _ 이송곤 『불교교육론』 운주사, 2018 참조. 이 책은 『청정도론』의 점교적 교육원리와 현대교육학적 의의에 대해 심도 있게 논의하고 있다.
24 _ 김성철 『체계불학』 오타쿠, 2022 참조.

VI장

자비 실천과 불교 복지

    초기불교에서부터 오늘의 한국불교에 이르기까지 불교 복지의 이념과 전통이 어떻게 구현됐는가를 살핀다. 자비 실천의 대표적인 사례가 바로 복지인데, 도도한 흐름의 불교 복지의 발자취를 탐색해 보자는 것이다. 그리고 불교 복지 이념을 한국불교에서 어떻게 실천할 것인가에 대해 큰 틀을 가늠해 본다. 그 길을 개인윤리의 차원, 사회윤리의 차원, 그리고 공동체 사회운동의 세 차원으로 논의를 전개했다.

1
불교 복지의 이념과 전통

　근대적인 복지 개념은 서구의 복지국가 등장과 함께 우리나라에 도입되었다. 그러나 삼국시대 이후 조선조에 이르기까지 국민의 복지를 위한 정책은 명분상 다양한 형태로 지속되어 왔다. 이것은 세계 모든 국가가 마찬가지이다. 구체적 현실은 그렇지 않더라도 국가를 유지하고 정통성을 확보할 수 있는 명분은 국민의 안녕에 있기 때문이다. 복지 개념은 복지의 대상, 수단, 공간에 따라 다양하게 정의할 수 있으나 직관적으로 정의하는 것이 오히려 본질에 가깝다고 생각한다. 오늘날 복지라는 용어는 '사회복지'라는 용어로 대체하여 사용하는 경우가 많다. 그만큼 복지가 국가가 주도하는 공공재의 성격이 강해졌다는 의미이다. 그러면 불교 복지의 이념적 토대와 지향가치는 무엇인가?
　불교 복지의 이념적 토대는 붓다 다르마의 핵심인 연기법이다. 연기법은 온 우주의 생명이 인드라망으로 연결된 화엄 사상으로 연결된다. 이 연기법을 실천하는 지향 가치가 바로 자비행이다. 그러므로 불교의 복지 개념은 사람과 사람 사이의 관계를 넘어 모든 생명 존재의 복지를 포함한다. 사람과 사람이 사는 사회만을 대상으로 하는 것이 아니라 지구촌의 모든 생명을 대상으로 한다. 이렇게 불교의 복지 개념은 심층 생태론적 성격을 지니고 있으며 지구촌의 환경 문제, 기후 변화, 생물 다양성의 위기 등이 불교 복지의 대상이 된다.

이렇게 넓고도 깊은 복지 개념을 광의와 협의의 의미로 분류하는 것이 논의의 의미를 명확히 하는 데 도움이 될 것이다. 필자는 사람과 사람 사는 사회를 대상으로 한 협의의 불교 복지를 '불교 사회복지'라 칭하고, 지구별의 온 생명체를 대상으로 한 불교 복지를 '불교 생태복지'로 명명하고자 한다. 이 글에서는 협의의 불교 복지인 불교 사회복지를 중심으로 전개한다.

불교 역사는 오랜 사회복지 실천의 전통을 가지고 있다. 이미 초기불교에서부터 사회복지 사상과 실천은 뚜렷하게 나타난다. 초기 불교 수행자들은 오늘날의 시민적 성격과 유사한 경제윤리를 정립하고 이를 바탕으로 사회복지 운동을 전개하였다. 가난하고 병든 사람을 구제하려는 노력은 단순한 규범적 차원을 넘어 사회경제적인 방법론을 통해 실질적으로 실천하였다. 보시(報施)와 복전(福田) 사상을 동력으로 한 사회복지의 실천 내용은 초기 경전 니까야에 다양하게 나타난다. 현대사회의 복지 활동과 비슷하다. 보시와 복전은 개념적으로 다를 수 있지만 한 흐름의 사상으로 볼 수 있다. 복덕과 공덕을 심는 텃밭인 복전은 보시를 전제로 하고 있기 때문이다.

복전은 경전(敬田), 비전(悲田) 등 이복전(二福田)으로 출발하였으나 이것이 확대되어 공경 복전, 보은 복전, 빈궁 복전 등 삼복전(三福田)으로 분화되었다. 빈궁 복전은 바로 가난한 사람과 병자들을 돌보는 복덕행의 밭이다. 대승불교에서는 복전 사상을 고취하기 위하여 『복전경』을 편찬하고 내용을 확대하여 '팔복전'을 제시한다. 팔복전을 보면 불교 사회복지의 실천 방향을 가늠할 수 있는 내용이 많다. 김재영 박사의 역저 『초기불교의 사회적 실천』에서 초기불교 사회복지의 내용을 요약 소개한다.[1]

김재영 박사는 자신의 박사학위 논문인 이 저서를 통해 다양한 초기 경전을 인용하면서 불교 사회복지의 구체적 사례를 연구했다. 또한 초기불교의 사찰(가람, 절)이 '수행자들의 공동체'라는 전통적 관념을 넘어 주민들의 재활 센터, 복지 센터의 역할을 했음을 밝히고 있다. 니까야 경전에는 가람을 벗어나 마을과 거리에서 가난하고 병든 사람을 위해 봉사하는 수행승의 사례와 함께 복지시설을 건립하였다는 사실이 실려 있다. 이러한 초기불교의 사회복지 운동의 전통은 대승 경전 곳곳에 다양하게 열거되어 있다.

그 대표적인 경이 『승만경』이다. 이 경에는 승만 부인이 세운 열 가지 서원 중 중생구제 내용이 촘촘하게 나타나 있다. 노인복지, 고아를 위한 아동복지, 재소자를 위한 교정복지, 병자를 치료하기 위한 의료복지 등 현대의 복지 내용과 크게 다를 바 없다. 이러한 초기

---

1 _ 김재영 『초기불교의 사회적 실천』 민족사, 2012, pp. 353-382 참조.

불교의 사회복지 전통은 아쇼까왕의 통치를 통해 그 실천 내용과 방법이 확대되고 정교하게 구체화되어 전 인도에 확산되었다. 아쇼까왕의 사회복지 정책은 현대사회의 사회복지에 많은 시사점을 주는 전범이다.

붓다의 가르침을 깨달음의 틀에서 보는 시각에 익숙했던 필자는 초기불교에 나타난 사회복지 운동에 깊은 감동을 느낀다. 상윳따 니까야 『인색함의 경』에 실린 게송의 하나이다.

> 험한 벌판길을 함께 가는 길동무처럼
> 가난한 가운데서도 나누는 사람들은
> 죽어 가는 것들 가운데서도 죽지 않으니
> 이것은 영원한 법이라네.

이와 같은 불교의 사회복지 전통은 다양한 형태로 면면히 이어져 중국, 티베트, 일본 그리고 한국의 불교 역사 속에서 도도히 흘러오고 있다. 어느 때는 지표면 위에 강처럼 흐르기도 했고, 어느 시기엔 땅속으로 흘러 지하수로 맥을 잇기도 했다.

계간지 『불교평론』은 2012년 여름호에서 '불교와 사회복지'라는 특집을 마련했는데, 승가대 김응철 교수가 「역사로 살펴본 불교 사회복지 활동」이라는 내용을 기고했다. 그는 인도, 중국, 일본, 한국의 불교 사회복지의 활동을 소개하고 있다.[2] 필자는 김 교수의 글에서 '한국불교의 사회복지 활동'을 간추려 소개하면서 의견을 덧붙이고자 한다. 그런데 김응철 교수는 본인의 글이 송산 스님의 저술을 요약한 것이라고 밝히고 있으니, 필자는 송산 스님의 글을 재인용하는 것이 된다.[3]

삼국시대에 불교가 전래한 이후 한국불교는 재난 구제에 많은 노력을 기울여 왔다. 고구려, 백제, 신라 등 삼국의 재난 구제 활동은 불교 전래 전에 비하여 매우 활발해진 것으로 분석된다. 불교의 자비 사상이 유입되면서 나타난 자연스러운 현상이다. 또한 민중 교화승 성격이 강한 원효대사 등의 중생구제 활동에서 많은 사례를 찾을 수 있다.

고려시대의 불교 사찰은 사회복지 활동의 중심지였다고 할 수 있다. 호국적 성격이 강했던 만큼, 사찰의 위상과 재정적 지원이 굳건하였다. 흉년이 들면 사찰은 자연스럽게 구제 활동의 중심지가 되었다. 『고려사』에 연복사와 개국사 등에서 구호사업을 전개한 사례들이 나타난다. 또한 고려시대의 다양한 사회복지기관들은 대부분 사찰과 연계하여 사회복지 기능을 수행하였다.

조선시대 불교는 척불 정책으로 사찰의 사회복지 기능이 점차 축소되었다. 조선시대에는 사찰 단위의 복지 활동이 이루어지기보다는 승려 개인적 차원에서 활동한 사례들이 알려져 있다. 조선 초기의 문신 성현(成俔)이 쓴 『용재총화』는 당대의 풍속, 역사, 문물, 인물

---

2 _ 김응철 「역사로 살펴본 불교사회복지 활동」 『불교평론』 51호(2012년 여름호), pp. 36-64 참조.
3 _ 임송산 『불교 복지 Ⅰ』 법수출판사, 1983, pp. 145-160 참조.

등을 수집한 잡록이다. 성현은 유학자였지만 이 책에서 이름이 크게 알려지지 않은 스님들의 이야기도 소개하고 있다. 장원심 스님, 신수 스님 등의 자비행이 기록되어 있다.『태종실록』에도 실린 장원심 스님의 자비행은 참으로 거룩하다. 다음은『용재총화』에 실린 내용이다.

　　장원심 스님은 기근자를 보면 꼭 먹을 것을 빌어 먹이고, 자기의 옷을 벗어 입혀 주었으며, 앓는 사람을 보면 반드시 힘을 다하여 구휼하며, 사람이 죽었는데 장사 지낼 사람이 없으면 반드시 자기가 장사 지내 주며, 도로를 만들고, 교량을 건설하고, 가지 않는 곳이 없을 정도로 모든 곳을 다니며 사람을 돕는 일만 하였으며, 어린이들까지도 그의 이름을 모르는 이가 없을 만큼 유명하였다.

이 외에도 스님들이 구제 활동을 한 사료가 많다. 세종 4년에는 한성에 구료소를 두고 탄선 대사로 하여금 300명의 스님이 군인들을 구료하게 하였다는 기록이 있다. 세종 9년에는 천우 선사와 을유 선사 등이 한증으로 치료하는 방법을 제안하고 탕욕하는 장소를 만들어 병 있는 백성을 구제하는 것을 허락해 달라는 내용의 상소문이 올라와 왕이 허락한 일이 있었다. 세종조까지만 해도 빈민 구제와 의료 사업의 대부분은 사찰에서 담당하였다. 스님들은 각종 부역에 동원되었는데 부역의 내용에는 사회복지와 관련된 의료활동 지원과 기민 구호 활동이 포함되었다. 임진왜란 때 서산 대사, 사명 대사 등 많은 스님이 국난 극복과 대중의 재난 및 질병 구제 활동을 한 것은 한국불교의 사회복지 전통에서 비롯된 것이다.

이러한 전통은 일제강점기에도 지속된다. 이혜숙 박사는 「일제강점기 불교계 사회사업의 개괄」이라는 글에서 불교 복지 전통이 살아 있음을 제시하고 있다.[4] 1924년 『불교』의 내용을 발췌하여 불교계가 펼친 다양한 사회사업 내용을 밝혀냈다. 구체적으로 범어사, 대전 성덕보육원, 강릉 금천유치원 등 불교의 사회복지 활동을 소개하고 있는데, 각종 통계를 바탕으로 불교의 복지 활동이 기독교계에 비해 결코 적지 않았다고 주장한다. 동시에 종단과 지역 사찰 등에서 아직 밝혀지지 않은 사회복지 활동 사례의 발굴이 시급하다고 강조하고 있다.

근래에 일제강점기 빈민과 이재민의 구제에 기여한 만공 선사를 기리는 송덕비가 재조명되고 있다. '송만공 대선사 구휼 송덕비'의 건립 사연이 확인된 것이다. 1931년 5월 27일 자 「매일신보」에 "정혜사 만공 선사가 덕산면 8개 리의 우박으로 인한 재난 구제를 위하여 백미 17석(260원)을 베풀었으며, 이에 대한 고마움으로 덕산면 8개 리의 수백 호가 12전씩 모아 선사의 송덕비를 '덕산면 대동리 홍성 통로'에 건립 중"이라는 기사를 찾아냈다.[5] 한국불교의 복지 전통이 면면히 이어진 흐뭇한 사례라 할 수 있다.

---

4 _ 이혜숙 「일제강점기 불교계 사회사업의 개괄」『불교평론』 51호(2012년 여름호), pp. 65-87 참조.
5 _ 「불교신문」 2024년 4월 2일 자 참조.

현대에 들어 한국 불교계에서 복지에 대한 관심이 높아지고 있고 이를 실천하는 불자들의 활동이 점점 활발해지고 있다. 복지가 전법의 제일 큰 수레임을 생각할 때 매우 고무적인 현상이 아닐 수 없다.

2
한국불교 복지 실현의 큰길

◯

　지금까지 불교 복지의 이념과 전통의 도도한 흐름을 개관하면서 우리나라에 불교가 전래한 삼국시대 이래 일제강점기에 이르기까지 끊이지 않고 복지 자비행이 지속되어 왔다는 것을 알 수 있었다.

　그렇다면 오늘의 상황은 어떠한가? 해방과 6·25 전쟁을 겪으면서 한국불교의 복지적 역할은 매우 약화되었다. 전쟁의 폐허 속에서 해외 원조의 대행을 기독교가 독점하면서 전쟁고아 속출, 가정 파괴, 극심한 생활난 등 중생구제가 시급한 상황에서 불교는 소외될 수밖에 없는 처지였다. 또한 1960년대 박정희 정부의 근대화 추진 이후 상부상조라는 공동체적인 복지 개념 대신 제도적이고 국가적 규모의 복지 정책이 본격적으로 등장하였다. 이 과정에서 대규모 해외 원조 사업이 미국과 기독교 계열의 주도로 진행되었기 때문에 불교의 역할은 미미할 수밖에 없었다.

　그러나 현재는 한국불교의 복지 전통이 되살아나고 있다. 조계종단의 불교 개혁운동과 더불어 조계종 사회복지재단이 설립되어 그

기틀이 마련되었다. 한때 기독교계가 독점하다시피 한 종합사회복지관 또는 전문 복지관 운영에 불교계가 대등한 위치로 참여하고 있다. 불교 자체 내에서 운영하는 복지 단체도 늘고, 해외에 뿌리를 내리고 활발하게 활동하는 단체도 여럿이다. 승가와 불자가 개인적으로 복지 활동을 하는 사례도 점점 많아지고 있다. 종래의 '상구보리 하화중생'에서 '하화중생 상구보리'로 변하고 있다는 생각마저 들게 하는 변화다. 한국불교의 전통에서 깨달음은 형님이고 자비는 동생이었는데 이제 자비가 형님이 되는 느낌을 주는 반가운 조짐이다. 종교에 대한 무관심이 증대하는 오늘의 현실에서 전법의 제일 효과적인 방법이 자비행이라는 것을 확인시켜 주는 현상이다.

지금 지구촌과 인류의 삶의 양식은 엄청난 변혁의 기로에 서 있다. 이러한 격동의 파고를 넘는 불교 복지의 실천 방향을 크게 세 가지 틀에서 가늠해 보고자 한다. 여기서 불교 복지는 불교 사회복지와 불교 생태복지를 결합한 광의의 개념이다. 세 가지의 틀은 개인윤리의 차원, 사회윤리의 차원 그리고 공동체 운동의 차원이다. 이 세 가지 차원의 실천이 유기적으로 접목될 때 중도적이고 효과적인 실천 방향이 나오리라 기대한다.

개인윤리의 차원

먼저 개인윤리의 차원을 살펴보자. 개인윤리의 차원은 문제 해결

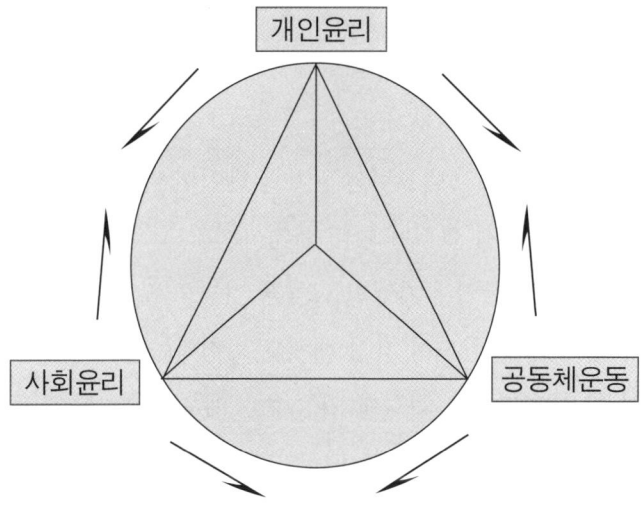

불교 복지의 실천 방향

방안을 개인의 도덕성, 즉 개인 의지의 자유와 결단에서 찾는다. 의지의 자유란 의지의 자율을 말하며, 결단은 자율적 의지의 선택적 결단을 의미한다. 동서양 윤리학의 주류를 이루는 것이 개인윤리와 개인윤리학이다. 개인윤리는 도덕이 가지고 있는 현실적 결과와 사회적 측면을 고려하지 못한다는 점에서 문제점이 있음에도 불구하고 여전히 중요하다. 제도적 장치를 통해 사회정의를 제대로 실현하느냐는 바로 그 제도를 운용하고 그 제도 아래서 삶을 영위하는 사회 구성원의 도덕적 수준에 의해 좌우되기 때문이다. 사회 구성원의 도덕 수준이 미흡하면 제도적 장치의 발전과 충실화가 불가능하다.

개인의 도덕성 함양은 주로 교육을 통해 이루어진다. 구체적으로는 가정, 학교, 언론, 종교 등 사회화 기능의 윤리화를 통해서 이루어진다. 그러나 이러한 사회화 기능의 윤리화는 지금 엄청난 위기에 직면해 있다. 사회화 기능의 대표적인 집단인 가족, 학교, 매스미디어, 종교의 현실을 살펴보자.

가정은 사회제도의 대표적인 일차 집단이며, 사회 통제의 가장 효과적인 매개체이다. 그러나 근대 산업사회의 등장과 함께 전통적인 가족제도가 붕괴하면서 가정의 교육적 기능도 많이 훼손되었다. 가족 기능의 변화가 반드시 가정 해체를 의미하는 것은 아니지만, 전인적인 교육에 장애로 등장할 가능성은 매우 크다. 많은 도덕철학자는 국가가 교육을 장악하는 데서 오는 폐단을 완화할 수 있는 곳이 바로 가정이라고 말한다. 가정의 교육적 기능을 '애정의 체험' '협동체의 체험' '인간관계의 원초적 체험' 등이라고 제시하고, 특히 애정의 체험 기능은 다른 어느 기능보다도 중요하다. 가정이 다른 기능은 모두 빼앗겨도 애정을 기반으로 하는 정신 안정 기능만은 확보해야 한다고 주장한다. 지금 한국은 핵가족을 넘어 1인 가정의 수가 엄청나게 증가하고 있다. 또한 결혼과 출산율의 급격한 감소로 인해 가정의 교육적 기능은 점점 감소하는 현실이다.

그러면 학교의 윤리적 사회화 기능은 어떠한가? 현재의 한국 학교교육은 도덕교육, 인격 교육의 측면에서 많은 장애를 안고 있다. 인격·도덕 교육의 중요성을 강조하는 언어의 인플레 현상 속에서 학교교육을 담당하는 교육자들은 무기력에 빠지고 있는 것이 아닌지 우려된다. 학교교육의 도덕적 기능은 어느 사회화 기관보다 크다. 왜냐하면 어느 교육보다도 훨씬 집단적이고 조직적이며 목적 지향적 성격이 강하기 때문이다. 한국사회에서 학교교육의 도덕적 기능 약화의 제일 큰 원인은 입시 풍토에 기인한다. 한국사회가 '학벌사회'로 전환되면서 학교가 대학 입시의 도구로 전락한 것이다. 그러나 비관론에 빠질 필요는 없다. 지금 인류 문명의 틀은 급격히 변하고 있고 한국사회의 틀도 큰 변화를 겪고 있다. 새로운 삶의 양식과 함께 학벌 사회의 틀도 변화가 불가피할 것으로 전망된다.

매스미디어의 윤리적 사회화 기능의 현실은 어떠한가? 현대사회에서 매스미디어는 공식적, 비공식적 사회화의 중요 집행자라는 데 의견을 함께한다. 매스미디어가 사회화에 미치는 영향을 인과관계로서 규명하는 데는 아직 미흡하지만, 매스미디어의 간접적이고 누적적인 영향이 매우 크다는 것은 그동안의 연구를 통해 입증되었다. 특히 청소년의 가치관 형성에 미치는 영향은 매우 큰 것으로 나타난다.

대중 매체 기능을 논할 때 유의해야 할 두 가지 명제가 있다. 그 하나는 매스미디어가 전하는 외부 환경은 실재하는 세계가 아니라 언론이 만들어 낸 '유사 환경(pseudo environment)'이라는 것이다. 이 유사 환경은 실재 환경을 그대로 축소한 것이 아니라 언론이 주관적으로 선택하여 구성한 것이다. 이 점에서 매스미디어의 힘이 막강하다는 것이고 그만큼 사회적 책무도 크다고 할 수 있다.

매스미디어는 생성 당시부터 야누스의 두 가지 얼굴을 가지고 있다. 그 하나는 공기적(公器的) 기능으로 사람들이 직접 접촉할 수 없는 사회적 환경을 가능한 한 정직하고 진실하게 보도하고 이에 대한 분석과 시비를 가려 주는 것이다. 다른 하나는 자본과 이념의 노예가 되어 사회 마취제 같은 역할을 한다. 오늘날 정보화 사회로 진입하면서 다양한 매스미디어가 등장하고 있으며, 개인이 운용하는 각종 매스미디어도 많아 매스미디어의 범위가 매우 모호해지고 책임도 모호해지는 것이 현실이다.

마지막으로 종교의 윤리적 사회화 기능을 살펴보자. 오늘날 종교는 한국인의 사회생활에서 금기 용어로 간주되기도 한다. 종교를 화제로 등장시키면 부드러운 분위기는 어느새 주변을 긴장케 하고 어색하게 만들 위험이 있기 때문이다. 그래서 종교는 '말의 영역'이 아니라 말을 넘어서는 '경험의 영역' 또는 '믿음의 영역'으로 간주된다. 종교는 개인의 내면사에 속하기 때문에 입을 다무는 것이 서로에게 편하다는 인식은 충분히 이해가 간다.

그러나 종교는 결코 인간 내부의 영역에만 속하는 것이 아니다. 오히려 내부 영역보다는 외부 영역, 공적 영역에 더 많은 영향을 미친다. 오늘날 종교 문제로 인한 심각한 사회적, 정치적 갈등이 지구촌 곳곳에서 나타나고 있다. 다종교 사회인 한국은 외국인이 감탄할 정도로 종교 간 평화스러운 관계를 유지해 왔으나 사찰 훼손, 이슬람교에 대한 적대감 등 걱정스러운 사례가 끊임없이 발생하고 있다. 이제 종교의 문제를 은밀한 사적 영역에서 끼리끼리 소곤거리는 영역에 방치해서는 안 될 것이다. 인간의 삶과 종교는 분리될 수 없기 때문이다. 그럼에도 불구하고 한국사회는 종교를 공론화하는 담론을 의식적으로 기피해 왔다. 한국의 인문학계에서 종교 담론을 체계적이고 포괄적으로 다룰 수 있는 공간은 매우 빈약하다.

종교는 동서양을 막론하고 윤리 교육적 역할을 자임하여 왔다. 서구에서는 도덕·윤리 교육은 학교가 아니라 교회가 주된 역할을 하였다. 이러한 현상은 근대에 이르기까지 지속되었다. 그러나 지금은 세계적으로 종교의 윤리적 사회화 기능이 현격히 감소하고 있다. 한국에서도 종교가 도덕적 인격 형성에 긍정적인 역할을 한다는 가설은 입증되지 않고 있다. 종교적 신념 체계가 강하면 도덕성도 높을 것이라는 막연한 통념이나 논리들이 하나의 허구 관념에 불과하다는 것이 여러 통계 조사에서 지적되고 있다. 오히려 부분적으로는 비종교인의 눈으로 보기에는 종교인들이 비종교인보다 더욱 독선적이고 비도덕적인 경향을 드러낸다는 자료들이 제시되기도 한다.

물론 세속적 도덕과 종교적 도덕 사이는 출발점에서 차원이 다르지만, 궁극적으로 하나의 뿌리로 귀결할 수 있다. 이에 대한 논의는 지면 관계상 생략한다. 그러나 종교가 도덕성 함양에 긍정적 역할을 할 것이라는 통념에 대한 경고는 한국 종교에 많은 과제를 던져 준다. 또한 종교가 제시해 온 도덕적 가치 덕목에 대해 도덕교육의 측면에서 재음미하고 평가해 볼 필요도 있다.

위에서 살펴본 윤리적 사회화 기능의 쇠퇴는 사회구조의 급격한 변화에 따라 나타난 현상이다. 그리고 앞으로도 다양한 종류의 사회화 기능 역할을 하는 무엇인가가 계속 등장할 것이다. 인공지능의 발달과 함께 등장한 챗봇(Chat Bot)이 그 대표적인 예이다. 이처럼 급격한 사회 변화 속에서 인간 삶의 양식에 지혜를 주고 중심적 역할을 할 수 있는 종교는 바로 불교라고 생각한다. 연기와 무상, 무아를 바탕으로 하는 불교는 역동의 파고 속에서 지혜로운 삶을 살게 하는 나침판 역할을 한다.

필자는 자비가 지닌 보편 윤리적 가치와 최고의 덕목으로서의 특징을 누누이 강조해 왔다. 그만큼 현대사회에서 불교는 윤리적 사회화의 기능을 할 수 있는 엄청난 자산을 가지고 있다고 자부한다. 역사학자 아널드 토인비가 20세기 인류사의 최대 사건으로 불교가 서구 사회에 등장한 사실을 언급한 것은 지극히 당연하다.

그러면 한국불교의 현실은 어떠한가? 오늘날 한국불교는 깨달음 지상주의에서 서서히 벗어나 구체적인 자비행에 많은 관심을 보이고 있다. 그러나 필자는 자비행에 대한 관심에 비해 체계적인 '자비 교육'은 매우 미흡하다고 생각한다. 자비에 대한 규범적 가치와 자비행에 대한 논의는 풍성하지만, 자비 교육의 구체적 실천 방안은 허술하기 때문이다. 근래에 '자비 수행'과 '자비 명상'에 대한 관심이 커지면서 개인과 단체 수준에서 각종 프로그램이 실천되고 있다. 그러나 그 내용을 보면 거의가 자기 치유나 개인의 행복 추구와 밀접한 관련이 있는 프로그램이고 서구의 심리학적인 방법론을 원용하는 경우가 대부분이다. 또한 불교적 요소를 탈색시키려는 요소도 있다.

오늘의 한국불교 현실을 볼 때 자비심을 사회에 방사하고, 자비의 윤리적 실천 방안을 구체적으로 제시하는 교육적 프로그램이 미흡하다. 이러한 점은 불립문자적인 동아시아의 선불교 전통과 밀접한 관계가 있다. 현대 교육 방법론과 유사한 불교 교육 방법론은 초기불교와 티베트불교에서 여실하게 나타나고 있다. 앞서 소개한 『청정도론』과 『보리도차제론』이 그것이다. 불교 복지를 실천하는 첫 출발은 자비 실천을 위한 인성 교육과 실천에 대한 구체적인 교육 프로그램을 구축하는 것이다. 이것은 앞서 소개한 켄 윌버가 『통합 명상』에서 비판한 불교의 '성장의 길'에 대한 소홀함을 극복하는 길이기도 하다. 무엇보다도 불교의 윤리적 사회화 기능을 강화하고 불교 복지를 구축하는 첫 출발점으로 자비 교육 방법론의 구체화와 실천이 절실히 요구된다.

평생을 사회복지 헌신으로 2024년에 국민훈장 모란장을 수상한 성운 스님의 말씀이 새롭게 다가온다.

"사회복지는 화두요, 염불이요, 수행입니다."

사회윤리의 차원

사회윤리의 차원은 사회구조의 도덕성에 관심을 두고 있다. 현대에 와서 사회윤리에 관한 관심이 매우 커졌다. 그 이유는 사회 변화의 속도가 급격하게 빨라지고, 사회구조의 복잡성이 개인의 삶과 사회와의 유기적 관계를 중대시켰다는 사실에서 찾을 수 있다. 또한 윤리학이 도구로 사용할 수 있는 인문사회과학이 발달했다는 점이다. 즉 사회의 복잡성 증대와 이에 관한 인간의 대처 능력 사이의 갭을 극복하는 방안을 마련하는 학문이 발달했다는 것이다.

사회윤리는 그 접근 방법에서 개인윤리 차원과 다른 몇 가지 특성이 있다. 먼저 개인윤리는 개인의 순수한 내적 동기에 많은 관심을 기울인다. 그러나 이러한 심성적 윤리는 무력하고 자의적 내면성의 윤리가 될 위험성이 매우 크다. 이에 비해서 사회윤리는 사회적 결과를 현실적으로 문제 삼고 추구한다. 개인 행위의 원인이나 사회적 문제의 원인을 규명하고 해결하면서 일차적 관심을 '사회적 원인'에 둔다. 이러한 사회적 원인의 해결이나 제거를 사회적 정책이나 제도 또는 체제의 차원에서 추구한다. 따라서 '사회정의'의 문제가 큰 화두로 등장한다.

사회구조의 도덕성 논의에서 구체적 대상은 무엇인가? 그것은 사회이념, 사회제도, 정책이 도덕적 사회의 비전에 얼마나 적합한가이다. 사회윤리학은 도덕철학, 정치철학, 사회철학 등 통합적인 접근이 필요하다. 또한 사회제도의 정의 문제는 사회윤리의 제일 중요한 과제이다. 존 롤스(J. Rawls)가 "사상체계에서 진리가 덕목인 것처럼 정의는 사회제도의 핵심 덕목이다. 아무리 세련되고 경제적인 이론일지라도 진리가 아니면 거부되고 수정되어야 하듯이 아무리 능률적이고 잘 조직된 제도일지라도 부정의한 사회제도는 개혁되거나 폐지되어야 한다."[6]라고 한 것도 정의 문제의 중요성을 강조한 말이다.

그러면 어떤 사회가 정의로운 사회이며 어떻게 정의로운 사회를

---

6 _ John Rawls, *A Theory of Justice*, Harvard Univ. Press, 1971, p. 3.

실현할 것인가 하는 사회윤리적 과제가 등장한다. 이 과제는 우선 정의의 이념과 그 실천 원리에 관한 철학적 탐구가 선행되어야 한다. 다음으로 이러한 이상과 원리에 비추어 정치, 사회, 사회체제라는 국가의 기본적 시스템을 어떻게 조직하고 나아가 이를 사회제도 및 정책 등에 제도적인 규범으로 어떻게 반영시키느냐 하는 문제가 등장한다.

현대사회의 사회복지 활동은 국가가 큰 역할을 한다. 복지의 문제는 현대 국가의 당연한 책무이며 역할이기 때문이다. 또한 불교 복지 역사의 특징 중 하나도 국가와 밀접한 관계가 있다. 인도, 중국, 한국, 일본에서 발생한 사례를 보면 국가권력과의 관계에 따라 불교 복지 사업이 많은 영향을 받는 것을 알 수 있다. 오늘날 불교와 국가권력의 관계는 과거의 전제 국가 시절과는 성격이 다르다. 그러나 그 밀접성이 약화되는 것은 결코 아니다. 국가의 사회복지 정책과 종교의 역할은 매우 긴밀하게 얽혀 있다.

그 사회윤리적 차원의 실천은 바로 공업(共業)의 문제이다. 불교의 업설은 개인적 차원의 업인 불공업(不共業)뿐만 아니라 사회적 차원의 공동 업까지도 포함된다. 개인의 운명은 개인적인 선업(善業)뿐만 아니라 공동의 사회적 선업이 뒷받침될 때 비로소 성취 가능하다. 불교의 공업 사상은 사회정의를 위한 사회적 실천의 이론적 토대라 할 수 있다.[7] 이와 함께 불교 정의론이 무엇인가에 대한 논의를

---

7 _ 박경준『불교사회경제사상』동국대 출판부, 2010, pp. 293-317 참조.

살펴보자.

불교 정의론을 탐색하기 위하여 먼저 현대 정의론에 대한 논의가 필요하다. 정의에 대한 논의는 자유와 평화의 문제와 함께 인간 생활의 영역에서 가장 광범위하고 오랜 역사에 걸쳐 제기되어 왔다. 프랑케나(William K. Frankena)는 "역사의 대부분은 사회정의의 탐구 과정이라고 보아도 무방할 것이다."[8]라고 주장한 바 있다. 이 주장이 얼마간의 과장이 있을지 모르나, 정의의 문제가 인류 역사에서 가장 중대하고 어려운 문제임에는 의심의 여지가 없다. 그러나 정의란 무엇인가라는 본질적 질문이나 혹은 정의가 실현되는 조건은 어떤 것이냐는 구체적 질문을 접하게 될 때는 수많은 대답이 제기될 수밖에 없다.

정의의 문제가 해결되기 어려운 가장 큰 이유는, 인간의 행위와 사회조직 속에는 지극히 복합적이고 다양한 요인들이 작용하며, 이 복합체를 분석·처리할 수 있는 능력 내지는 의욕이 우리에게 부족하기 때문이다. 정치·경제적인 사회체제에 내재하는 논리들에 대한 우리의 인식이 조직적인 부정의(不正義)를 의도하는 세력의 능력을 능가하는 경우에만 부정의에 대한 효과적인 제동이 가능하다. 또한 부정의 극복을 어렵게 하는 또 다른 이유는 정의의 기준이 갖는 추상성 내지 다의성에 기인한다. 정의의 기준이 갖는 이러한 애매함은 결국 '각자에게는 그의 정의가 있다.'는 난맥상을 초래하며, 이런

---

8 _ William K. Frankena, "The Concept of Social Justice", *Social Justice*, R. B. Branit(ed.) New Jersey: 1962, p.1.

혼돈은 어떠한 부정도 정당화되는 구실을 마련해준다. 사회의 구조적 병인과 그 인과관계를 설명함으로써, 개인이나 제도적 부정의 원천을 진단 처방하는 것이 사회과학의 책임이라면, 정의에 대한 보다 설득력 있고 타당한 기준과 현실성 있는 이념을 제시하는 것은 바로 정치철학의 사명에 속할 것이다.[9]

여기서 우리가 명심해야 할 것은 비록 정의의 개념을 규정하고 그 원칙을 도출하는 데 많은 미해결의 여지가 있음에도 불구하고, 정의의 실천에 관한 문제는 제기될 수 있는 것이며 또한 마땅히 제기되어야 한다는 점이다. 정의가 이론적으로 미완성되었다고 해서 실천이 영원히 유보된다는 것은 인간의 현실이 용납하지 않는다. 그러기에는 우리가 정의와 불의에 대해 너무나 많이 알고 있기 때문이다. 정의에 대한 엄밀한 이론적 물음이 제기되기 이전에 이미 인간은 정의의 실천에 관한 현실적 삶의 절실한 요구를 직감하고, 실천적 의지로서 정의를 탐구하기 시작했음을 상기할 필요가 있다. 그러면 근현대 정의론의 특징은 무엇인가?

근현대의 정의론은 '재분배 패러다임'이 주류를 이룬다. 이 패러다임은 산업혁명 시대의 공장 생산, 규제되지 않은 시장, 부의 집중 등 자본주의 체제의 문제점에 큰 관심을 가진다. 계급론적 정치와 연관된 재분배 패러다임은 정의의 실현으로 자원·기회·재화의 공정한 할당을 보장하고자 한다. 이 접근법은 아직도 상당한 호소력을

---

9 _ Hugo A. Bedau (ed.), *Justice and Equality*, Prentice-Hall, 1971, 'Introduction' 참조.

가지고 있다. 자본 축적 양식에서 주요한 변환이 있었음에도, 재화의 공정한 분배는 여전히 심각한 주제이다. 이러한 현상은 전 지구적 현상으로 확산하고 있다. 이와 같은 분위기 속에서 사회정의 운동이 재분배의 언어로 장식되고 있는 것은 놀라운 일이 아니다.

1980년대까지만 해도 한국사회의 정의는 분배 및 재분배의 관점을 강조하는 마르크스주의 정치경제학을 중심으로 논의되었다. 그러나 1990년대 이후 본격화되기 시작한 포스트모더니즘 논쟁, 정신분석학, 문화 연구, 다문화주의 담론의 등장은 경제적 관점을 강조하는 재분배 패러다임에 의문을 품기 시작했다. 이와 함께 문화적 차원의 부정의를 다층적으로 분석했다. 다문화주의, 젠더 혐오, 성소수자 인권 등이 관심 주제로 등장한 것이다. 현대 정의론은 백가쟁명의 시대로 접어들고 있고 정의의 주제는 더욱 다양해질 것이 분명하다.

앞서 이미 강조한 바 있듯, 필자는 유럽 계몽주의 전통에서 약간 비켜서서 비서구 사회 특히 인도와 타 지역의 지성사에서 발생한 광범위한 아이디어를 활용하고 있는 아마르티아 센(Amartya Sen)의 이론에 깊은 관심을 가지고 있다. 센은 인도 출신으로 불평등과 빈곤 연구의 대가이자 후생경제학의 거목으로 아시아 최초의 노벨경제학상을 수상하였다. 그는 빈곤, 기아, 불평등, 복지 등 약자를 위한 현실적 문제에 관심을 갖고 경제학에서 윤리와 철학의 문제를 복원하여 '경제학계의 양심'으로 불리기도 한다. 센은 유럽 계몽주의의 주류 정의론에 결별을 고한다.

그리고 센은 붓다의 사상에 대해 깊이 이해하고 있다. 센은 기원전 6세기 인도의 석가모니가 주장한 내용들은 유럽 계몽주의를 대표하는 사상가들의 비판적 저작들과 매우 친화력이 높다고 말한다. 필자는 그의 저서 『정의의 아이디어(The Idea of Justice)』[10]를 읽으면서 센의 정의론을 '연기론적 정의론'으로 명명하고 싶은 충동을 느꼈다.

서구의 주류 정의론은 홉스, 로크, 루소, 칸트로부터 오늘날은 롤스, 노직, 고티에, 드워킨 등의 철학자들이 점령해 왔다. 이들의 정의론은 계약론적 전통을 바탕으로 하는 '선험적 제도주의'를 주창하고 있다. 센은 완전한 정의와 완벽히 공정한 제도에 골몰하는 '선험적 제도주의'를 '닫힌 정의론'으로 비판한다. 그리고 사회적 현실을 직시하여 가치 판단의 복수성을 인정하고, 비교 접근을 통해 부정의를 제거해 가는 방식으로 정의를 촉진하자고 제안한다. 센은 롤스가 '정의론'에서 해결책으로 제시하는 '선험적 제도주의'가 완벽한 정의와 제도에만 집착할 뿐 실제 사회에 대해 무관심하고 실천 가능성도 없다고 비판한다. 정의를 정의하는 기준은 다원적일 수밖에 없으며 부정의를 제거하고 방지할 완전한 제도의 구축은 불가능하다. 따라서 완벽한 정의를 추구하기보다는 사회적 현실을 직시하며 실현 가능한 선택지들을 비교해야 한다.

'전체주의적' 형식을 취하는 '표준적' 정의론이 체계적 완전성을 전제하는 반면, 센의 비교 접근법은 불완전성을 받아들인다. 끊임없

---

10 _ 아마르티아 센, 이규원 역 『정의의 아이디어』 지식의 날개, 2019.

이 불완전할 수밖에 없는 현실 세계에서 무엇이 완전한 정의이고 무엇이 완벽히 공정한 제도인지 판별하는 '이론'은 필요하지도 충분하지도 않기 때문이다. 그래서 센은 비교 접근이라는 방법을 제시할 뿐 특정한 원리를 고수하거나 고정적인 리스트를 작성하지 않고 복잡한 수식어도 사용하지 않는다. 이러한 점에서 센의 이론은 기존의 편협한 '이론'을 넘어 삶의 현장에서 실천적 아이디어를 풍부하게 제공한다.

이러한 센의 '열린 정의론'은 부정의를 제거하고 실현 가능한 방식으로 정의를 추구하기 위해 '공적 추론'과 '토론'을 강조한다. 많은 사람이 자신의 가치 판단을 밝히고 공적 추론, 토론에 참여하는 '숙의민주주의' 구현을 통해 정의의 길을 모색하는 것이다. 숙의민주주의는 대의민주주의와 직접민주주의 사이에 있는 영역이다.

센의 정의론은 붓다의 깨달음과 지혜를 오늘의 정의론으로 재해석하는 큰 길잡이 역할을 할 것으로 기대된다. 필자는 인간이 존엄하게 살아갈 수 있게 하는 제일 중요한 사회적 도구가 정의라고 생각한다. 한 개인이 다양한 외부의 유혹을 극복하면서 자신의 삶을 지킬 수 있는 내면의 나침반이 바로 '존엄'이다. 인간을 인간답게 하는 것은 무엇인가. 우리는 어떤 방향으로 나아갈 것인가. 우리를 성장케 하는 삶의 방향은 무엇인가. 정의는 바로 이러한 문제의식에서 출발한다. 인간이 존엄하게 살기를 계속 추구하는 한 정의의 문제는 시간과 공간에 따라 다양하게 제기될 것이다. 붓다의 연기론은 인간과 모든 중생을 존엄하게 만드는 정의론의 원천이다.

필자는 앞에서 정의론에 대해 많은 내용을 소개하였다. 불교 정의론을 정립하고, 체계화의 중요성을 강조하려는 의도에서다. 지금까지 한국불교의 복지 운동은 개인윤리의 차원에서 진행되어 왔다. 일부 스님이나 몇몇 불자들의 서원과 실천에 의한 것이었다. 월주 스님이 창건한 '지구촌 공생회', 일면 스님이 이끄는 '생명나눔실천본부' 그리고 '로터스월드(이사장 성우 스님)' 등이 있다. 또한 정토회의 지도 법사인 법륜 스님은 경제가 어려운 나라의 어린이를 돕기 위해 학교를 짓는 등 자비행을 활발하게 펼치고 있다. 근래에 한국 불교계에 자비 신행 단체와 운동이 많이 등장하고 있다. 참으로 바람직한 현상이다. 그러나 사회봉사의 규모가 크며 국제적이고 사회적 성격이 강함에도 불구하고, 개인의 서원과 봉사에 의존하는 비율이 높다고 할 수 있다.

이를 사회윤리의 차원으로 확대하여 실천 방향을 찾는 과제는 매우 중요하다. 현재 한국의 복지 제도의 많은 부분을 국가가 담당하고 있으며, 종교는 보조나 대리 역할을 하는 경우가 많다. 그러나 국가의 영향과 관계없이 한국불교의 독자적 복지 제도의 창출 가능성과 기회를 확대해 나가야 한다. 불교 정의론을 정립하고, 불교 공동체가 주체가 되어 개인윤리적 차원을 넘어 사회윤리의 차원으로 확대하는 복지 정책과 제도가 요구된다. 그리고 사회윤리의 개념 속에는 제도뿐만 아니라 부도덕하고 불합리한 사회적 관행이나 문화적 풍토까지 포함되어 있는바, 사회윤리적 차원의 극복 과제는 다양한 영역에서 제기될 것이다. 빈곤 문제, 다양한 사회적 약자 지원, 지구

생태계 보호 등 여러 영역에서 복지의 손길을 기다리고 있다. 또한 가깝고도 시급한 불교 복지의 문제를 예로 들어 본다면 바로 '승려 복지'이다. 출가자의 감소와 이에 따른 노후의 복지 문제는 불교의 미래와 직접 연결된다. 이러한 사회윤리적 차원의 복지 실현은 앞으로 논의될 공동체 운동의 차원과 밀접한 관계가 있다.

공동체 운동의 차원

공동체 운동은 크게 보면 사회운동의 틀에서 논의될 수 있다. 그러나 필자가 '사회'라는 용어 대신에 '공동체'라는 용어를 사용한 것은 한국사회에서는 사회운동이 정치적 함의를 내포하고 있어 그 오염을 피하기 위해서다. 한국의 사회운동 출발은 제도권 정치에 대한 불신과 제도권 정치에 의해 대변될 수 없는 새로운 요구와 관심들이 집단적인 형태로 표출되면서 시작하였다. 이와 함께 대의적인 정치나 종래의 계급론적인 사회운동에 대한 인식들이 크게 변하면서 시민사회와 시민운동에 대한 관심이 높아졌다. 그러나 시민사회 성숙이 미흡한 바탕 위에서 출발한 한국의 시민운동이 앞으로 어떻게 진행될지는 미지수이다. 시민운동 단체들이 스스로 밝히고 있듯이 대중성의 확보 문제, 명사 중심의 위로부터의 운동, 자급적인 재정 확보 문제, 전문성 제고 등 많은 문제를 안고 있다.

많은 사람이 생활 정치의 중요성을 이야기하고 사회적 삶의 질 문제를 제기한다. 경제성장으로 얻은 물질적인 여유가 과연 우리 삶의 질을 얼마나 향상시켰는가? 이웃과 공동체는 사라지고 철저한 경쟁 논리 속에서 아웅다웅하는 것은 아닌가? 노동자와 농민, 도시 빈민 등의 전통적인 사회문제와 더불어 환경, 교통, 교육, 치안, 보건 의료, 소비자, 언론, 여성, 노인, 청소년 등의 문제와 같은 삶의 질 향상을 위한 과제가 중요해졌다. 오늘의 사회운동은 정치적 문제보다는 시민사회 내의 생활 문제를 삶의 질 측면에서 개선하고 해결하려는 지식인이나 중간층의 비계급적 운동이라 할 수 있다.

그런데 사회운동에 대한 성격과 그 역할에 대해 많은 비판과 논의가 제기되고 있다. 대표적인 것이 '시민 없는 시민운동'이라는 비판이다. 시민단체의 대중성 확보가 미흡한 탓이다. 재정적 취약성도 함께 거론된다. 시민의 자발적 지원이 빈약하여 정부 지원금이나 외부 후원금에 의지하는 경우가 많다. 이는 정부의 어용 단체라는 인상을 줄 위험성이 많으며 시민단체의 순수성이 훼손될 수 있는 빌미를 제공한다. 시민운동 자체의 민주화 문제도 거론된다.

한국의 사회운동 현실을 소개한 이유는 한국불교의 사회운동에 반면교사가 될 수 있다는 생각 때문이다. 요즘 한국 불교계는 사회운동 차원의 다양한 시민운동을 전개하고 있다. 환경·생태 운동, 통일 운동, 사회복지 운동, 문화 운동, 종단의 민주화 등 여러 분야에서 활발하게 펼치고 있다. 출가자와 재가자와 함께하는 운동도 있고, 재가자만의 운동도 있다. 오늘날 한국불교의 시민운동을 어떻게 뿌리내리고 활성화하느냐는 큰 과제라 하겠다.

공동체 운동의 차원은 자비 공동체 구현을 위한 사회운동이라고 간단히 정의할 수 있다. 매우 다양한 영역에서 자비 사회운동이 일어나고 있다고 불교계 언론 매체는 전하고 있다. 필자는 20여 년 전 캄보디아 여행에서 한국 불교계, 구체적으로 '아름다운 동행'이 펼치는 자비 공동체 운동에 깊은 감명을 느낀 경험이 있다. 한국불교와 그 봉사자에 대한 캄보디아 주민의 감사와 신뢰는 참으로 가슴이 뿌듯하였다. 그때 자비 공동체 운동이 어떤 전법 형태보다도 효과가 높다는 것을 절실히 느꼈다. 자비 공동체 운동의 구체적인 현실에 대해서는 문외한인 필자와 달리, 불교 공동체 운동에 깊은 관심을 가져온 김광수 박사가 지은 『신자유주의와 상생의 불교경제학』이 있다. 이 책은 사회윤리의 차원과 사회운동의 차원을 결합하여 자비 공동체 운동을 소개하고 있다. 그리고 초기불교는 물론 한국 불교계의 국내외 자비 공동체 운동 현황을 상세하게 소개하고 있다.[11]

자비 공동체 운동의 전개 양상은 처한 공간과 시간에 따라 여러 형태로 전개되며, 그 대상과 규모도 매우 다양하다. 여기서는 성격이 서로 다른 세 유형의 자비 공동체 운동을 소개하고자 한다.

첫 번째는 정치·경제적으로 불안정한 국가의 자비 공동체 운동이다. 이 경우는 사회 개혁적이고, 평화와 평등을 지향하는 '참여 민주주의' 형태로 나타난다. 그 대표적인 사례가 스리랑카의 아리야라트나(Artyaratna, 1931~)가 주도한 사르워다야(Sarvodaya) 운동이다. '사

---

11 _ 김광수 『신자유주의와 상생의 불교경제학』 운주사, 2023, pp. 233-256.

르와다야'는 산스끄리뜨어로 '모두 일어남'을 뜻한다. 사르워다야 운동의 기본 가치는 사성제, 중도, 사무량심 수행, 십바라밀 등 붓다의 가르침을 바탕으로 한다. 아리야라트나는 고등학교 교사 시절 대학생 봉사단을 조직하여 낙후된 마을에서 농촌 봉사 활동을 실시하며 이 운동을 시작하였는데, 지금은 스리랑카 전체 마을의 3분의 1에 해당하는 1만 5천여 개의 마을이 이 운동에 참여하고 있다.

아리야라트나는 행사 때마다 『자비경』의 게송을 독송하면서 시작한다.

> 고통받는 중생이 모든 고통에서 벗어나기를
> 위험에 처한 중생들이 모든 위험에서 벗어나기를
> 걱정이 있는 중생들이 모든 걱정 근심에서 벗어나기를

아리야라트나는 스리랑카가 1948년 독립한 이래로, 타밀족과의 민족 분쟁, 무장 폭동과 학살, 극심한 가난 등 형극의 와중에서 자비 공동체 운동을 전개하였다. 이 공동체 운동은 세계 공동체 운동 연구자들에게 깊은 영감을 주었다. 특히 사르워다야 쓰라마다나(Shrama-dana) 운동은 지역사회를 기반으로 한 친환경적 생태학적 의식 개발 운동으로 수백만 명의 사람들이 이 프로그램에 자발적으로 참여한다. 쓰라마다나는 '노동 보시'라는 의미로, 팔정도의 '정업'과 육바라밀의 '보시'가 결합된 것이다.

아리야라트나의 자비 공동체 운동은 과거가 아니라 현재 진행형

이다. 이 운동으로 남아시아의 다른 나라에 비해 스리랑카는 카스트, 민족, 종교 등 어려운 문제를 상대적으로 잘 극복하고 있다는 평가를 받고 있다. 이 운동은 사회 개혁, 참여 민주주의 실현, 생태적 자치 공동체 구현 등을 추구해 왔다. 그만큼 많은 논란도 일어난다. 지금 스리랑카는 정치의 난맥상과 함께 국가 부도, 마약 문제, 사회 갈등 등 극복해야 할 과제가 산적해 있다. 아리야트라나의 자비 공동체 운동이 해결해야 할 과제는 쓰나미처럼 몰려오고 있다. 2010년 스리랑카를 덮친 쓰나미를 잘 극복했듯이 이 파고를 무사히 넘기리라 기대한다.

두 번째로, 평화를 핵심적 주제로 하여 자비 공동체 운동을 전개한 캄보디아의 마하 고사난다(Maha Ghosananda, 1929~2007) 스님을 소개한다. 그는 크메르루주의 폭정과 베트남 침공으로 인해 피폐해진 캄보디아의 국가적 치유와 회복을 위해 노력한 핵심적인 인물이다. 그는 마하트마 간디에 비유되었고, 1996년 노벨 평화상 후보에도 올랐다. 영화 「킬링 필드」의 실제 주인공이었던 디스 프란(Dith Pran)은 고사난다에 대해 다음과 같이 말했다.

"자신은 모든 가족을 대학살로 잃었음에도 불구하고, 그는 한 번도 비통함을 내비친 적이 없다. 그는 캄보디아불교의 상징이자, 붓다의 온유함과 관용과 평온함을 체화한 분이다."[12]

고사난다 스님의 활동을 일일이 열거할 수는 없지만, 스님은 전쟁

---

12 _ 피터 하비, 허남결 역 『불교 윤리학 입문』 씨아이알, 2010, p.507.

과 미움의 벌판에서 평화의, 그리고 평화를 위한 중도의 길을 실천하고자 전력하였다. 스님은 평화에 이르는 길은 자비의 길밖에 없다고 강조하였다. 불교의 자비 공동체 운동에 고사난다 스님의 활동을 소개한 것은 그만큼 자비 사회운동의 폭이 넓다는 것을 밝히고 싶다.

지금까지 국가와 사회의 차원에서 일어난 재난을 극복하기 위한 자비 공동체 운동을 살펴보았다. 마지막으로 '재연결(재교감) 작업(The Work That Reconnects)'이라는 사회운동을 소개한다. 이 운동을 사회운동의 범주에 넣을 수 있느냐는 의문도 제기할 수 있지만 필자는 현대사회의 자비 운동에 많은 의미를 시사한다고 생각한다. 이 운동을 주도하는 분은 조애너 메이시(Joanna Macy) 여사이다. 생태철학자로서, 불교와 심층 생태학을 연구한 여성학자로 연구의 결과를 실천하기 위해 50여 년 동안 자비 공동체 운동을 전개한 분이다. 구순에 가까운 나이에도 활동 중인 메이시 여사는 2024년, 한국에 초빙되기도 했다.

필자는 대학원생 시절부터 복합체계이론을 배우면서 깊은 관심을 가졌는데, 그분의 저서 『불교와 일반체계이론』을 접한 후 몇 번이나 열독하면서 공감하였던 기억이 생생하다. '재연결 작업'의 사회운동은 위기에 처한 지구촌을 구하기 위해 먼저 '희망 만들기'를 하고, 그 희망을 지속적으로 유지하면서 실천하는 것이다. 재연결 운동의 밑바탕에는 연기론적 사유가 깊게 깔려 있다. 연기론과 현대 체계이론의 관계에 대해서는 이 책 여러 부분에서 강조한 바 있다.

희망 만들기의 첫 번째 출발은 '통상적 삶'으로부터 탈출하는 것이다. 통상적 삶의 기본은 경제적 성장과 부 그리고 잘남과 명예, 편안함과 안온함이다. 통상적 삶의 가치는 지구촌의 다른 존재들을 도구로 인식한다. 두 번째는 이러한 통상적 삶이 불러온 '대파국'을 인식하는 것이다. 대파국의 현상은 경제 불황, 자원고갈, 사회분열과 전쟁, 기후 변화, 생물종의 대멸종 등이다. 세 번째가 바로 '대전환'의 길을 찾고 실천하는 것이다. 이를 위해서는 통상적 삶의 양식과 가치를 전환하고, 생명 체제 유지를 위한 경제·사회구조를 변혁시키고, 일상적 삶에서는 일회용 기구 사용 절제 등 지구 생명체의 훼손을 방지하는 행동을 실천하는 것이다.

재연결 작업의 실천 과정은 크게 네 단계로 진행된다. '고마움에서 시작하기'에서부터 '세상에 대한 우리의 고통을 존중하기' '새로운 눈으로 보기' 그리고 '실행하기'이다. 이 네 단계의 실천 과정의 프로그램이 매우 정교하고 치밀하게 이루어지고 있다. 『액티브 호프(Active Hope)』란 제목으로 번역 출간된 책의 내용 대부분은 이 네 단계의 실천 프로그램에 대한 설명이다.[13] 위의 내용을 보면 연기론과 자비의 향기가 물씬 난다. 조애너 메이시의 재연결 운동은 불교 생태 복지 운동의 전범으로 삼을 만하다고 생각한다.

지금까지 불교 복지 실현의 방향을 개인윤리적 차원, 사회윤리적 차원, 공동체 운동의 차원에서 살펴보았다. 그러나 이 세 차원은 확

---

[13] 조애너 메이시·크리스 존스톤 저, 양춘승 역 『액티브 호프(Active Hope)』 벗나래, 2016 참고.

연히 구분되는 것이 아니라 상호 중첩되는 것이다. 설명의 편의를 위해 세 개념으로 나눈 것일 뿐, 이는 서로 연결되어 중도의 길로 나아간다.

필자는 이 책의 첫 장을 '자비 없는 불교는 없다'는 제목으로 출발하였다. 이제 '자비 실천 없는 전법은 없다'고 생각한다. 다행히 요즘 한국 불교계와 불자가 자비 공동체 운동에 많이 참여하고 있음을 피부로 느낀다. 자비가 '심리 치유'나 '명상'의 차원을 넘어 공동체 운동으로 활발해지기를 간절히 서원한다.